***ACCESO GRATIS** a la Lectura en la Nube*

Para visualizar el libro electrónico en la nube de lectura envíe junto a su nombre y apellidos una fotografía del código de barras situado en la contraportada del libro y otra del ticket de compra a la dirección:

ebooktirant@tirant.com

En un máximo de 72 horas laborales le enviaremos el código de acceso con sus instrucciones.

SOLAPAMIENTOS E INTERFERENCIAS EN EL CONTROL DE CONFORMIDAD CONSTITUCIONAL Y EUROPEO DE LA LEY

SOLAPAMIENTOS E INTERFERENCIAS EN EL CONTROL DE CONFORMIDAD CONSTITUCIONAL Y EUROPEO DE LA LEY

Antonio López Castillo
(Director)

Tomás Bastarreche Bengoa
(Coordinador)

tirant lo blanch
Valencia, 2024

La presente obra ha sido sometida a la revisión de pares ciegos según el protocolo de publicación de la editorial a efectos de ofrecer el rigor y calidad correspondiente tanto en su contenido como en su forma, aplicándose los criterios específicos aprobados por la Comisión Nacional E 016 (BOE num. 286, de 26 de noviembre de 2016).

EDITA: TIRANT LO BLANCH
C/ Artes Gráficas, 14 - 46010 - Valencia
TELFS.: 96/361 00 48 - 50
FAX: 96/369 41 51
Email: tlb@tirant.com
www.tirant.com
Librería virtual: www.tirant.es
DEPÓSITO LEGAL: V-1883-2024
ISBN: 978-84-1056-712-2

Si tiene alguna queja o sugerencia, envíenos un mail a: *atencioncliente@tirant.com*. En caso de no ser atendida su sugerencia, por favor, lea en *www.tirant.net/index.php/empresa/politicas-de-empresa* nuestro procedimiento de quejas.

Responsabilidad Social Corporativa: http://www.tirant.net/Docs/RSCTirant.pdf

Autores

Antonio López Castillo
Paloma Biglino Campos
Tomás Bastarreche Bengoa
Ana Carmona Contreras
Ascensión Elvira Perales
Fernando Álvarez-Ossorio Micheo
Esther Martín Núñez
Claudio Di Maio

Índice

Presentación

ANTONIO LÓPEZ CASTILLO
Director.

A propósito del control de la ley, los relatos tradicionales siguen imponiéndose a la evidencia de su complicación creciente por razones muy diversas que guardan relación con uno u otro ámbito, en atención al criterio que se tome en consideración.

Así, si se apuntase al objeto de control o/y a los sujetos legitimados para su activación, las cuestiones a dilucidar remitirían a la doctrina de las fuentes del derecho o/y al derecho procesal constitucional. Y así, si se tratase de considerar los efectos de las resoluciones declarativas o no de inconstitucionalidad o/y convencionalidad, habría que mirar al universo constitucional tanto como a las jurisdicciones internacionales.

Lo mismo ocurre también si de lo que se trata es, sobre todo, de considerar el sentido y funcionalidad de unos controles que concitan a una multiplicidad de agentes llamados a seleccionar no ya solo el derecho a aplicar, sino los parámetros a considerar según los casos, en el contexto de una diferenciada conjunción de supuestos de imbricación ordinamental.

Cuando de considerar tales supuestos se trata, tal y como es el caso en lo que sigue, antes de extraer conclusiones precipitadas (algo para lo que previamente se precisaría de un vastísimo estudio que, en este punto, al cerrarse ya una primera aproximación, tal y como se había propuesto en su día, resulta inviable), tiene sentido acercarse a las diversas facetas de un vasto ámbito de intersección de valores, principios y reglas, de base compartida, pero diversamente articulados, de modo que las diversas ocasiones para el solapamiento (jurisdiccional) y la interferencia (paramétrica) puedan identificarse, en algunos casos, poniendo el foco en espacios de confluencia indirecta o mediata, poco atendidos, por lo general, pero no por eso menos relevantes como punto de reflexivo contraste (cf. Proyecto de investigación Control de la Ley: Constitucional, Comunitario, y Convencional. DER2016-78391-P).

En la monografía que se presenta hoy al lector avisado, se ha tratado de integrar una suma de trabajos (acerca de cuyo sentido algo se apunta, a modo de recapitulación, en el apartado final de la obra) alusivos todos ellos a la cuestión de fondo, en sus múltiples facetas, a modo de representación de bloques temáticos que siguen estando precisados de un desarrollo doctrinal conjunto.

Y así, formulada a grandes rasgos, se presenta, en un primer capítulo, la cuestión relativa a un control confluente de constitucionalidad e ius europeidad que, en su emergente complejidad, apenas cuenta con anclajes normativos seguros, más allá de la voluntariosa tentativa de conjunción, vía jurisprudencial, a propósito de los criterios paramétricos de interpretación y control, al hilo de la aplicación del Derecho de la Unión Europea.

En esta línea de reflexiva aproximación al complejo espacio de confluencia paramétrica se inscriben también los aportes relativos al estado de derecho como parámetro de comunitariedad y a propósito del significado del control por parte del Tribunal de Justicia de la Unión Europea de incumplimientos del DUE por el estado legislador.

En la perspectiva ya del TC español se abordan, con cierto detalle, de una parte, los supuestos atinentes al desempeño por su parte de una función de control (tradicionalmente negada, con excepciones relativas, en particular, a los supuestos de inaplicación judicial de la ley) de la faceta ius europea de la jurisdicción ordinaria. Y, de otra parte, otro tanto se trata de clarificar a partir de una decisión relevante, a propósito de la controvertida asignación de responsabilidades respecto a su encaje constitucional y régimen de aplicabilidad. En relación con estas contribuciones puede ponerse, finalmente, la presentación relativa a la perspectiva italiana (traída aquí a modo de ejemplo, uno muy significativo, de los avances articulados mediante una compleja vía dialógica, de la que están llamados a participar otros Tribunales constitucionales).

En los restantes trabajos se trata de ahondar, en aspectos generalmente desatendidos, por marginales. Pero que sean marginales, no quiere decir que resulten prescindibles en una tentativa de comprensiva reflexión. También, de una parte, se considera el alcance que sobre la jurisdicción constitucional pueda llegar a tener la singular modalidad de jurisdicción convencional ex ante que resulta de la entrada en vigor (en algunos ordenamientos nacionales) de la vía de consulta previa al Tribunal Europeo de Derechos Humanos abierta por el Protocolo núm.16. Y, de otra parte, se abordan los supuestos de confluente control de constitucionalidad de disposiciones legales autonómicas, por parte del Consejo de garantías estatutarias y del Tribunal Constitucional.

Se trata aquí, como bien puede entenderse, solo de una selección de cuestiones que, en su condición de muestra representativa, indica un camino a seguir, en su diversa, pero complementaria, proyección nacional, europea y de comparativo contraste con otros referentes constitucionales e ius internacionales. Pero esa es ya otra historia, por contar.

Capítulo Primero
De jurisdicciones y parámetros de referencia y validez en el espacio ius europeo de confluencia. Solapamientos e interferencias en el control de conformidad (constitucional y europeo) de la ley

ANTONIO LÓPEZ CASTILLO
Universidad Autónoma de Madrid

SUMARIO: I. CONSIDERACIONES PRELIMINARES A PROPÓSITO DE LA CUESTIÓN A DEBATE. II. DE LOS ORÍGENES DEL CONTROL DE CONSTITUCIONALIDAD DE LA LEY: UN COMPLEMENTARIO APUNTE MODAL. 1. DEL PARADÓJICO CURSO INICIAL DEL FEDERATIVO CONTROL DE CONSTITUCIONALIDAD AMERICANO…2…AL TRÁNSITO DE UN (NEGATIVO) CONTROL POSITIVISTA A LA SURGENCIA DE UNA (POSITIVA) MIXTURA DE CONTROL DE CONSTITUCIONALIDAD EN SUELO EUROPEO. III. DE LA EMERGENCIA DE UN (FEDERATIVO) CONTROL DE CONSTITUCIONALIDAD EN EL CONFLUENTE ESPACIO EUROPEO DE INTEGRACIÓN.1. DEL CONTROL DE NORMAS (DE RANGO LEGAL) EN EL ESPACIO EUROPEO DE INTEGRACIÓN. 2. DE LOS PARÁMETROS DE CONSTITUCIONALIDAD E IUS EUROPEIDAD EN EL DESEMPEÑO DE LA ESPECÍFICA FUNCIÓN JURISDICCIONAL DE LOS TRIBUNALES CONSTITUCIONALES. IV. RECAPITULANDO PARA TRATAR DE CLARIFICAR

I. CONSIDERACIONES PRELIMINARES A PROPÓSITO DE LA CUESTIÓN A DEBATE

Al tratar de entender el alcance de los solapamientos e interferencias en el control de constitucionalidad de la ley, se advierte que esa es solo una parte de la cuestión, ya que, en realidad, no se trata solo de la advertencia de alteraciones y modulaciones externas del regular funcionamiento de la práctica del control de constitucionalidad de la ley. Pues, sobre eso, se advierte una surgencia inopinada, mediante el despliegue de una función de control de europeidad (v. gr., de conformidad al Derecho Primario de la UE) de la ley (estatal) que, por lo incongruente de su aparición a la vista de la presupuesta divisoria jurisdiccional que tradicionalmente ha venido caracterizando el sucesivo tracto de la integración europea, ha podido quedar velada durante algún tiempo. Pero, lo cierto es que, con la conjunción del desarrollo de unos principios de articulación inter ordinamental (oponibles en su pretensión de efectividad ante cualesquiera jurisdicciones nacionales, incluida la específica de control de la constitucionalidad de la ley) y del reconocimiento de la efectiva vigencia y rango, equivalente al Derecho (primario) de la Unión (europea), el desbordamiento de aquella presupuesta línea divisoria entre la jurisdicción de la UE y las jurisdicciones nacionales, deviene patente; y, en todo caso, responde a la realidad de imbricación funcional -que no orgánica- de jurisdicciones que, en todo (TJUE) o en parte (Tribunales nacionales), lo son del Derecho de la UE.

Pero, antes de entrar a los detalles de esta contundente aseveración de partida, quizás no resulte del todo inconveniente poner el foco en la histórica emergencia, en los inicios de los siglos XIX y XX, a uno y otro lado del Atlántico, de una jurisdicción (suprema/constitucional) de control de constitucionalidad de la ley.

Una novedad que, si bien en el caso europeo, será el resultado de la articulación normativa de una previa respuesta doctrinal (kelseniana, en lo sustancial) al efecto de soportar y potenciar el rendimiento (crítico) del Estado (legal) de Derecho, en los inicios de la andadura federal de la entonces reciente federación de colonias independizadas de su metrópoli, sería la consecuencia medida de una argucia política, adornada de doctrina constitucional, como bien acredita una secuencia que va de 1803-05 a la confirmación de una vía de control de normas que, como es notorio, no guarda correspondencia alguna con los valores sustentados en la Constitución (federal) enmendada.

En suma, por más que la del control de constitucionalidad de la ley y sus orígenes y desarrollo a uno y otro lado del Atlántico sea una historia muchas veces contada, por muchos, sigue siendo un asunto al que volver, cada vez que se trate de ahondar en el sentido originario y actual alcance, de esa institución de salvaguarda de una Constitución racional-normativa, aun si política o jurídicamente, no pudiera considerarse como un proceso acabado. Y así conviene que sea, si -como en lo que sigue ha de ser el caso- se tratase de caracterizar un estado de cosas que, por lo que al control de la constitucionalidad de la ley se refiere, viene marcado por la advertencia de solapamientos e interferencias.

Antes de avanzar, pues, en relación con su potencial objeto, y de reflexionar a propósito de las jurisdicciones funcionalmente imbricadas, mirando a procedimientos de diverso nombre y recorrido, y atendiendo a los parámetros aplicables, por no hablar de los efectos derivados de su aplicación por una u otras jurisdicciones, tornemos a mirar al pasado norteamericano y, en lo que sea menester, al no tan remoto pasado europeo, de entre guerras; bien que, del modo más sintético posible, sin dispersiones, ni veladuras, tratando solo de no descuidar matiz alguno fundamental.

II. DE LOS ORÍGENES DEL CONTROL DE CONSTITUCIONALIDAD DE LA LEY: UN COMPLEMENTARIO APUNTE MODAL

1. Del paradójico curso inicial del federativo control de constitucionalidad americano…

Pues bien, cuando del origen y desarrollo del control (estadounidense, v. gr.) americano de constitucionalidad de la ley, a lo largo del s. XIX, se trate, lo primero que hay que decir, para aclarar ese extremo, desde un principio, es que semejante novedad constitucional se presentaría en el nivel federal, tal y como encarnara en la sentencia Marbury v. Madison (5 US 137, 1803), como el resultado de una peculiar mixtura de voluntarioso doctrinarismo político e inconsecuencia jurisdiccional.

Y siendo como es, en todo el orbe ius constitucionalista, sobradamente conocida, esa decisión sigue pasando por lo que acaso nunca debiera haber pasado, o no al menos sin controversia. Por la prístina plasmación, arrancando ya el siglo XIX, de un normativismo constitucional característico (aquel en que la supremacía constitucional se proyecta en la exigencia de control de una mayoría -legislativa- limitada por el poder constituyente y la pretendida observancia de derechos individuales cuya tutela se atribuye al juez), en el naciente nivel federal.

La proyección de la tesis del control judicial del legislador al efecto de sancionar su potencial desvío de la voluntad constituyente que se manifiesta en la Constitución, apenas se cohonestaba con el asunto abordado entonces. Puede considerarse, por ello, como un fallo (sostenido en argumentos de alcance, pero) adoptado en relación con un caso inadecuado. Dicho sea esto, en un doble sentido. Tanto por lo que se refiere a la delicada cuestión a debate, expresiva en realidad de un control de legalidad de la Administración, como por lo que hace al curso seguido en un procedimiento conducido por quien, dada su condición y a la vista de su actuación política previa, antes que fallar en un sentido u otro, estaba llamado a abstenerse de conocer del asunto.

Y algo de eso hubo, casi de inmediato, cuando con ocasión de asuntos relativos a la cuestión previamente abordada, el juez doctrinario procediera a abstenerse de manifestar la opinión del Tribunal, que se dejaría en otras manos, omitiendo una discrepancia (minoritaria) que de haberse llegado a formular seguramente hubiese comprometido para siempre el valioso precedente (recién sentado en la referida resolución Marbury v. Madison).

Sentada la inédita modalidad federal de garantía jurisdiccional de ajuste constitucional de la ley, en la primera ocasión de posible aplicación real de un manifiesto contraste de Constitución y ley federal, en vez de reiterar la doctrina Marbury v. Madison, constatado el riesgo (numéricamente cierto) de no contar con apoyos suficientes para poder imponer su posición, se guarda un espeso silencio táctico. Solo así se explica lo inopinado de un cambio de actitud de John Marshall. Solo a la vista de una segura derrota de su posición en el seno de ese colegio decisorio, que quizás hubiese laminado la vía apuntada en 1803, estaría dispuesto a dejar pasar la ocasión para defender el asentamiento de la jurisdicción de control de constitucionalidad de la ley. Y lo cierto es que, si bien pudo dejarse a salvo, entonces, ello fue al precio de quedar en un limbo del que aun tardaría en salir muchos años. Y de un modo, por demás, vergonzante, ya que que el TS resolvería (primando la tolerancia federal en un deferente juicio de contraste constitucional de una ley estatal, al alto precio de dejar de lado el sustrato principial, sumado mediante sucesivas enmiendas a la Constitución federal, en un asunto relativo al vergonzante encaje constitucional del esclavismo sudista[1]).

---

1 Se ha de recordar la mal hadada sentencia "Dred Scott, v. John F. A. Sandford" (60 US 393), de 6 de marzo de 1857, por la que se declaraba no conforme a la Constitución que cualquier persona des-

"La decisión de Marshall de permanecer callado en el caso *Stuart* fue una de las más sabias de su carrera" -se ha dicho con toda razón-[2]. Un silencio, precedido por el de Madison en el asunto *Marbury*, sin el que no hubiese sido posible un fallo, que solo en virtud de su propio silencio posterior en *Stuart*, habría podido ganar "la apariencia de un duradero e incontestable monumento a la revisión judicial"[3].

El aserto *ackermaniano* resulta bien ilustrativo de aquel proceso de genuina emergencia de una imprevista modalidad federal de control de constitucionalidad de la ley. Pues, sobre la experiencia estatal previa, esa surgencia no habría sido factible (como, por contraste, acredita el largo periodo de silencio que siguiera al discurso *marshalliano* en Marbury v. Madison) sin esa singular combinación de factores políticos y decisionismo judicial.

2...al tránsito de un (negativo) control positivista a la surgencia de una (positiva) mixtura de control de constitucionalidad en suelo europeo

Entrados en el siglo XX, en la Europa de entre guerras, en plena crisis constitucional (de frustrado crecimiento, en un

---

cendiente de africanos, esclava o libre, fuese ciudadana de Estados Unidos (cf., por otros muchos, Ehrlich, Walter (2007). They have no Rights: Dredd Scott´s Struggle for Freedom. Applewood Books).

2 Ackerman, Bruce (2006). Marbury Versus Stuart. *Fundamentos: Cuadernos monográficos de teoría del estado, derecho público e historia constitucional*, 4, (Ejemplar dedicado a: La Rebelión de las Leyes / coord. por Juan Luis Requejo Pagés) p. 190. Pues, "n(i) quería escribir una opinión explicando, aunque era inconstitucional para el Congreso extender la jurisdicción originaria del Tribunal Supremo, que era totalmente correcto ordenar a (su)s magistrados... conocer de toda clase de litigios sin jurisdicción federal (ni) tampoco escribir una opinión ignorando Marbury..." (loc. cit., p. 189).

3 Ibídem, 2006, p. 198.

contexto de creciente regresión), se trataría de reaccionar al controvertido fenómeno del activismo judicial y sus usos alternativos del derecho, mediante una curiosa contraposición doctrinal (dicho sea, al margen de la peculiar experiencia de control que se venía ya desenvolviendo en el confederal/federal espacio constitucional helvético, desde el pasado siglo XIX).

Mediante la exigencia de centralidad institucional de un presidente, supra partes, llamado al arbitraje de los partidos, representativos de intereses contrapuestos y, en todo caso, parciales y precisados de integración. Un presidente, en directa comunión con el pueblo, como único guía de la nación y garante de su Constitución.

A esa pretendida salida *schmittiana* de la crisis constitucional, se opuso una elaboración enjundiosa, la conocida tesis *kelseniana* del control de constitucionalidad en manos de un Tribunal constitucional que, al efecto de sustentar aquel parlamentarismo, en crisis, tratando de coadyuvar a la salvaguarda de la democracia, sería concebido, sin abandonar por completo las bases dogmáticas de partida[4], como alternativa necesaria a la ya referida deriva judicial de libre práctica (aplicativa) del derecho, como una especie de legislador negativo.

La corta y controvertida trayectoria de ese legislador negativo en un contexto de repudio -cabe decir[5]- de la predeterminación

---

4 Como bien se ha dicho ese "modelo -kelseniano- de justicia constitucional expresa tal vez la culminación del Estado de derecho europeo" en aquella Europa de entreguerras. Prieto Sanchís, L. (2006). Insnaturismo, positivismo y control de ley. Los presupuestos históricos, ideologicos y doctrinales de jurisdicción constitucional. *Fundamentos: Cuadernos monográficos de teoría del estado, derecho público e historia constitucional,* 4, (Ejemplar dedicado a: La Rebelión de las Leyes / coord. por Juan Luis Requejo Pagés, pp. 27, 89.

5 De "repugnancia" habla Rubio Llorente, F. (1993). *La forma del poder: (estudios sobre la Constitución).* Centro de Estudios Políticos y Constitucionales.

del contenido material de la ley, de los principios y de las ponderaciones que vendrían luego a caracterizar el proceso de instauración y asentamiento de modalidades *mixtas* de una jurisdicción constitucional, orgánicamente concentrada en un Tribunal constitucional, pero funcionalmente abierta a una legitimación trascendente del interés público. Una mixtura, instrumental a la realización del objetivo de regeneración constitucional que, en la Europa de posguerra, tuvo su referente, por centralidad geográfica y política, en el occidente de la demediada Alemania y en su Ley fundamental. Un texto constitucional cuya primera frase ("la dignidad de la persona es inviolable") sería el signo, particularmente expresivo, del nuevo tiempo constitucional que se pretendía abrir y de la consecuente reviviscencia de un regenerado Estado de derecho y con derechos.

Sujetar a todos los poderes públicos a ese programa constitucional de humanidad requería asegurar un efectivo control del legislador que, en la perspectiva abismal de una judicatura ideológicamente lastrada por su convivencia con la horrorosa peripecia de la Alemania nazi, imponía no solo la concentración en un órgano ad hoc, un tribunal constitucional, orgánicamente separado de la jurisdicción ordinaria, de la tarea de control del legislador (como en el modelo *merk(e)lo-kelseniano*[6]), sino también una nueva concepción que, sobre el ajuste de su actividad a los procedimientos, examinase su grado de concordancia con los principios democráticos, sociales y federales y su congruencia con los derechos fundamentales basilares del nuevo orden constitucional.

En esa línea de articulación constitucional de un tribunal *ad hoc*, orgánicamente diferenciado de la jurisdicción ordinaria, y funcionalmente operativo como instancia de control, proce-

---

6 Cf., a propósito de la respectiva contribución de Merkl y Kelsen a la formación del llamado modelo europeo de justicia constitucional, Cruz Villalón, P. (1987). *La formación del sistema europeo de control de constitucionalidad (1918-1939).* Centro de Estudios Políticos y Constitucionales.

dimental y sustantivo, del legislador, mediante procedimientos directos e indirectos, así como de amparo de los derechos fundamentales de la persona, ya se había desempeñado, en el lapso constitucional republicano que conoce la vigencia de la constitución de la España republicana, de 1931, un tribunal constitucional caracterizado como una jurisdicción constitucional mixta, el Tribunal de Garantías constitucionales[7].

Sobre la brevedad del referente jurisprudencial (dictadas apenas 49 sentencias, de amparo de derechos fundamentales, en su mayor parte, pero también algunas relativas al control de constitucionalidad de disposiciones legislativas[8]), ha de quedar en claro la singularidad de una modalidad mixta de jurisdicción constitucional, en su particular conjunción de elementos típicos del anunciado modelo europeo y del ya por entonces más acendrado modelo (norte)americano[9].

---

7 A propósito de esta peculiar modalidad, entre europea y americana, de justicia constitucional pueden consultarse, como voces representativas de momentos sucesivos, entre otros, Reyes, Rodolfo (1934). *La defensa constitucional. Recursos de inconstitucionalidad y amparo*, Espasa-Calpe; Tomás Villarroya, J. (1968). El recurso de inconstitucionalidad en el Derecho español (1931-1936). *Revista del Instituto de Ciencias Sociales*, 11; Rubio Llorente, F. (1983). Del Tribunal de Garantías al Tribunal Constitucional. *Revista de derecho político*, 16, pp. 27-38; Aragón Reyes, M. (2022). El Tribunal de Garantías Constitucionales y sus antecedentes remotos e inmediatos. En *Del control constitucional de la ley en el Estado constitucional abierto perspectiva comparada*, coord. por Antonio López Castillo, César Aguado Renedo, pp. 35-58.

8 Cf., entre otros muchos, Bassols Coma, M. (1981). *La jurisprudencia del Tribunal de Garantías constitucionales de la II República española*, Centro de Estudios Constitucionales.

9 Cf., sobre su peculiaridad y conexidad con el momento configurador de jurisdicción constitucional, sin perjuicio de referentes previos, asentados y en su propio curso de evolución (como en el caso de Suiza) o fallidos y relegados (como en la República de Weimar), en la Europa de entre siglos, Cruz Villalón, P. (1987). La formación

Pues bien, de aquella frustrada y malograda Constitución republicana vienen, en buena medida, elementos centrales de la Constitución democrática del Reino de España; así, entre otros, el establecimiento de un control de constitucionalidad de la ley atribuido a un Tribunal constitucional y la previsión de un sistema de (potestativa) gestación de autonomías territoriales, que, con el curso de los años, devino un sistema generalizado y de pretensión completiva que, en su desarrollo -sin llegar a articularse formalmente como un sistema federal, a la germana o a la suiza, por ejemplo- ha propiciado también, mediante la correspondiente reforma estatuaria, la emergencia de alguna modalidad de Consejo (jurisdiccional) de garantías estatutarias.

III. DE LA EMERGENCIA DE UN (FEDERATIVO[10]) CONTROL DE CONSTITUCIONALIDAD EN EL CONFLUENTE ESPACIO EUROPEO DE INTEGRACIÓN

Sobre esa andadura, expresiva, a su modo, de las transformaciones del Estado contemporáneo[11], se ha de sumar, inexcusablemente ya, a la altura que estamos del presente siglo XXI, un conjunto de manifestaciones expresivas, en su informalidad,

---

del sistema europeo de control de constitucionalidad (1918-1939). Centro de Estudios Políticos y Constitucionales.

10 Dicho sea en el conocido sentido *schmittiano* de la palabra (cf. Schmitt, Carl (1934). Teoría de la constitución, Madrid). Para una ulterior referencia de contraste del entonces aún incipiente modelo ius europeo con el rodado sistema americano de articulación jurisdiccional cf., por otros, Lenaerts, Koen (1988). *Le juge et la Constitution aux États-Unis d´Amérique et dans l´ordre juridique européen,* Bruxelles.

11 Así se titula la conocida obra de referencia (2ª ed., 1989) de Manuel García-Pelayo Alonso.

de control de normas (de rango legal) en el tracto sucesivo del proceso de integración en el espacio constitucional europeo.

1. Del control de normas (de rango legal) en el espacio europeo de integración

De control de constitucionalidad (v. gr. "ius europeidad") de normas de rango legal en el plano interno de la Unión Europea se viene hablando ya desde hace muchos años. Así, por ejemplo, quien fuera presidente (español) del Tribunal de Justicia, Rodríguez Iglesias[12], supo subrayar la fungibilidad de diversos procedimientos previstos en los Tratados al efecto de resolver cuestiones típicas de una jurisdicción constitucional y, entre ellas, por ejemplo, el control de conformidad con los Tratados constitutivos de los proyectos de tratado internacional que fuese a pretender suscribir la Unión, en el marco de un procedimiento en todo similar a lo que en un espacio constitucional, como el español, por ejemplo, se articula como un control previo de constitucionalidad de tratados. Y, otro tanto -se venía a decir- ocurriría con relación al examen y control por parte del TJUE de la conformidad al Derecho primario (es decir a los Tratados sustantivados con los contenidos materiales que paulatinamente engrosaban su parámetro de referencia y control) del derecho derivado, secundario o terciario, en toda la extensión de sus políticas y acciones, con ocasión de controles tales como el recurso de anulación, entre otros.

Menor atención ha merecido, en cambio, la cuestión de la emergente práctica de un control (si mediato o no, es aquí algo secundario) de conformidad al DUE de normas nacionales con rango de ley, más allá de imprevisiones e insuficiencias proce-

---

12 Vide, por todos, Rodríguez Iglesias, Gil C. (1992). Der Gerichtshof der Europäischen Gemeinschaften als Verfassungsgericht, *Europarecht*, 225-245.

dimentales y, aun contra los presupuestos jurisdiccionales, por no estar en concordancia, ni parecer del todo congruente, con la divisoria UE-Estados miembros; ese presupuesto en que descansa la operativa andadura aplicativa del DUE, por parte de sendos órganos jurisdiccionales -y, en su caso, de las respectivas jurisdicciones constitucionales-.

A propósito de este desarrollo, se ha de diferenciar entre la actividad de control indirecto, incluso implícito, que resulta de cuestiones prejudiciales, a resultas de las cuales, podría producirse una compleja labor de ajuste constitucional; una tarea de complejidad variable en atención al grado de inmisión, actividad resolutoria judicial nacional mediante, de la interpretación (indirecta, implícita o no) del relativo (o del todo inadvertido) grado de concordancia de normas nacionales con el DUE que se tratase de aplicar.

Si bien, formalmente, la decisión de inaplicación del derecho nacional de rango legal será adoptada por la jurisdicción nacional, no es solo que la jurisdicción constitucional quede al margen de una decisión que, en principio, le sería propia, sino que, de llegar a intervenir el TC, podría producirse un incumplimiento de las obligaciones derivadas de la pertenencia a la UE (en su caso, constatable mediante la vía del recurso por incumplimiento) o bien podría llegarse a constatar la vulneración de la constitucionalidad derivada de una (controvertida) resolución de la jurisdicción nacional (que llevase a reabrir el cauce de la cuestión prejudicial ante el TJUE o bien, podría llegarse a producir, el replanteamiento previo del TC ante la situación creada, por considerarse vulnerado el parámetro ius fundamental de aplicación, sea porque se preguntase al TJUE acerca de su contenido, sea porque se plantease al TJUE la interpretación del mismo que, por su equivalencia con el estándar constitucional propio, estuviese llamado a integrar su fallo.

Pero, más allá de supuestos relativos al contraste de interpretaciones prejudiciales (y su posible efecto mediato de control de "ius europeidad" de normas nacionales de rango legal), a propósito de la plena aplicación del DUE pueden plantearse también situaciones relativas a la declaración (y eventual exigencia, mediante sanción, en su caso) de incumplimientos del DUE debidos a la regulación legislativa de una determinada cuestión, atinente a principios y reglas de obligada observancia en el marco siempre del DUE aplicable.

Así, en casos de exigencia de responsabilidad por incumplimiento del Estado – legislador, se plantea una situación de extraordinario alcance, pues sobre la previsión de su carácter declarativo, una resolución jurisdiccional de incumplimiento comporta una exigencia de observancia (mediante las debidas actuaciones nacionales) que puede generar responsabilidad, sea a instancia institucional, sea mediante la invocación de su derecho (de la Unión) por parte de potenciales beneficiarios en demanda de una responsabilidad que, en concurrencia de los requisitos establecidos en la jurisprudencia del TJUE, puede generar una satisfacción (en aplicación del principio de exigencia de responsabilidad patrimonial por incumplimiento del Estado miembro).

En este punto, dado que en una de las contribuciones que sigue se aborda ello expresamente, no será preciso entrar aquí en el detalle pormenorizado de un supuesto particularmente relevante de contraste de plano de la legislación nacional (española) con el referido principio de responsabilidad por incumplimiento, mediante sentencia del TJUE de 28 de junio de 2022, que, constatando la inconsecuencia del régimen de exigencia de esa potencial responsabilidad por incumplimiento del DUE, declara la quiebra por parte del legislador (español) del principio (presupuesto) de efectividad del DUE. Un parámetro de control considerado en términos muy razonables, tanto como aquellos por los que el TJUE desatiende la pretensión aducida por la Comisión de que ese declarado incumplimiento se sustentase también en la inobservancia del principio (directriz) de equivalencia.

La mesurada respuesta de la Gran Sala del TJUE hace jurisprudencia, en consonancia con las conclusiones adelantadas por el Abogado General. Dicho sea esto, en el sentido literal, de enunciación de un juicio prudencial, atento tanto como a la observancia del DUE a la salvaguarda del espacio de remanencia estatal de autonomía. Pues, contra una pretendida lógica integrativa, ni el Estado legislador queda impelido a articular una plena correspondencia entre los regímenes ius europeo y nacional de responsabilidad, mediante una idéntica o mimética regulación, ni la divisoria institucional y funcional puede quedar superada por la mera invocación de una equivalencia al alza (que puede preverse o no, pero que no se impone, de suyo, mediante invocación de estándares ius fundamentales, al margen de que se trate o no de espacios remanentes de autonomía nacional, pues el artículo 47 de la Carta DDFF / UE, en su proyección potencial a los casos atinentes al DUE, no podría leerse al margen del artículo 4.2 TUE, sin desconocer su carácter de norma constitutiva, como presupuesto, condicionante y límite de las atribuciones a la Unión en los Tratados)[13].

Pero, sobre estas precisiones acerca de unas u otras vías procesales, por la vía indirecta de la prejudicialidad o bien de plano, por la vía directa de la declaración de incumplimiento, el Estado miembro se ve en la obligación exigible de ajustar su legislación al (estado del) Derecho de la Unión. Al margen, pues, del modo y grado de imbricación de uno y otros intérpretes supremos en su respectivo ordenamiento, el foco se ha de poner en el parámetro de enjuiciamiento.

---

13 Cf., por ejemplo, Iglesias Sánchez, S. (2023). La construcción jurisprudencial del principio de responsabilidad del Estado desde la autonomía procesal y sus límites (equivalencia y efectividad): un modelo agotado tras la sentencia Comisión/España (C-278/20). *Revista de Derecho Comunitario Europeo*, 74, 111-146.

Y si al parámetro de enjuiciamiento se mira, entonces no es forzado sostener que el estado de la cuestión no es hoy el de ayer; es decir, no es exactamente el mismo del momento en que el malogrado presidente (español) del TJUE esbozara su planteamiento acerca de la emergencia de una faceta constitucional, entre otras, en una jurisdicción, la del TJUE, caracterizada por su paulatina complejización y polivalencia[14].

El afianzamiento, ya entrado el siglo XXI, del carácter paramétrico del artículo 2 TUE, en general, y de la cláusula de Estado de derecho, en particular, deviene un venero que, en su proyección, entre dubitativa y desacomplejada y desenvuelta -según se pasa de la primera a la segunda década y de ahí, en adelante- a los llamados Estados iliberales (Hungría y Polonia, en lo sustancial), se configura como un sólido y comprensivo parámetro ius europeo de referencia y validez del DUE.

Es decir, un parámetro de ajuste y conformidad al Derecho primario europeo, v. gr. a los Tratados, de aplicación inexcusable no solo al interno, sino también ad extra de la Unión. Y no ya solo en relación con la propia planta institucional y su derecho derivado, sino también a propósito del funcionamiento constitucionalmente adecuado de su desenvolvimiento aplicativo por parte de los Estados miembros.

Y, llegados a este punto, se altera la comprensión tradicional de cesura o neta divisoria y separación entre uno y otros órdenes jurídicos, entre uno y otros supremos intérpretes, entre uno y otros objetos y parámetros de control.

---

14 Cf., en una especie de reedición, de su primera contribución ya referida, Rodríguez Iglesias, G. C. y Baquero Cruz, J. (2006). Las funciones constitucionales del Tribunal de Justicia de la Unión Europea. *Fundamentos: Cuadernos monográficos de teoría del estado, derecho público e historia constitucional*, 4, (Ejemplar dedicado a: La Rebelión de las Leyes / coord. por Juan Luis Requejo Pagés).

Pues, desde el progresivo alumbramiento, por parte del TJUE, del artículo 2 TUE, en general, y de la cláusula de Estado de derecho, en particular, como parámetro de control, a lo adjetivo de los procedimientos se suma una funcionalidad instrumental al efecto de la mayor efectividad posible del TJUE por parte de todos los órganos jurisdiccionales que están llamados a aplicarlo.

Esto es, la aplicación paramétrica del DUE, teniendo en su cúspide al TJUE, compete y es asunto propio de todos los órganos jurisdiccionales de los Estados miembros, en su respectivo ámbito competencial. Incluidos, al efecto, también los Tribunales constitucionales.

En esta línea, si de la cláusula de Estado de derecho se trata, es preciso subrayar básicamente dos aspectos complementarios. El primero guarda relación con su identificación y su (inconsecuente o solo relativamente consecuente) institucionalizada pretensión de observancia, mediante el artículo 7 TUE; por no mencionar su pretendida alternativa previa de tono menor y de peor funcionamiento (mediante el infructuoso procedimiento arbitrado ya en 2014 por la Comisión).

El segundo, convertido en una fructífera vía de escape de parálisis institucional, ha sido la consecuencia (como tantas otras veces antes) de una jurisprudencia configuradora del TJUE, que, partiendo del artículo 2 TUE, ha sabido alumbrar una dimensión objetiva o principial, de tutela judicial efectiva, sobre la faceta subjetiva ya expresamente reconocida en el artículo 47 de la Carta de DDFF/UE. Y así como en pasadas décadas se pudo sostener, a propósito de la subjetiva faceta como emanación de un principio general común al conjunto de los órdenes constitucionales de los Estados miembros[15], así tam-

---

15 Cf., a título de ejemplo, Sentencia del TJUE, de 15 de mayo de 1986, M. Johnston/Chief Constable of the Royal Ulster Constabulary, as. 222/84 (invocando el principio de control jurisdiccional efectivo

bién se ha podido considerar ahora esa objetiva dimensión de la efectividad de la tutela judicial, como un contenido ínsito en el artículo 19.1, segundo párrafo, TUE[16].

En virtud de esta novedosa lectura (federativa) de los Tratados, el TJUE ha sentado la tesis de que, sin perjuicio de la remanente autonomía institucional de los Estados miembros, los órganos jurisdiccionales, es decir, los aplicadores ordinarios (o extraordinarios, por su especialidad jurisdiccional) del DUE están, en su condición de jueces del DUE, sujetos como el propio TJUE, a una objetiva dimensión o faceta de la efectividad de la tutela.

En su conexión hermenéutica con el artículo 2 TUE, deviene esta cláusula paramétrica un ineludible contenido estructural del TJUE que, en consecuencia, como tal, se proyecta sobre toda aplicación, actual o potencial, del DUE. Se trata, entonces, de una modulada cláusula (federativa) que sin llegarse a tomar por lo que no es, resulta instrumental al efecto de salvaguardar la presupuesta exigencia de los Estados miembros, sin perjuicio de su congruente observancia de los valores y principios paramétricos estructurales del DUE.

La secuencia jurisprudencial reciente a propósito de la inmisión de los poderes políticos en el ámbito propio, orgánico y funcional, de las jurisdicciones nacionales (así, en particular, en el sucesivo tracto reformador en la *piseana* Polonia) deja

---

en oposición al pretendido carácter de prueba irrefutable, ante un juez, de una certificación de una autoridad nacional).

16 Cf., a propósito de esta confluente faceta objetiva de tutela judicial efectiva, la configuradora sentencia del TJUE, de 27 de febrero de 2018, AJPyTC, as. C-64/16 (fuente doctrinal de una larga secuencia jurisprudencial relativa, en particular, a Hungría y Polonia -cf., por su particular relevancia, sentencias TJUE de 16 de febrero de 2022, as. C-156/21 y C-157/21, en la senda de las conclusiones del AG Campos Sánchez-Bordona, presentadas ya el 2 de diciembre de 2021).

bien de manifiesto la configuración y sucesivo afianzamiento de esa dimensión paramétrica del DUE.

2. De los parámetros de constitucionalidad e ius europeidad en el desempeño de la específica función jurisdiccional de los Tribunales Constitucionales

De otra parte, a medida que la Carta de DDFF/UE ha ido ganando presencia efectiva en la jurisprudencia del TJUE, sobre su cautelosa andadura inicial[17], las jurisdicciones nacionales que, en alguna medida, pudieron incluso adelantarse al rigor actual del TJUE[18], han sabido atender, a su modo (es decir, en el marco de su respectivo orden constitucional o, de otro modo, de su respectivo sistema de fuentes y controles normativos) a la llamada del DUE, al efecto de tomar en consideración la potencialidad paramétrica de los principios y derechos fundamentales reconocidos en la Carta de Derechos fundamentales de la UE.

Una vez que se ha podido avanzar en la interpretación medida o, acaso, menos desmedida, de la cláusula espacial-funcional de aplicación de sus cláusulas sustantivas, ius fundamentales, la Carta emerge como parámetro de referencia y validez del DUE[19].

---

17 Cf., a título de ejemplo, López Castillo, A. (2022). La Carta de Derechos Fundamentales de la Unión Europea: once años de jurisprudencia. En *La Carta de Derechos Fundamentales de la Unión Europea, veinte años después*, Santiago Ripol Carulla (dir.), Juan Ignacio Ugartemendía Eceizabarrena (dir.), pp. 87-108.

18 Cf., a propósito de la pronta consideración paramétrica de la Carta por parte del TC de Austria, Cruz Villalón, P. (2021). ¿Una forma de cooperación judicial no reclamada? Sobre la extensión del amparo a la Carta de derechos fundamentales de la UE. *AIJC*, 25, pp. 57-85.

19 Cf., a propósito del detalle jurisprudencial de la evolutiva interpretación de esa cláusula, Azpitarte Sánchez, M. (2019). Artículo 51. En *La Carta de Derechos fundamentales de la Unión Europea. Diez años de jurisprudencia*, Antonio López Castillo (dir.), Tirant Lo Blanch, Madrid.

En la medida en que las jurisdicciones nacionales son ordinarios aplicadores del DUE, los Tribunales constitucionales han comenzado a moverse en una línea no siempre consistente, ni del todo consecuente, pero cierta, de encuadramiento constitucional de esa función aplicativa, sin perjuicio de su carácter de supremo intérprete de la Constitución.

Pero, sobre esa faceta d control de aplicación jurisdiccional del DUE, enmarcando los procedimientos de los que conoce y partiendo de los tópicos de su jurisprudencia, los Tribunales constitucionales se hallan ante una realidad inevitable, la de su propia condición de aplicadores del DUE, en el marco de esos procedimientos formalmente configurados al efecto de ajustar las actuaciones de los poderes públicos a la constitución, es decir, a su parámetro constitucional de referencia y validez.

Y así, ante el enjuiciamiento constitucional de regulaciones de la UE aplicables, directa o indirectamente, a través de las normas nacionales de transposición, los Tribunales constitucionales se ven llamados ya a implicarse ahondando en ese flujo normativo.

De ahí, la andadura emprendida por algunos Tribunales constitucionales, alterando obviamente sus criterios de partida y el sentido de aquella divisoria, sin perjuicio de su persistencia formal. Así ocurre, por ejemplo, en el caso del TCFA que, sobre algún apunte previo, que aquí cabe obviar, emprende un giro notorio en la concepción de su jurisdicción propia al efecto de reintegrarse en el centro del espacio jurisdiccional nacional asumiendo, a su modo (no exento de ambigüedades) su función aplicativa -como supremo juez constitucional- del DUE, aplicando, si fuera el caso, el parámetro propio del DUE.

Y así, sin necesidad de extenderse aquí[20], en la consideración de la conocida jurisprudencia Derecho al olvido I y II, de

---

20 Cf., por otros, Arzoz Santisteban, X. (2022). *Transformaciones judiciales. Karlsruhe y los Derechos fundamentales de la Unión Europea.* Centro

la Sala primera del TCFA, se recordará que, en lo sustancial, se ha tratado de proyectar al espacio ius fundamental interno la distinción de regímenes paramétricos adelantada por el TJUE, ya en 2013, en su tándem Melloni-Akerberg. Una propuesta hermenéutica de la que, en 2019, se habría hecho eco la Sala 1ª del TCFA, tratando de asumir la aplicación, en los procesos constitucionales de amparo de derechos fundamentales, de los estándares de la Carta, en lugar de o, en su caso, junto a los propios estándares constitucionales.

Una orientación novedosa asumida, pero, a su modo, por la díscola Sala 2ª del TCFA, que, ya desde la transitoria fase que gira en torno a su cambio de presidencia en el *covidiano* año 2020, trataba de aflojarse las ataduras doctrinales que durante su presidencia saliente se habían venido afianzando, no sin una cierta crítica interna, no siempre explicitada[21].

Una similar línea de consciente política jurisprudencial al efecto de recuperar la centralidad del espacio aplicativo perdido habría seguido la *Corte Costituzionale*. De ello queda noticia en una serie de resoluciones relativamente recientes en las que, acaso por no contar la CC con el instrumento procesal del amparo de derechos fundamentales (a diferencia de lo que es el caso con sus correspondientes alemán y español), Roma habría decidido hablar deferente, pero abiertamente, con el TJUE.

Sobreponiéndose a una tradicional divisoria lacerante, la CC de Italia ha emprendido un camino dialógico, mediante una actuación proactiva que ha procurado un beneficio mutuo. Al TJUE, porque, atendiendo a la motivada argumentación romana ha sabido entender que era llegado ya el momento de

---

de Estudios Políticos y Constitucionales. En particular, pp. 201-234.

21 Cf., a propósito, López Castillo, A. (2021). Del tránsito presidencial de la Sala Segunda del TCFA y de su reflejo en la superación de una disparatada sentencia Weiss, de 5 de mayo de 2020. *Revista española de Derecho Constitucional,* 122, pp. 333-366.

asumir, efectivamente, su papel como suprema jurisdicción de tutela de derechos fundamentales de la UE. Ya la Corte Costituzionale, porque, mostrar su competencia técnica como supremo intérprete del parámetro ius fundamental de interpretación y control, llevando al TJUE a modular sus planteamientos esquemáticos de partida, le ha permitido alcanzar el objetivo último de su política jurisprudencial, en un contexto ordinamental de imprevisión de su cierre jurisprudencial en materia de tutela de derechos fundamentales; objetivo último que no es otro que recuperar su centralidad decisoria, al interno.

En ese sentido, por su ejemplaridad, como instrumento dialógico, al servicio del mejor estándar ius fundamental en el espacio integrado, por las consideraciones de la CC acerca de las diferencias entre el supuesto de posible incriminación de persona física, de una parte, y el de responsabilidad de personas jurídicas al hilo de una investigación en el campo del derecho de la competencia, y, de otra parte, resulta *Consob* un caso de referencia[22].

Por lo demás, en el caso del Tribunal constitucional español, pese a la evidencia de regulación completiva del DUE en materia de protección de datos, ya desde la directa aplicación de su reglamento general de protección (RGPD), no se ha llevado al plenario, ni a ninguna de sus dos Salas, a una resolución semejante a las del TCFA en relación con el Derecho al olvido (I y II), por más que en alguna de sus sentencias recientes, el TC ha tenido la posibilidad de dar un paso en ese sentido de apertura paramétrica o, en todo caso, de apertura dialógica a propósito del parámetro.

---

22 Vide sentencia TJUE (Gran Sala), de 2 de febrero de 2021, as. C-481/19; cf. Sarmiento Ramírez, D. (2021). The Consob way or how the Corte costituzionale taught Europe (once again) a masterclass in constitutional disputes settlement. *Eulawlive,* 54, pp. 2-9.

Lo cierto es que el TC español sigue moviéndose con paso inseguro, tratando de no empantanar su función constitucional con una adicional función europea de un modo que, si bien formalmente no cuestiona el DUE, en el ordinario desempeño de su tarea jurisdiccional tampoco lo llega a asumir de la manera consecuente que habrían comenzado a hacer algunos de sus correspondientes europeos de referencia.

El TC continúa invocando el artículo 10.2 CE, una genérica cláusula de apertura hermenéutica al orden internacional, al efecto de integrar el sentido y alcance de los DDFF constitucionalizados, lo que le ha llevado, ya desde sus primeras aproximaciones, a enfatizar una divisoria funcional y una dualidad paramétrica que, a lo largo de los años, no siempre ha observado de manera consecuente.

Sigue así el TC, sin entender del todo que, con base en el artículo 93 CE, en su día reconfirmado como un fundamento constitucional suficiente[23], en los supuestos de que conozca, ya sea en amparo, ya sea en recursos de inconstitucionalidad de la ley, con o sin dimensión competencial, o en cualesquiera otros procedimientos, cuando se haga presente una regulación uniforme o armonizada del DUE, la aplicación por parte de los órganos y autoridades nacionales se habrá de ajustar al estándar paramétrico del DUE (participando, en consecuencia con sus capacidades, en el proceso dialógico de su motivada concreción).

En ese sentido, sin perjuicio de la pertinencia de ensayar aproximaciones moduladas, a la manera germánica o de otro modo, lo cierto es que se hace ya inexcusable que el TC se proponga entender cabalmente el estado actual de la cuestión,

---

[23] Cf., en línea crítica en ese punto con la DTC 1/2004, de 13 de diciembre de 2004, López Castillo, A. (2005). La Unión Europea "en constitución" y la Constitución estatal en espera de reformas. A propósito de la DTC 1/2004, de 13 de diciembre de 2004. *Teoría y realidad constitucional,* 15, pp. 427-460

para no quedar desplazado de su efectiva condición de juez (supremo) nacional aplicador del DUE. Ya sea mediante proyección paramétrica propia, a propósito de incumplimientos nacionales del DUE, ya sea mediante una obligada integración paramétrica que sea consecuente, por consonante y congruente, con la efectividad requerida por el DUE.

Y esa actitud debiera alcanzar también al modo en que se enfoca la relación con el CEDH, a fin de no quedar en simple receptor de doctrina, *ex post*, como consecuencia de una declaración de vulneración del CEDH debida al TC, sea por activa o por pasiva (sin necesidad de contar, como no cuenta todavía, con la vía previa de consulta, mejor que cuestión prejudicial, que en otros ordenamientos, allí donde -a diferencia del caso, entre otros, de España- se hubiese ratificado el Protocolo nº 16, ha permitido poner a disposición de tribunales supremos o / y constitucionales esa complementaria vía de consulta previa al TEDH). Una vía particularmente indicada, preciso es decirlo, al efecto de un "control preventivo de convencionalidad de la ley nacional" que, ex post, el TEDH también ha sabido articular, a su modo, mediante los llamados casos piloto, una singular variante de amparo (estructural) de las garantías del CEDH que se ha impuesto, con frecuencia en supuestos de lo que en ordenamientos como el colombiano se ha denominado un estado de cosas inconstitucional[24].

Al efecto, es preciso revisar, por ello, esa alterada perspectiva inicial, de modo que el TC pueda efectivamente tratar de recuperar la centralidad nacional, entrando en una relación dialógica deferente, pero seriamente, con el TJUE (en la senda marcada ya por la *Corte Costituzionale* de Italia, antes que

---

[24] Cf., por otros, en esa perspectiva amplia, Gutiérrez Beltrán, Andrés M. (2018). *El amparo estructural de los derechos.* Madrid.

del equívoco modo que se vislumbra en la jurisprudencia más reciente de la Sala 2ª del TCFA[25]).

Que el DUE, aplicable en el espacio jurídico de la UE, si lo ha de ser, lo ha de ser para todos por igual (o, en todo caso, en las condiciones y con el alcance, concertado por todos), no significa que se haya de privar al TC de un parámetro propio. Pero que el TC pueda configurar un parámetro propio, en el ámbito remanente de autonomía que expresamente salva el artículo 4.2 TUE, no quiere decir que siga quedando al margen de esa realidad inter ordinamental, especulando con consideraciones hermenéuticas que muy bien podría podrían (tal y como habrá ocasión de reconsiderar) si volviese sobre su juicio, persistente, acerca de la suficiencia del artículo 93 CE.

Entre tanto, en tanto que no se decida a acometer esa revisión interpretativa, el TC debería tratar de aclarar su equívoca doctrina a propósito del fundamento y alcance de su asunción paramétrica del DUE. La consulta de su jurisprudencia ius europea deja una sensación de confusión, del todo inconveniente para la autoridad que lógicamente demanda una jurisdicción suprema como la del TC.

IV. RECAPITULANDO PARA TRATAR DE CLARIFICAR

A modo de recapitulación, se constata que la emergencia de un control de constitucionalidad de la ley, históricamente, ha tenido su origen (sin perjuicio de su modalidad europea

---

25 Cf., a propósito, por otros, Lenaerts, K. La protección de los derechos fundamentales en el ordenamiento jurídico de la UE: un dialogo entre el Tribunal de Justicia y los Tribunales Constitucionales de los Estados miembros. Conferencia en el TC, Madrid, 6 de mayo de 2022. Disponible en: https://www.tribunalconstitucional.es/es/encuentros-seminarios/Paginas/detalle.aspx?ListItemId=40

de salvaguarda ante derivas de jurisprudencia de valores y usos alternativos de la ley), su surgente venero, en procesos de gestación de articulación federativa (aun si no llegase a alcanzar el plano federal, a la decimonónica manera suiza, cabría decir).

Así, en un trasfondo político semejante, de solapado enfrentamiento federativo, se gestaría el que luego se ha conocido como modelo americano de control de constitucionalidad de la ley. En un contexto de voluntarismo y tacticismo sin cuento.

De su perfectibilidad y de su relativo acomodo a la propia evolución de sistemas constitucionales in fieri, es muestra compleja, pero bien ilustrativa, la andadura de la justicia constitucional europea de entre guerras. Desde la inoperancia jurisdiccional de *Weimar* y el tecnicismo para parlamentario *kelseniano*, a la mixtura fructífera, al margen de su efímera vida operativa, del modelo hibridado que llegara a configurarse en la España republicana.

Con la regeneración del constitucionalismo normativo en la Europa de posguerra, se iniciaría una reviviscencia del control de constitucionalidad de la ley que, con el tiempo, rebrotaría al hilo de la regeneración democrática de la Europa constitucional pendiente, a fines del pasado siglo XX[26].

De aquella recuperación pretendidamente superadora del hiper nacionalismo violento identitario, que cual incesante movimiento telúrico, tiene sus réplicas a escala (desde el desastre humanitario de la desagregación fragmentada de la extinta Yugoslavia, a las pulsiones secesionistas contemporáneas, en el Reino unido de la Gran Bretaña o en el Reino de España), vie-

---

26 Cf., por otros, Ferreres Comella, V. (2009). *Constitutional courts and democratic values. A European perspective.* Yale University Press; Sadursky, Wojciech, (2010). *Constitutional Justice, East and West Democratic Legitimacy and Constitutional Courts in Post-Communist Europe in a Comparative Perspective.* Kluwer Law International.

ne también un proyecto regenerador que, desde entonces, sin pausa, de crisis en crisis, sigue vigente. Y ese no es otro que el proyecto de integración europea.

Al hilo del ya largo proceso de integración europea, a medida que al programa de integración económica (del mercado común, al mercado interior, que cumple ya treinta años, pasando por la paulatina configuración de una comprensiva unión económica y monetaria, y sin llegar aun a confluencia más intensa en el conjunto de las políticas económicas) se fuera sumando un conjunto de objetivos políticos de notorio alcance, desde los asuntos de justicia e interior, a las políticas de exterior, seguridad y defensa, al margen de la diversa utilería disponible, en la Unión Europea ha crecido (sobre sus deficiencias sistémicas de tipo institucional o relativas a sus envarados procedimientos decisorios) una conciencia cívico-constitucional, de comprensiva comunidad política, *in fieri*; con independencia del perfeccionamiento pendiente de sus bases de representativa legitimación democrática.

Y ello en un proceso discontinuo, según un soporte político cambiante, pero sustentado siempre en una especie de paso a paso jurisprudencial del que resulta la trama principial que sustenta una novedosa *forma* política (centro de imputación de una auténtica amalgama de regímenes de articulación) basada en valores, principios y derechos fundamentales comunes, de modo que, a las garantías propias de los espacios estatales de base y sin perjuicio de sus respectivas identidades nacionales, se suma un plano superpuesto de salvaguarda a los ciudadanos de la Unión de un estatuto jurídico reforzado.

Y en esa confluente gestación de una comunidad constitucional de necesaria estructura federativa e inexcusable sujeción a valores, principios estructurales y derechos fundamentales compartidos, en lo sustancial, por remanentes comunidades nacionales constitucionalmente articuladas en sus respectivos Estados miembros, es en donde se ha venido gestando una suma de estándares comunes, sin cuya observancia no podría hacerse realidad una práctica efectiva de aplicación uniforme del DUE.

Que todos los sujetos al DUE sean iguales en derechos y obligaciones solo es posible si los Estados miembros, efectivamente, son tratados por igual, tal y como expresamente se reconoce en la primera referencia del artículo 4.2 TUE.

Y en este contexto se ha de entender el sentido de la configuración de un control jurisdiccional de conformidad de la ley nacional a los Tratados y, como consecuencia, de ello la reformulación del control de constitucionalidad de la ley que, al aplicar el parámetro constitucional, no puede ya pretender que eso se haga al margen de toda consideración del parámetro ius europeo de control.

En suma, en el sucesivo tracto del proceso de integración, la función de control de conformidad con el parámetro de referencia y validez ha mutado considerablemente si se toma como elemento de contraste el tenor (interpretado) de la Constitución, de una parte, y el tenor (interpretado) de los Tratados, de otra parte.

La jurisprudencia del TC sigue enfocando el enjuiciamiento paramétrico de los casos de conjunción de DUE y derecho nacional de un modo relativamente inseguro, no exento de interpretaciones contradictorias, pese a su paulatina asunción de la realidad de la integración europea.

La alteración que resulta de la sumatoria del parámetro del Derecho de la UE y del asentamiento (indirecto) de los estándares constitucionales en sus márgenes (presupuesto, claro está, el sustrato común que encarna en los artículos 2 y 4, TUE), no aparece, como tal, en esos términos, en la jurisprudencia del TC. Por más, que a veces pareciera apuntarse al inicio de un debate, en su seno, a propósito de todo esto[27].

Solo le resta acometer ese debate, como es debido, en abierto intercambio de criterios, en sincero diálogo con el TJUE, teniendo presente el recorrido ya hecho por algunos de sus correspondientes; a la vista, en particular, del modo en que la CC de Italia lo viene haciendo en estos últimos años[28].

Presupuesto necesario, en una estricta perspectiva constitucional, parece seguir siendo hoy, como ayer, que el TC vuelva, más pronto que tarde, sobre su declaración de suficiencia del artículo 93 CE, de manera más rigurosa, o -si se quiere- menos relacional, más allá de una divisoria entre supremacía (de la Constitución) y primacía (del DUE) que, sobre su aparente centralidad, resulta ser una distinción de dudosa operatividad (dicho sea al margen de subrayados doctrinales más o menos ilustres[29]), si

---

27 A propósito de la STC 89/2022, llama la atención al respecto Cruz Villalón, P. (2022). De la persistencia de un viejo dictum: la STC 89/2022, en contexto. En *Jacques Ziller. A European Scholar.* Diana Fromage, editora, European University Institute.

28 Cf. Lenaerts, National identity, the equality of member states before the treaties and the primacy of EU law. En Jornada Identità nazionale degli Stati membri, primato del diritto dell'Unione Europea, stato di diritto e indipendenza dei giudici nazionali, Corte Costituzionale della Repubblica Italiana. Disponible en: https://cortecostituzionale.it/jsp/consulta/convegni/5 sett 2022/Giornata-Studio-Lenaerts.pdf

29 A propósito de una ocurrente categorización en la DTC 1/2004, FJ 4, que, sobre su aparente consistencia, apenas resiste la crítica, cf., en particular, Ferreres Comella, V. (2005). La Constitución española ante la cláusula de primacía del derecho de la Unión Europea: Un comentario a Declaración del Tribunal Constitucional de 13 de diciembre de 2004 y el Tratado por el que se establece una Constitución. En *Constitución Española y Constitución Europea análisis de la Declaración del Tribunal Constitucional (DTC 1/2004, de 13 de diciembre),* Antonio López Castillo y otros, Centro de Estudios Políticos y Constitucionales.

no se conecta con la cuestión de la (in)suficiencia de un fundamento constitucional (no solo) de la integración europea.

Y lo cierto es que, mediante Declaración (DTC) 1/2004, la suficiencia constitucional del artículo 93 CE se justificaría en virtud de una alumbrada faceta sustantiva, expresamente inédita, resultante de la integración relacional de su tenor, a la luz de la aplicación de su procedimiento (explícitamente articulado en su primera frase) en sucesivas ocasiones. Desde el compromiso inicial de España con el proceso de integración, una delimitación comprensible, pero incompleta, si se recuerda que, en su dimensión orgánico-procedimental, ese fundamento constitucional había sido también la base para el compromiso español con el estatuto de Roma, por el que se instituyera el llamado Tribunal penal internacional. Integrando así su contenido material, *per relationem,* mediante su lectura de conformidad con una (la más relevante) de las dos proyecciones aplicativas.

Una singular operación hermenéutica que el Pleno del TC completaría, en aquella Declaración, mediante inferencia finalista y atendiendo a las cláusulas basilares del Estado constitucional y democrático de Derecho, con el alumbramiento de límites implícitos, por lo demás, explicitados en el reflejo texto normativo sujeto a examen (más concretamente, en los artículos I-2 y I-5 del -frustrado proyecto del- llamado Tratado constitucional de la Unión).

Por lo que ahora importa, dejando para otra ocasión, la reconsideración crítica de este modo de proceder y la valoración actualizada de las consecuencias que ello ha podido tener en el decurso ulterior de la jurisprudencia europea del TC[30], en estos párrafos que siguen, me limitaré a glosar el sentido

---

30 A propósito, en síntesis, mi contribución (inédita), The discomfort of the Spanish Constitutional Court as an european Judge), ponencia en Congreso ICON-S, Italia, Milán, 13-14 de octubre de 2023.

(en la medida en que ello resulte factible) de los pronunciamientos del TC expresivos de su doble condición (negada con reiteración, pero ocasionalmente practicada) de garante de la aplicación del DUE de conformidad no tanto con los Tratados como con la Constitución y de aplicador del DUE, en su caso, mediante cooperación con el TJUE, y en consonancia con la Constitución, en todo caso.

En su condición de específica jurisdicción de garantías constitucionales, el TC ha sostenido con reiteración que, a falta de una expresa atribución al efecto, la ordinaria tarea de puntual y correcta aplicación del DUE, corresponde a la jurisdicción ordinaria en cooperación, en su caso, con el TJUE. Pero ni en el desenvolvimiento ordinario de su jurisdicción guarda consecuencia con ese reiterativo aserto, ni está falto de razón formal un TC de competencias de atribución. Alterar el parámetro de su enjuiciamiento y control de la ley debiera tener un sustento normativo más consistente y respetuoso con la propia constitución, más allá pues de su propia decisión jurisprudencial (si llegase a adoptar una tal). Que ello demanda, al menos, una expresa atribución en su propia Ley orgánica es cosa que se ha apuntado[31] y que, como es obvio, comparto.

BIBLIOGRAFIA

Ackerman, Bruce. (2006). Marbury Versus Stuart. *Fundamentos: Cuadernos monográficos de teoría del estado, derecho público e historia constitucional*, 4, (Ejemplar dedicado a: La Rebelión de las Leyes / coord. por Juan Luis Requejo Pagés).

Arzoz Santisteban, X. (2022). *Transformaciones judiciales. Karlsruhe y los Derechos fundamentales de la Unión Europea.* Centro de Estudios Políticos y Constitucionales.

---

[31] Vide P. Cruz Villalón, ¿Una forma de cooperación judicial no reclamada? Sobre la extensión del amparo a la Carta de derechos fundamentales de la UE, en *AIJC*, 25, 2021, pp. 57-85.

Azpitarte Sánchez, M. (2019). Artículo 51. En *La Carta de Derechos fundamentales de la Unión Europea. Diez años de jurisprudencia*, Antonio López Castillo (dir.), Tirant Lo Blanch, Madrid.

Aragón Reyes, M. (2022). El Tribunal de Garantías Constitucionales y sus antecedentes remotos e inmediatos. En *Del control constitucional de la ley en el Estado constitucional abierto perspectiva comparada*, coord. por Antonio López Castillo, César Aguado Renedo.

Bassols Coma, M. (1981). *La jurisprudencia del Tribunal de Garantías constitucionales de la II República española*, Centro de Estudios Constitucionales.

Cruz Villalón, P. (1987). *La formación del sistema europeo de control de constitucionalidad (1918-1939).* Centro de Estudios Políticos y Constitucionales.

- (2021). ¿Una forma de cooperación judicial no reclamada? Sobre la extensión del amparo a la Carta de derechos fundamentales de la UE. *AIJC*, 25, pp. 57-85.

- (2022). De la persistencia de un viejo *dictum*: la STC 89/2022, en contexto. En *Jacques Ziller. A European Scholar.* Diana Fromage, editora, European University Institute.

Ehrlich, Walter. (2007). *They have no Rights: Dredd Scott´s Struggle for Free*dom. Applewood Books.

Ferreres Comella, V. (2009). *Constitutional courts and democratic values. A European perspective.* Yale University Press.

- (2005). La Constitución española ante la cláusula de primacía del derecho de la Unión Europea: Un comentario a Declaración del Tribunal Constitucional de 13 de diciembre de 2004 y el Tratado por el que se establece una Constitución. En *Constitución Española y Constitución Europea análisis de la Declaración del Tribunal Constitucional (DTC 1/2004, de 13 de diciembre)*, Antonio López Castillo y otros, Centro de Estudios Políticos y Constitucionales.

- (2011). *Una defensa del modelo europeo de control de constitucionalidad.* Marcial Pons, Ediciones Jurídicas y Sociales.

García-Pelayo Alonso, M. (1989). *Las transformaciones del Estado contemporáneo.* Alinza Editorial.

Gutiérrez Beltrán, Andrés M. (2018). *El amparo estructural de los derechos*, Centro de Estudios Políticos y Constitucionales.

Iglesias Sánchez, S. (2023). La construcción jurisprudencial del principio de responsabilidad del Estado desde la autonomía procesal y sus límites (equivalencia y efectividad): un modelo agotado tras la sentencia Comisión/España (C-278/20). *Revista de Derecho Comunitario Europeo*, 74, 111-146.

Lenaerts, Koen. (2022). National identity, the equality of member states before the treaties and the primacy of EU law. En Jornada *Identità nazionale degli Stati membri, primato del diritto dell'Unione Europea, stato di diritto e indipendenza dei giudici nazionali*, Corte Costituzionale della Repubblica Italiana, octubre 2022. Disponible en: https://cortecostituzionale.it/jsp/consulta/convegni/5 sett 2022/Giornata-Studio-Lenaerts.pdf

- La protección de los derechos fundamentales en el ordenamiento jurídico de la UE: un dialogo entre el Tribunal de Justicia y los Tribunales Constitucionales de los Estados miembros. Conferencia en el TC, Madrid, 6 de mayo de 2022. Disponible en: https://www.tribunalconstitucional.es/es/encuentros-seminarios/Paginas/detalle.aspx?ListItemId=40

López Castillo, A. (2005). La Unión Europea "en constitución" y la Constitución estatal en espera de reformas: a propósito de la DTC 1/2004, de 13 de diciembre de 2004. *Teoría y realidad constitucional*, 15, pp. 427-460

- (2021). Del tránsito presidencial en la Sala 2.ª del TCFA y de su reflejo en la superación de su disparatada sentencia Weiss, de 5 de mayo de 2020. *Revista española de derecho constitucional*, Año nº 41, 122, pp. 333-366

- (2022). La Carta de Derechos Fundamentales de la Unión Europea: once años de jurisprudencia. En *La Carta de Derechos Fundamentales de la Unión Europea, veinte años después*, Santiago Ripol Carulla (dir.), Juan Ignacio Ugartemendía Eceizabarrena (dir.), pp. 87-108

- (2023). The discomfort of the Spanish Constitutional Court as a European Judge, ponencia en Congreso ICON, Italia, Milán, 13-14 de 2023. Inédita.

Prieto Sanchís, L. (2006). Insnaturismo, positivismo y control de ley. Los presupuestos históricos, ideologicos y doctrinales de jurisdicción constitucional. *Fundamentos: Cuadernos monográficos de teoría del estado, derecho público e historia constitucional*, 4, (Ejemplar dedicado a: La Rebelión de las Leyes / coord. por Juan Luis Requejo Pagés).

Reyes, Rodolfo. (1934). *La defensa constitucional. Recursos de inconstitucionalidad y amparo.* Cartas-prólogo de A. Ossorio y Gallardo y V. Pradera. Espasa Calpe.

Rodríguez Iglesias, G. C. (1992). Der Gerichtshof der Europäischen Gemeinschaften als Verfassungsgericht, *Europarecht*, 225-245.

Rodríguez Iglesias, G. C. y Baquero Cruz, J. (2006). Las funciones constitucionales del Tribunal de Justicia de la Unión Europea. Fundamentos: *Cuadernos monográficos de teoría del estado, derecho público e historia constitucional,* 4, (Ejemplar dedicado a: La Rebelión de las Leyes / coord. por Juan Luis Requejo Pagés).

Rubio Llorente, F. (1983). Del Tribunal de Garantías al Tribunal Constitucional. *Revista de derecho político,* 16, pp. 27-38

- (1993). *La forma del poder: (estudios sobre la Constitución).* Centro de Estudios Políticos y Constitucionales.

Sarmiento Ramírez, D. (2021). The Consob way or how the Corte costituzionale taught Europe (once again) a masterclass in constitutional disputes settlement. *Eulawlive,* 54, pp. 2-9.

Sadursky, Wojciech, (2010). *Constitutional Justice, East and West Democratic Legitimacy and Constitutional Courts in Post-Communist Europe in a Comparative Perspective.* Kluwer Law International.

Tomás Villarroya, J. (1968). El recurso de inconstitucionalidad en el Derecho español (1931-1936). *Revista del Instituto de Ciencias Sociales,* 11.

Capítulo Segundo
El Estado de Derecho como parámetro de comunitariedad: la eficacia del valor y de los principios que lo concretan

PALOMA BIGLINO CAMPOS
Universidad de Valladolid

I. INTRODUCCIÓN: LA INDETERMINACION DEL ESTADO DE DERECHO

Hasta hace poco tiempo el Estado de Derecho no preocupaba demasiado a la doctrina. Más difícil era, todavía, que el concepto apareciera en la primera plana de los periódicos.

Este escaso interés obedecía, quizás, a que se consideraba bien asentado en las democracias occidentales. No hay que descartar, además, que, en algunas ocasiones, influyeran razones de carácter ideológico. En su formulación liberal, el Estado de Derecho no se demostró útil a la hora de frenar los abusos cometidos por los sistemas autoritarios que se implantaron en algunos países de nuestro continente entre las dos guerras mundiales y que, en algunos casos, como por ejemplo el nuestro, pervivieron hasta el último tercio del siglo XX. Este tipo de regímenes no puso en cuestión algunos de los requisitos que eran, y siguen siendo, inherentes al Estado de Derecho, como, por ejemplo, el principio de legalidad, la irretroactividad de las disposiciones restrictivas de derechos o la seguridad jurídica. Es más, en algunos casos, se sirvieron de algunas de esas exigencias para justificar la obediencia a unas leyes que, desde el punto de vista formal, carecían de legitimidad democrática y que, desde el punto de vista material, desconocían cualquier derecho ligado a la dignidad de la persona.

Lo cierto es que, hoy en día, el retroceso experimentado por ciertos países democráticos, alguno de ellos miembros de la Unión Europea, ha hecho que la noción de Estado de Derecho adquiera una actualidad que antes no tenía. Este renovado interés ha provocado, además, que surjan dudas acerca de su significado. Frente a la concepción liberal que se acaba de mencionar, de carácter muy liviano, se defiende una visión mucho más sustantiva del término, en la que el Estado de Derecho aparece íntimamente ligado a otros valores del constitucionalismo. Según esta visión alternativa, la única ley legítima es la que ha sido elaborada por los representantes de los ciudadanos y que respeta los derechos fundamentales.

Esta es la noción de Estado de Derecho que recogieron algunas de las organizaciones internacionales que aparecieron tras la segunda guerra mundial con el objetivo de evitar que volvieran a suceder las atrocidades de la segunda guerra mundial. Los Estatutos del Consejo de Europa, por ejemplo, fundan toda auténtica democracia en la libertad individual, la libertad política y el imperio del Derecho. Era, también, una condición no escrita para acceder a las tres comunidades europeas, requisito que se formalizó más tarde en el Consejo Europeo de Copenhague, que impuso la existencia de instituciones estables que garantizasen la democracia, el Estado de Derecho, los derechos humanos y el respeto y la protección de las minorías[1]. En 2007, el Tratado de Lisboa[2] lo introdujo como valor de la Unión en el art. 2 TUE, junto a la dignidad humana, la libertad, la democracia, y el respeto de los derechos humanos. De forma coherente, el art. 49 TUE incorporó el respeto al Estado de Derecho como requisito para solicitar el ingreso en la Unión.

El interés por la noción de Estado de Derecho se ha incrementado todavía más desde que las instituciones de la Unión Europea se han servido de ella para reaccionar frente a los graves retrocesos democráticos que están experimentando algunos países, como son Hungría y como fue Polonia hasta hace poco tiempo[3]. Esta opción no ha estado exenta de críticas. Así,

---

1 Presidency Conclusions Copenhagen European Council, 21-22 June 1993, disponible en: www.europarl.europa.eu/enlargement/ec/pdf/cop_en.pdf visitado 21 febrero 2023.

2 Previamente, el Tratado de Maastricht (1992) había hecho referencia a la noción en su preámbulo. El Tratado de Ámsterdam (1997) la introdujo en el articulado del TUE al incorporar un nuevo art. F.1 al TUE que, con una redacción muy similar a la actual, declaraba que "La Unión se basa en los principios de libertad, democracia, respeto de los derechos humanos y de las libertades fundamentales y el Estado de Derecho, principios que son comunes a los Estados miembros". Es preciso subrayar que este precepto incorporaba al Estado de Derecho como principio, mientras que el art. 2 TUE lo califica de valor.

3 La activación del art. 7 contra Hungría no sólo se fundamentó en la vulneración del Estado de Derecho, sino también por infringir los derechos fundamentales y el principio democrático. Tuve ocasión de analizar este extremo en Biglino Campos, P. (2020). La Unión Europea contra el retroceso democrático de los Estados miembros:

se afirma que los valores carecen de la densidad normativa necesaria para ser utilizados como parámetro a la hora de evaluar la actuación de los Estados miembros. También se aduce que el concepto de Estado de Derecho no es unívoco, sino que, como antes se ha señalado, adquiere sentidos distintos según las diferentes tradiciones jurídicas y que cada Estado lo configura de forma peculiar según su propia identidad nacional.

El objetivo de estas páginas consiste, primero, en identificar algunas de las posibles razones en virtud de las cuales las instituciones europeas y, sobre todo, la Comisión, optaron por fundamentar su reacción frente a las nuevas formas de autoritarismo en la defensa del Estado de Derecho y no en otros de los valores enunciados en el art. 2 TUE que estaban siendo afectados, como son la democracia o el respeto a los derechos fundamentales. Como se analizará a continuación, la definición de las obligaciones que el Estado de Derecho impone sobre los países que componen la Unión ha sido una tarea paulatina, en la que han colaborado tanto la Comisión como el TJUE. El último paso en esa dirección ha sido el art. 2. A) del Reglamento de condicionalidad. Este precepto menciona un conjunto de principios que concretan las exigencias que impone el Estado de Derecho, aunque, como también se tratará, todavía no están claras las consecuencias que puede tener su incorporación, expresa y por escrito, al ordenamiento jurídico de la Unión.

---

de la democracia al Estado de Derecho, del Estado de Derecho a la independencia de las jurisdicciones nacionales. En Pérez Sánchez, G. (dir); Miranda Escolar, B.; Vidal Fernández, B. (coord), *La Unión Europea al cumplirse los 70 años de la declaración Schuman 1950-2020*, Valladolid, pp. 299-320.

II. LA FORMACIÓN DEL PARÁMETRO DE CONTROL. HACIA LA DELIMITACIÓN DEL ESTADO DE DERECHO

1. El *soft law*: el Nuevo Marco y el Mecanismo del Estado de Derecho

Antes de analizar la forma en que se ha ido decantando la noción de Estado de Derecho en la Unión Europea, es preciso señalar que la expresión parámetro de control se pueden utilizar en ese ámbito sólo parcialmente o, al menos, de manera distinta a como se hace en los Estados miembros. En nuestro país, como sucede en otros que comparten nuestra tradición jurídica, esa noción conlleva una visión jerárquica del ordenamiento según la cual la cual la norma superior indica la forma de producción de las inferiores. En caso de contradicción entre la norma subordinada y la que constituye su fuente de validez, la consecuencia deberá ser la nulidad de la primera y su expulsión del ordenamiento jurídico.

Las cosas no son exactamente así en el ámbito de la Unión. Es cierto que, como consecuencia del principio de primacía, el Derecho de la Unión debe prevalecer sobre el Derecho de los Estados miembros, por lo que los órganos de justicia (nacionales o de la Unión) han de utilizar el primero como canon de comunitariedad. Ahora bien, las consecuencias en caso de contradicción no son siempre iguales. Cuando la norma o el acto sometido a control proviene de las instituciones de la Unión, el TJUE puede declararlo "nulo y sin valor ni efecto alguno" (art. 264 TFUE). De manera distinta, en caso de que sean los Estados miembros quienes contradicen el Derecho de la Unión, el TJUE no puede declarar la invalidez de lo actuado en el plano estatal porque los Tratados constitutivos o el Derecho derivado no son la fuente de validez de las normas internas. En ese supuesto, sea a través del recurso de incumplimiento o sea a través de la cuestión prejudicial, lo único que puede hacer el TJUE es declarar si existe contradicción entre la norma estatal sometida a examen y el ordenamiento de la Unión. En caso de que así fuera, son los Estados los que están obligados a adoptar las medidas necesarias para la ejecución de la sentencia del TJUE.

Una vez hecha esta precisión, hay que señalar que la delimitación del significado del Estado de Derecho en el ámbito de la Unión no ha sido un proceso ni rápido ni sencillo. Como es sabido, se trataba de frenar los avances que había experimentado el autoritarismo en algunos países de la Unión, especialmente en Hungría y Polonia. No conviene extenderse en lo que ha sucedido en estos Estados en los últimos años, dado que un análisis detallado de estos acontecimientos escaparía de la dimensión que deben tener estas páginas[4]. Aun así, merece la pena subrayar que la fractura de los principios esenciales del constitucionalismo suele compartir algunos rasgos comunes, porque comienzan con dos pasos. El primero consiste en modificar el sistema electoral, para lograr que la misma fuerza que controla el poder ejecutivo también logre la hegemonía en el legislativo, lo que supone atenuar, si no eliminar, el control político. El segundo paso radica en erosionar la independencia de los jueces ordinarios y de la jurisdicción constitucional, con lo que se logran desactivar las formas más efectivas de control jurídico[5]. Cuando estas etapas han culminado, sólo subsiste el control social, que también se neutraliza restringiendo el pluralismo de los medios de comunicación.

---

4 Los informes de la Comisión elaborados en el marco del Estado de Derecho son indicativos de la evolución que experimentan los distintos países de la Unión. Los referidos al año 2022 figuran en https://commission.europa.eu/publications/2022-rule-law-report-communication-and-country-chapters_en, visitado 10 febrero 2023.

5 Riaz, A y Sohel, R. (2020). How Democratic Backslides: Tracing the Pathway in Six Countries. Disponible en: https://www.researchgate.net/publication/345835037_How_Democracy_Backslides_Tracing_the_Pathway_in_Six_Countries, visitado 22 febrero 2023.

Lo cierto es que este tipo de actuaciones infringen la mayor parte de los valores proclamados en el art. 2 TUE. No solo sufren derechos fundamentales como son la participación política, los derechos de reunión y asociación o la libertad de expresión, sino que también resulta claramente limitado unos de los requisitos del principio democrático, esto es, el pluralismo político.

La decisión de la Unión de actuar sobre la base del Estado de Derecho se puede explicar por diferentes motivos. En primer lugar, es complejo que las instituciones de la Unión se movilicen para proteger los derechos fundamentales, porque el art. 51.1 de la CDFUE prevé que esta vincula a los Estados miembros únicamente cuando aplican Derecho de la Unión y no cuando actúan en los ámbitos de su propia competencia[6]. En segundo lugar, también suscitaría graves dificultades una actuación basada en el principio democrático. Este, en efecto, puede ser entendido de maneras distintas según la orientación ideológica ya que, para algunos es, sobre todo, procedimiento electoral mientras que otros exigen, además, requisitos sustantivos como es conseguir que la igualdad sea más real y efectiva. A esto hay que añadir que las críticas a la estructura interna de la Unión, a la que se reprocha, precisamente, de estar afectada por un déficit democrático, quizás debilitarían la legitimidad de su actuación. Frente a la intervención de las instituciones de la Unión, las autoridades nacionales podrían movilizar a la opinión pública interna, invocando su propia elección popular y su mayor proximidad a los ciudadanos.

Lo cierto es que, en 2014, la Comisión comenzó a actuar en defensa del Estado de Derecho. Ante las diferentes interpretaciones que recibe el término, a las que se ha hecho referen-

---

6 Acerca de las dificultades para delimitar ambas situaciones, Bustos Gisbert, R. (2017). La aplicación judicial de la CDFUE; un decálogo a partir de la jurisprudencia del Tribunal de Justicia de la Unión Europea. *Teoría y Realidad Constitucional*, 39, pp. 333-359.

cia al principio de estas páginas, era preciso, antes que nada, concretar su significado. Esto es lo que hizo, precisamente, el Nuevo Marco de la UE para reforzar el Estado de Derecho, de marzo de ese año[7].

Desde un punto de vista sustantivo, el aspecto que más destaca del Nuevo Marco es su primer anexo, dedicado a tratar del Estado de Derecho como principio fundacional de la Unión. La Comisión reconoce que, aunque dicho valor es un denominador compartido por la Unión e integrante del patrimonio constitucional común de los Estados miembros, no existe una definición única ni una lista precisa de principios, normas y valores que le sean inherentes. Aun así, considera factible proporcionar una lista no exhaustiva de los principios y normas que se derivan del Estado de Derecho, partiendo de la jurisprudencia del TJUE, del TEDH y, sobre todo, de las aportaciones de la Comisión de Venecia, entre las que destaca el Informe sobre el Estado de Derecho, aprobado en diciembre de 2011[8].

La Comunicación de la Comisión Europea no hace suyo expresamente dicho texto, quizá porque la Comisión de Venecia es una institución que no está integrada en la Unión y de la que forman parte, además, países que no son miembros del Consejo de Europa. Ahora bien, como ocurrió en otras actuaciones de las instituciones europeas con respecto a Hungría y Polonia, la Comunicación de la Comisión se inspira claramente en la obra de la Comisión de Venecia.

---

7 Comunicación de la Comisión al Parlamento Europeo y al Consejo. Un Nuevo Marco de la UE para reforzar el Estado de Derecho, Estrasburgo, 11.3.2014 (COM(2014) 158 final) p. 5. Disponible en: https://eur-lex.europa.eu/legal-content/ES/TXT/?qid=1537377640257&uri=CELEX:52014DC0158, visitado 10 febrero 2023.

8 Report on the rule of law. Disponible en: https://www.venice.coe.int/webforms/documents/?pdf=CDL-AD(2011)003rev-e, vistado 10 febrero 2023.

El Nuevo Marco subraya la importancia que el Estado de Derecho tiene en la construcción europea, por constituir el fundamento de la confianza mutua entre los ciudadanos y de las autoridades nacionales en los ordenamientos jurídicos de todos los Estados miembros. Al respeto, señala:

> "Hoy en día, las resoluciones en materia civil y mercantil de un órgano jurisdiccional nacional deben ser automáticamente reconocidas y ejecutadas en otro Estado miembro, y una orden de detención europea contra un presunto delincuente expedida en un Estado miembro debe ejecutarse como tal en otro Estados miembro. Estos son ejemplos claros de por qué todos los Estados miembros se ven necesariamente afectados si en otro Estado miembro no se respeta plenamente el principio del Estado de Derecho"[9].

Las exigencias que aparecen detalladas en el Anexo al Nuevo Marco no son requisitos meramente formales, sino que parten de una visión sustantiva del Estado de Derecho. En efecto, fundamentándose en la jurisprudencia del TJUE, dicho texto impone el principio de legalidad, pero en términos sustanciales, lo que implica "la existencia de un proceso legislativo transparente, responsable, pluralista y democrático"; la idea de seguridad jurídica que requiere, entre otras cosas, que las normas "sean claras, previsibles y no puedan ser modificadas retroactivamente"; la prohibición de arbitrariedad de los poderes ejecutivos, en cuya virtud cualquier intervención en la esfera privada de las personas ha de tener un fundamento legal y estar justificadas en las causas previstas en la ley; la tutela judicial efectiva e independiente que, en aplicación del principio de separación de poderes, implica la existencia de tribunales independientes, especialmente con respecto al poder ejecutivo. A esto se añade la exigencia de respeto al principio de igualdad[10].

---

9 Comunicación… ob. cit, p. 5.

10 *Comisión Europa, Anexos de la comunicación al Parlamento Europeo y al Consejo. Un nuevo marco de la UE para reforzar el Estado de Derecho,*

Desde entonces, y con este contenido, el Estado de Derecho ha servido como marco de actuación para diferentes acciones de la Comisión, que van desde la interposición de recursos por infracción frente a la actuación de varios Estados miembros hasta la puesta en marcha del mecanismo del Estado de Derecho[11]. Se trata de un instrumento de carácter preventivo mediante el cual se evalúa anualmente la actuación de cada uno de los Estados con arreglo a varios indicadores. Algunos de sus pilares coinciden con las exigencias que la Comisión enumeraba en el Nuevo Marco, como ocurre con la situación de los sistemas judiciales. Ahora bien, también se incorporan otros criterios, como son el pluralismo y la libertad de los medios, el marco jurídico para la lucha contra la corrupción y otros asuntos institucionales relacionados con el sistema de frenos y contrapesos, entre los que destaca la situación del sistema judicial. A la hora de valorar la independencia de los jueces, la Comisión tiene en cuenta no sólo su forma de designación, sino también otros extremos relacionados con la inamovilidad, como son el régimen disciplinario, los traslados, ceses y formas de promoción de jueces. Incorpora, también, las atribuciones de los consejos judiciales, dado que estos son los órganos encargados de salvaguardar la propia independencia judicial[12]. Los informes son por países y cada uno de ellos contiene con-

---

(COM(2014) 158 final, pp. 1-2, disponible en: https://commission.europa.eu/system/files/2021-08/com_2014_158_annexes_en.pdf, visitado 14 febrero 2023.

[11] *Comisión Europea*, sitio web dedicado al Mecanismo del Estado de Derecho. Disponible en: https://ec.europa.eu/info/policies/justice-and-fundamental-rights/upholding-rule-law/rule-law/rule-law-mechanism_es, visitado 14 febrero 2022.

[12] *European Rule of Law mechanism: Methodology for the preparation of the Annual Rule of Law Report.* Disponible en: 2020_rule_of_law_report_methodology_en.pdf (europa.eu), visitado 14 febrero 2023.

sideraciones acerca de los principales problemas que afectan a los Estados, así como recomendaciones para hacerles frente[13].

2. Un paso adelante en la defensa del Estado de Derecho: el Reglamento de condicionalidad

La incorporación del Estado de Derecho como parámetro jurídico para valorar la adecuación de los actos y normas al Derecho de la Unión ha experimentado un nuevo paso adelante a finales de 2020 con la entrada en vigor del Reglamento sobre un régimen general de condicionalidad para la protección del presupuesto de la Unión[14].

Esta norma constituye, sin duda, un paso adelante en la defensa del Estado de Derecho porque prevé, entre otras medidas, la posibilidad de que la Comisión suspenda el desembolso de fondos de la Unión a los países que infrinjan sus elementos estructurales. Dada la gravedad de la reacción, especialmente para algunos países receptores[15], el Reglamento ejemplifica algunas actuaciones estatales que pueden considerarse vulneraciones

---

13 El más reciente es la del Informe sobre el Estado de Derecho de 2022. *La situación del Estado de Derecho en la Unión Europea*, COM(2022). Disponible en: https://commission.europa.eu/strategy-and-policy/policies/justice-and-fundamental-rights/upholding-rule-law/rule-law/rule-law-mechanism/2022-rule-law-report_es, visitado 14 febrero 2023.

14 Reglamento (UE, Euratom) 2020/2092 del Parlamento y del Consejo de 16 de diciembre de 2020.

15 Un buen ejemplo de esta incidencia es el caso de Polonia. En este país, el dinero de la Unión tiene una influencia decisiva porque, al menos en 2021, representaba casi el sesenta y un por ciento de las inversiones en infraestructuras. As Poland and Hungary Flout Democratic Values, Europe Eyes the Aid Spigot. *The New York Times*, disponible en: www.nytimes.com/2018/05/01/world/europe/poland-hungary-european-union-money.html, vistado 22 febrero 2023.

del Estado de Derecho y detalla las condiciones para la adopción de las medidas, así como el procedimiento para tomarlas.

A los efectos de este trabajo reviste especial interés el art. 2. A) de la norma, ya que este precepto concreta los principios que integran ese valor de la Unión. La enumeración no se aparta demasiado de los requisitos que, en su momento, recogió la Comisión de Venecia y que luego incorporó el Nuevo Marco, textos que se acaban de analizar. En efecto, según dicho artículo, el Estado de Derecho comprende:

> "los principios de legalidad, que implica un proceso legislativo transparente, democrático, pluralista y sujeto a rendición de cuentas; de seguridad jurídica; de prohibición de la arbitrariedad del poder ejecutivo; de tutela judicial efectiva, que incluye el acceso a la justicia, por parte de órganos jurisdiccionales independientes e imparciales, también en lo que respecta a los derechos fundamentales; de separación de poderes, y de no discriminación e igualdad ante la ley. El Estado de Derecho se entenderá habida cuenta de los demás valores y principios de la Unión consagrados en el artículo 2 del TUE.

Los considerandos que anteceden a la parte dispositiva del Reglamento ofrecen una buena explicación de la importancia que el Estado de Derecho adquiere en la Unión. Como ya hacía el Nuevo Marco, especifican que, una vez que un país se convierte en un Estado miembro, se integra en una construcción jurídica basada en la premisa fundamental de que comparten una serie de valores comunes con los demás países que integran la Unión, factor que implica y justifica la confianza mutua entre ellos[16]. Aunque el considerando 6 reconoce que no existe una jerarquía entre los valores de la Unión, atribuye al respeto al Estado de Derecho un carácter nuclear a la hora de proteger los demás valores de la integración, ya que no puede haber respeto a la democracia ni a los derechos fundamenta-

---

16 Considerando 5.

les sin acatamiento al Estado de Derecho. Entre las exigencias que impone el Estado de Derecho, destaca la importancia de la autonomía y de la imparcialidad judicial. El articulado del Reglamento confirma esa centralidad al detallar los indicios de vulneración de los principios del Estado de Derecho. En efecto, no sólo se considera como tal la puesta en peligro de la independencia judicial, sino también la limitación de la disponibilidad y eficacia de las vías de recurso judicial, a través, por ejemplo, de normas procesales restrictivas o de la inejecución de las resoluciones judiciales[17].

No cabe desconocer la importancia del Reglamento de condicionalidad para el ordenamiento de la Unión, ya que dicha norma concreta, con fuerza jurídica vinculante, el significado del Estado de Derecho recogido en el art. 2 TUE, proclamando unos principios que el TJUE puede utilizar, en ciertas condiciones, para medir la conformidad al ordenamiento jurídico comunitario. Ahora bien, tampoco conviene perder de vista las críticas que ha recibido la norma y las limitaciones que le afectan.

Estas se pusieron de manifiesto en los recursos de anulación que tanto Hungría como Polonia interpusieron contra el Reglamento y que fueron resueltas por el TJUE en dos sentencias de 16 de febrero de 2022[18]. Hay muchos aspectos interesantes en dichas decisiones, ya que el Tribunal responde, entre otros extremos, a los reproches sobre la falta de base jurídica para dictar el Reglamento, a la pretendida falta de competencia del propio TJUE a la hora de valorar si los Estados miembros respetan el Estado de Derecho o al carácter exclusivo del procedimiento del artículo 7 TUE para la protección de los valores

---

[17] Art. 3, ap. a) y c).

[18] C-156/21, Hungría/Parlamento y Consejo y C-157-21, Polonia/Parlamento y Consejo, ambas de 16 de febrero.

que figuran en el artículo 2 TUE[19]. Ahora bien, para el tema que da titulo a estas páginas, merece la pena centrarse en la respuesta del Tribunal a dos reproches que, aunque con diferentes formulaciones, comparten ambas partes recurrentes: de un lado, la falta de concreción que afecta a la idea de Estado de Derecho establecida por el Reglamento; de otro, la imposibilidad de uniformar dicha noción, derivada de la obligación de respetar la identidad nacional de los Estados miembros.

Con respecto a la primer de las cuestiones, Hungría había objetado que la definición de Estado de Derecho recogida en el Reglamento incluye principios abstractos que se confunden con otros valores proclamados en el art. 2 TUE, como es la protección de los derechos fundamentales o la democracia. Esta indeterminación denota la naturaleza política y no jurídica de la noción, además de crear inseguridad en los Estados. Junto a ello, Polonia aduce que el Reglamento emplea términos excesivamente generales, que impiden establecer criterios concretos para apreciar el respeto al Estado de Derecho.

La respuesta del Tribunal a estas críticas es muy similar en las dos sentencias. La Corte reconoce que el art. 2.a) del Reglamento no detalla los principios del Estado de Derecho que menciona. Aun así, estos han sido desarrollados en una abundante jurisprudencia, por lo que se encuentran suficientemente reconocidos y precisados en el ordenamiento jurídico de la Unión[20]. Esta situación demuestra que los Estados miembros están en condiciones de determinar, con suficiente precisión, el contenido que se deriva de cada uno de dichos principios, cuyo control puede llevarse a cabo a través de apreciaciones

---

19 Sobre estos asuntos, por ejemplo, Fisicaro, M. (2022). Protection of the Rule of Law and 'Competence Creep' via the Budget: The Court of Justice on the Legality of The Conditionality Regulation. *European Constitutional Law Review*, nº 18, pp. 334-356.

20 C-156/21, apdos. 236 y 237, C/157/21, apdo. 169.

estrictamente jurídicas[21]. Siempre según el Tribunal, la referencia a la protección de los derechos fundamentales o a los principios de no discriminación y de igualdad que realiza el precepto antes citado tienen un mero carácter ilustrativo, por lo que no exceden los límites del concepto de Estado de Derecho[22].

Para responder a la presunta vulneración de la identidad de los Estados miembros que se atribuye a la definición de Estado de Derecho recogida en el Reglamento, el Tribunal recuerda que el respeto a ese valor es una exigencia para el ingreso y la permanencia en la Unión. Es, pues, una obligación de resultado que deriva directamente de los compromisos contraídos por los Estados miembros entre sí y frente a la Unión. A pesar de sus distintas identidades nacionales y de sus propias estructuras políticas y constitucionales, los Estados miembros se adhieren a un concepto de Estado de Derecho que comparten, por lo que dicha obligación de resultado no puede variar de un Estado a otro[23].

En virtud de las consideraciones apuntadas, las dos sentencias confirman la validez del Reglamento de condicionalidad, que se integra, pues, entre las normas que tanto el TJUE como los jueces nacionales pueden utilizar para determinar la conformidad del Derecho nacional con el Derecho de la Unión. Ahora bien, la incorporación de los principios que concretan el Estado de Derecho proclamado en el art. 2 TUE al ordenamiento europeo cuenta con una clara limitación. Como establece el propio Reglamento[24] y reitera el TJUE, la definición de Estado de Derecho y la concreción de sus requisitos tiene un carácter específico e instrumental, ya que la norma sólo puede aplicarse cuando sea pertinente para la buena gestión

---

21 C-156/21, apdo. 240.

22 C-157/21, apdos. 290-291 y 324.

23 C-156/21, apdos. 231-234; C-157/21, apdos. 264-266.

24 Art. 4.

financiera del presupuesto de la Unión o para la protección de sus intereses financieros[25]. La finalidad del Reglamento no es, pues, sancionar cualquier vulneración del Estado de Derecho per se, sino únicamente cuando dichas infracciones generen un perjuicio grave y directo al presupuesto de la Unión[26].

III. EL ESTADO DE DERECHO COMO VALOR Y LOS PRINCIPIOS EN LOS QUE SE CONCRETA

1. La proyección del Estado de Derecho en la independencia judicial del art. 19 TUE y del art. 47 de la CDFU

La situación descrita hasta el momento permite llegar a algunas conclusiones acerca de la eficacia jurídica del Estado de Derecho en el ordenamiento de la Unión, cuestión que sigue siendo polémica. En efecto, en algunas ocasiones se ha resaltado su imprecisión, dado que el propio TUE se refiere al mismo definiéndolo a veces como valor, como sucede en el art. 2, mientras que en otras ocasiones aparece como principio, lo que ocurre en el art. 21 o en el preámbulo del mismo Tratado[27]. Y, sin embargo, esta distinción tiene una importancia nuclear a la hora valorar la manera en que el Estado de Derecho se incorpora al sistema jurídico comunitario. Uno de los méritos de las dos sentencias sobre el Reglamento de condicionalidad es que no reproduce la ambigüedad terminológica que caracteriza al Derecho originario, sino que utilizan ambos términos con pro-

---

25 C-156/2021, apdo. 242.

26 C-156/2021, apdo. 227 y 242.

27 Por ejemplo Groussot, X; Zemskova, A; Bungerfeldt, K. (2022). Foundational principles and the rule of law in the European Union: how to adjudicate in a rule-of law crisis, ant why solidarity is essential, *Nordic Journal of European Law*, Vol. 5 nº 1, p. 3. Disponible en: https://journals.lub.lu.se/njel/article/view/24496, vistado 19 febrero 2022.

piedad, lo que permite una comprensión más adecuada del papel que corresponde a la noción que se analiza en estas páginas.

Así, cabe afirmar, que cuando el TJUE se refiere al Estado de Derecho que menciona el art. 2 TUE, le atribuye la eficacia jurídica que corresponde a los valores. Como tal, el Estado de Derecho no es una mera norma moral o un principio político, sino que tiene naturaleza jurídica. Por esa razón, aunque su indeterminación les resta aplicabilidad, puede ser desarrollado por el legislador y sirve como fuente de interpretación para jueces y tribunales[28].

En esta línea, las sentencias atribuyen al Estado de Derecho un papel fundacional en la creación de la Unión, dado que, como antes se señalaba, su respeto es un requisito para el ingreso y la permanencia en dicha organización. A partir de ahí, el TJUE utiliza la noción a la hora de decidir acerca de la base jurídica que justifica su dictado y confirmar la validez de la norma.

Este no es el único ejemplo de la eficacia interpretativa del Estado de Derecho. Más adelante se analizarán algunas sentencias en las que el TJUE aclara las exigencias que dicho valor impone a los Estados Miembros. Ahora merece la pena traer a colación otra muestra de la manera en que dicho órgano jurisdiccional utiliza el Estado de Derecho para interpretar el propio ordenamiento europeo. Se trata de la sentencia República Bolivariana de Venezuela contra Consejo de la Unión Euro-

---

28 Sobre la limitada eficacia jurídica de los valores, por ejemplo, Aragón Reyes, M. (1988). La eficacia jurídica del principio democrático. *Revista Española de Derecho Constitucional*, nº 24, pp. 9-4 y *Constitución y democracia,* Instituto de Investigaciones Jurídicas de México, 2002, p. 47, Constitución, democracia y control (unam.mx), visitado 22 marzo 2023. En el ámbito de la Unión, más recientemente, Aguilar Calahorro, A. (2021). *Naturaleza y eficacia de la Carta de Derechos fundamentales de la Unión Europea,* Madrid, pp. 71-156.

pea[29], en la que el TJUE aclara los requisitos impuestos por el art. 263 TFUE para que las personas físicas o jurídicas puedan interponer un recurso de anulación. Contra lo que había mantenido el Tribunal General, que había desestimado el recurso interpuesto por dicho país contra un Reglamento del Consejo, el TJUE casa la sentencia y afirma que la noción de persona jurídica utilizada por el precepto citado debe ser interpretada de forma contextual y teleológica, porque "la propia existencia de un control judicial efectivo para garantizar el cumplimiento de las disposiciones del Derecho de la Unión es inherente a la existencia de un Estado de Derecho"[30].

Ahora bien, a la luz de los razonamientos contenidos en las sentencias sobre el Reglamento de condicionalidad, es claro que la indeterminación que afecta al Estado de Derecho como valor impide su incorporación al parámetro en virtud del cual pueda declararse la invalidez de una norma o acto de la Unión o sea posible valorar la conformidad del Derecho de los Estados al ordenamiento europeo. Como afirma P.J. Martín Rodríguez, la mera proclamación del valor no permite extraer un contenido normativo autónomo y, en consecuencia, resulta inviable un recurso de incumplimiento por violación de dicho precepto[31].

Por esta razón y para hacer frente a las graves infracciones del Estado de Derecho que se han producido en algunos países de la Unión, el TJUE ha debido concretar dicho valor en otros preceptos del ordenamiento jurídico europeo, como son el art 19 TUE[32] o el art. 47 CDFUE.

---

29 De 22 de junio de 2021, C-872/19 P.

30 Ibídem, para. 48.

31 Martín Rodríguez, P. J. (2018). *El Estado de Derecho en la Unión Europea.* Tecnos, Madrid. p. 41.

32 He tenido ocasión de tratar esta jurisprudencia en "Retos a la independencia judicial", en Aragón Reyes, M; Valadés, D: Tudela Aranda, J. (Coord), Derecho Constitucional del siglo XXI: desafíos

Hay que reconocer que, en apariencia, el primero de esos preceptos dice bien poco, porque sólo obliga a los Estados a establecer las vías de recurso necesarias para garantizar la tutela judicial efectiva en los ámbitos cubiertos por el Derecho de la Unión. A pesar de esta parquedad, el TJUE ha utilizado dicho artículo para especificar que el valor proclamado en el art. 2 TUE impone, antes que nada, la independencia judicial.

Este argumento aparece, por primera vez, en la sentencia dictada en el caso de la Associação Sindical dos Juízes Portugueses[33]. Bien mirado, el asunto tenía un impacto muy limitado sobre el ámbito europeo, ya que el Tribunal Supremo Administrativo portugués preguntaba al TJUE si la reducción salarial aplicada a los jueces vulnera el principio de independencia judicial, proclamado no sólo en la Constitución portuguesa sino también en el art. 19.1 del TUE y en el art. 47 de la Carta. El Tribunal europeo desestimó el argumento, ya que consideró que las medidas adoptadas por las autoridades de dicho país tenían carácter general y estaban destinadas a mitigar el déficit excesivo. Ahora bien, aprovechó la ocasión para esbozar un argumento que ha sido una constante en su jurisprudencia posterior. Así, el TJUE subraya, en primer lugar, la importancia que el Estado de Derecho tiene en la Unión, dado que la confianza mutua entre los Estados presupone que estos comparten una serie de valores comunes, como es el derecho de los justiciables a impugnar judicialmente la legalidad

---

y oportunidades, Fundación Giménez Abad, Zaragoza, 2023, pp. 377- 396, disponible en: file:///C:/Users/Lenovo/Downloads/oc24_15_paloma_biglino_retos_independencia_judicial_es_o%20(2).pdf, visitado 22 febrero 2023.

33 De 27 de febrero 2018, C-64/16. Sobre esta decisión, Bonelli, M. Claes, M. (2018). Judicial serendipity: how Portuguese judges came to the rescue of the Polish judiciary, *European Constitutional Law Review*, nº 14, pp. 622-643.

de cualquier resolución o de cualquier acto nacional por los que se les aplique un acto de la Unión[34].

A la hora de concretar el Estado de Derecho proclamado en el art. 2 TUE, el TJUE acude al art. 19 TUE señalando que la tutela judicial a la que hace referencia el precepto no sólo se refiere Tribunal de Justicia sino también a los tribunales nacionales dado que estos son, también, jueces comunitarios. La sentencia da un paso más allá al subrayar que, a la luz de lo dispuesto en el art 47 CDFUE, sólo hay tutela judicial efectiva cuando se garantiza la independencia de los juzgadores. Esta exigencia es inherente a la misión de juzgar, por lo que no sólo se impone para los órganos jurisdiccionales de la Unión, sino que también afecta a los jueces y tribunales nacionales, ya que resulta esencial para el buen funcionamiento del sistema de cooperación judicial ínsito en el mecanismo de remisión prejudicial[35].

El Tribunal de Justicia ha seguido el mismo razonamiento en su posterior y abundante jurisprudencia[36]. Sirva como ejemplo la sentencia dictada en junio de 2023 acerca del régimen disciplinario aplicado a los jueces por las autoridades polacas, que reproduce los argumentos que se acaban de mencionar[37].

Como demuestran las dos sentencias antes citadas, otros de los preceptos que aparecen con frecuencia en la jurisprudencia del TJUE es el art. 47 CDFUE. Pero, en ambos casos, el TJUE utiliza dicho precepto a efectos meramente interpretati-

---

[34] Ibídem, apdo. 30

[35] Ibídem, apdos. 41. 43.

[36] Estas decisiones son ya muy numerosas. Sobre ellas, Pech, L., Bàrd, P. (2022). The Commission's Rule of Law Report and the EU Monitoring and Enforcement of Article 2 TEU Values. *Unión Europea*, pp. 148-149. Disponible en: https://www.europarl.europa.eu/thinktank/en/document/IPOL_STU(2022)727551, visitado 22 febrero 2023.

[37] Comisión/República de Polonia, de 5 de junio de 2023, C-204/21, apdos. 69-80.

vos, dado que la organización judicial de los Estados miembros es un ámbito que, en virtud de lo dispuesto en el art. 51. 1 de la propia Carta, escapa del campo de aplicación de esa declaración de derechos. La invocación a dicho texto tiene otro carácter cuando, sin embargo, se somete al Tribunal una actuación nacional que aplica Derecho de la Unión. En ocasiones de este tipo, el órgano de justicia de la Unión se sirve del derecho a la tutela judicial efectiva y a un juez independiente proclamado en la declaración para concretar el valor Estado de Derecho.

Esta situación es, precisamente, la que se produjo en la sentencia AK, de 19 de noviembre de 2019[38]. Esta obedeció a tres cuestiones prejudiciales planteadas por el Tribunal Supremo polaco que dudaban de la compatibilidad de la jubilación forzosa a la que se vieron sometidos sus miembros con la Directiva 2000/78 sobre igualdad de trato y con el precepto de la Carta antes citado. En esta ocasión, el TJUE estimó que el retiro forzoso vulneraba la prohibición de discriminación en razón de edad incorporada al Derecho de la Unión, por lo que reconoció que, en este supuesto, los jueces nacionales debían resolver el litigio principal aplicando el art. 47 de la declaración europea de derechos.

El TJUE también ha recurrido a ese precepto cuando, a través de cuestiones prejudiciales, ha tenido que decidir acerca de las dudas suscitadas por los tribunales nacionales acerca de la orden europea de detención. El supuesto más reciente de este tipo que, además, afecta a nuestro país, ha sido la sentencia dictada en el caso Puig Gordi y otros. En dicha decisión, el TJUE reitera su constante jurisprudencia sobre casos similares[39]. En efecto, acude al art. 47 CDFUE para admitir que la autoridad ju-

---

38 C-585/18, C-624/18 y C-625/18.

39 Esta jurisprudencia aparece ya enunciada en la sentencia LM, de 25 de julio 2018, C-216/18 PPU. Sobre esta decisión, Krajewski, M. (2018). Who is Afraid of the European council? The Court of

dicial de ejecución deniegue la entrega de una persona en caso de que esta corra riesgo real de que su derecho fundamental a un proceso equitativo resulte vulnerado como consecuencia de deficiencias sistémicas o generalizadas en el funcionamiento del sistema judicial del Estado miembro emisor[40].

2. Los principios que concretan el Estado de Derecho

Antes se señalaba que una de las aportaciones decisivas del Reglamento de condicionalidad es que especifica las exigencias inherentes al Estado de Derecho, como son la legalidad, la seguridad jurídica, la prohibición de la arbitrariedad del poder ejecutivo, la tutela judicial efectiva y la separación de poderes. Estas nociones son más concretas que el Estado de Derecho, por lo que tienen la naturaleza jurídica de principios. Por ser tales, carecen todavía de la aplicabilidad de las reglas, ya que son normas incompletas. Ahora bien, por ser más específicos que los valores, no sólo cuentan con eficacia interpretativa, sino que además pueden ser utilizados por los tribunales como normas de enjuiciamiento[41].

Las dos sentencias recaídas sobre el Reglamento de condicionalidad reconocen que estos requisitos, antes recogidos sólo en los documentos de *soft law* analizados en el segundo epígrafe de estas páginas, pasan a integrar el ordenamiento jurídico de la Unión a partir de su recepción en el art. 2.a) de dicha norma. Esto significa que no sólo el TJUE podrá utilizarlos como parámetro para decidir acerca de la conformidad de los actos y de las normas de los Estados miembros con el Derecho de la Unión, sino que también pueden servir como

---

Justice's Cautious Approach to the Independence of Domestic Judges. *European Constitutional Law Review*, nº 14, pp. 792-813.

40 De 31 de enero de 2023, C-158/21, apdos. 110-111.

41 Sobre la eficacia jurídica de los principios, ver nota 28.

fundamento para que los jueces nacionales eleven la cuestión prejudicial en caso de que sean vulnerados en sus propios países. Ahora bien, como también se ha señalado, este reconocimiento tiene sus límites porque, en principio, la recepción de esas exigencias como canon de comunitariedad parece limitarse a los supuestos en los que esté en juego la aplicación del Reglamento de condicionalidad y resulten afectadas la buena gestión del presupuesto de la Unión o la protección de sus intereses financieros.

Antes de terminar estas páginas, es preciso reconocer que las sentencias dejan abierta una cuestión que no tiene fácil respuesta, dada la ambigüedad con la que el TJUE aborda el tema. En efecto, a pesar de que dicho órgano insiste en las limitaciones que afectan a la aplicabilidad de los principios recogidos en el Reglamento de condicionalidad, también afirma que dichas nociones no constituyen ninguna novedad en el ordenamiento jurídico de la Unión, sino que ya forman parte del mismo, tal y como había reconocido en su anterior jurisprudencia[42]. Textualmente, el TJUE declara que:

> "estos principios del Estado de Derecho, tal como se han desarrollado en la jurisprudencia del Tribunal de Justicia sobre la base de los Tratados de la Unión, se encuentran así reconocidos y precisados en el ordenamiento jurídico de la Unión y tienen su origen en valores comunes reconocidos y aplicados también por los Estados miembros en sus propios ordenamientos jurídicos"[43].

[42] C-156/2021, apdo. 236. El propio Reglamento de condicionalidad menciona, como nota al considerando 3, la jurisprudencia en la que dicho órgano ha exigido a los Estados el cumplimiento del principio de legalidad, la interdicción de la arbitrariedad del ejecutivo, la tutela judicial efectiva y la separación de poderes.

[43] C-156/2021, apdo. 237, C-157/21, apdo. 291.

Es posible que el TJUE realice esta afirmación sólo para hacer frente a las dudas suscitadas por los recurrentes respecto a la validez del Reglamento de condicionalidad, lo que conllevaría la incorporación de dichos principios como parámetro para decidir únicamente acerca de los supuestos contemplados en dicha norma. Ahora bien, tampoco cabe descartar que el Tribunal, al reconocer que esas nociones ya formaban parte del ordenamiento comunitario, esté dejando una puerta abierta para servirse de ellas aun cuando no entre en juego el presupuesto de la Unión.

Esta posibilidad no se puede excluir de forma tajante en caso de que la actuación de los Estados afecte a alguna de las competencias que las instituciones europeas tengan reconocidas. Más difícil es, sin embargo, que los principios estructurales del Estado de Derecho puedan servir como parámetro para decidir acerca de actuaciones estatales que, aparentemente, carezcan de nexo de conexión con las competencias comunitarias. Pero lo sucedido con la independencia judicial demuestra que hasta lo improbable puede hacerse posible. En efecto, a primera vista, no parecía factible la decidida actuación del TJUE en un asunto que aparentaba ser meramente interno y ajeno, por tanto, al ámbito comunitario. Y, sin embargo, la creativa interpretación del art. 19 TUE hizo posible conectar independencia judicial, Estado de Derecho y ordenamiento de la Unión.

No parece que, en el momento actual, haya datos suficientes para aclarar estas dudas. Seguramente, serán el grado de respeto que los países que integran la Unión muestren hacia el Estado de Derecho, así como la propia reacción de las instituciones europeas ante hipotéticos nuevos retrocesos, los factores que harán decantar la jurisprudencia del TJUE hacia alguna de estas alterativas.

BIBLIOGRAFÍA

Aguilar Calahorro, A. (2021). *Naturaleza y eficacia de la Carta de Derechos fundamentales de la Unión Europea*, Madrid.

Aragón Reyes, M. (1988). La eficacia jurídica del principio democrático. *Revista Española de Derecho Constitucional*, nº 24.

Aragón Reyes, M. (2002). Constitución y democracia. Instituto de Investigaciones Jurídicas de México. Disponible en: https://biblio.juridicas.unam.mx/bjv/detalle-libro/288-constitucion-democracia-y-control.

Biglino Campos, P. (2023). Retos a la independencia judicial. En Aragón Reyes, M; Valadés, D: Tudela Aranda, J. (Coord), *Derecho Constitucional del siglo XXI: desafíos y oportunidades*, Fundación Giménez Abad, Zaragoza. Disponible en: file:///C:/Users/Lenovo/Downloads/oc24_15_paloma_biglino_retos_independencia_judicial_es_o%20(2).pdf.

Biglino Campos, P. (2020). La Unión Europea contra el retroceso democrático de los Estados miembros: de la democracia al Estado de Derecho, del Estado de Derecho a la independencia de las jurisdicciones nacionales. En Pérez Sánchez, G. (dir); Miranda Escolar, B.; Vidal Fernández, B. (coord) *La Unión Europea al cumplirse los 70 años de la declaración Schuman 1950-2020,* Valladolid.

Bonelli, M. Claes, M. (2018). Judicial serendipity: how Portuguese judges came to the rescue of the Polish judiciary, *European Constitutional Law Review*, nº 14, 622 – 643.

Groussot, X; Zemskova, A; Bungerfeldt, K. (2022). Foundational principles and the rule of law in the European Union: how to adjudicate in a rule-of law crisis, ant why solidarity is essential, *Nordic Journal of European Law*, Vol. 5 nº 1. Disponible en: https://journals.lub.lu.se/njel/article/view/24496.

Bustos Gisbert, R. (2017). La aplicación judicial de la CDFUE; un decálogo a partir de la jurisprudencia del Tribunal de Justicia de la Unión Europea. *Teoría y Realidad Constitucional*, 39, 333–359.

Fisicaro, M. (2022). Protection of the Rule of Law and 'Competence Creep' via the Budget: The Court of Justice on the Legality of The Conditionality Regulation. *European Constitutional Law Review*, nº 18, 334 – 356.

Krajewski, M. (2018). Who is Afraid of the European council? The Court of Justice's Cautious Approach to the Independence of Domestic Judges. *European Constitutional Law Review*, nº 14, 792 – 813.

Martín Rodríguez, P. J. (2018). *El Estado de Derecho en la Unión Europea*. Tecnos, Madrid.

Pech, L., Bàrd, P. (2022). The Commission's Rule of Law Report and the EU Monitoring and Enforcement of Article 2 TEU Values. *European Union.* Disponible en: https://www.europarl.europa.eu/thinktank/en/document/IPOL_STU(2022)727551.

Riaz, A; Sohel, R. (2020). How Democratic Backslides: Tracing the Pathway in Six Countries. Disponible en: https://www.researchgate.net/publication/345835037_How_Democracy_Backslides_Tracing_the_Pathway_in_Six_Countries.

Capítulo Tercero
La naturaleza y significado del control jurisdiccional a través del recurso por incumplimiento. A propósito de la STJUE de 28 de junio 2022, Comisión/Reino de España. Una resolución mesurada y correcta sobre el régimen de responsabilidad patrimonial del estado legislador

TOMÁS BASTARRECHE BENGOA
Universidad Autónoma de Madrid

I. MARCO GENERAL. MÁS ALLÁ DEL DIALOGO ENTRE TRIBUNALES (INTERCAMBIO DE PARÁMETROS)

En el seno de la normatividad de la UE, los solapamientos, intervenciones cruzadas, acomodación, imbricación entre las resoluciones de los tribunales ordinarios, superiores o constitucionales de los Estados Miembros (EM) y el Tribunal de Justicia o el Tribunal General de la UE; también de las normas de los legisladores, o de los ejecutivos de los EM con criterios de la Comisión, o las resoluciones del TJ van ya hoy mucho más allá de un "dialogo entre tribunales" al amparo del artículo 10.2 CE. La UE es una integración económica y monetaria supra estatal única que supone el culmen de la primera fase la globalización[1]. Es también, sin duda, la casa del "pluralismo constitucional" y de sus difíciles equilibrios, donde es complejo determinar qué tribunal tiene la última palabra incluso en materia de interpretación de derechos fundamentales, y más aún desde que parámetro va a hacerlo. En el seno de la UE, cada vez más el puzle de ordenamientos ya no se resuelve necesariamente desde principios de lectura estricta, o sobre todo en términos de supraordenación de unos y por tanto subordinación de otros, disolviendo una "pluralidad irreductible de pretensiones incondicionales de autoridad última en conflicto", sino que las competencias, capacidad de control o funciones se matizan y relativizan para dar entrada a un mejor acomodo entre ordenamientos[2], a una mejor relación institucional, y en

---

1 García Guerrero, JL. (2019). Los embates de la globalización a la democracia. En *Constitucionalizando la globalización*, José Luis García Guerrero (dir.), María Luz Martínez Alarcón (dir.). Tirant lo Blanch, p. 1340. La segunda de fase la globalización comienza con las integraciones económicas, no ya supraestatales, sino entre bloques económicos.

2 Como señala Bayón Mohíno, JC. (2013). El constitucionalismo en la esfera pública global. *AFD*, (XXIX), p. 81. Recuerda bien este autor

definitiva a una mejor normatividad. Y es, además, si no una estructura federal, desde luego si una forma de política federativa[3]; aunque como nos recuerda Kumm, la forma de ejercer las competencias de las instituciones de la UE a través de los EM, no se parece en nada al modo que el Gobierno federal ejerce sus competencias en EE.UU., o ningún otro lugar, siendo privativa de la UE[4]. Volveremos a esta idea más adelante. También lo son la tipología de sus controles judiciales.

Efectivamente, desde el punto de vista del control judicial de las normas, esta unicidad lleva un camino de ida y vuelta. Desde la fuerza centrípeta del control que ejercen los Tribunales Constitucionales – o Supremos, según el caso- sobre el DUE y su aplicación, hasta la fuerza centrífuga del control que ejerce el TJUE sobre el cumplimiento del DUE en los EM. Pero también viceversa, a través de casi hitos (y mitos) judiciales como fue la sentencia *Lisboa* del Tribunal Constitucional Federal Alemán (TCFA), o como vamos a ver, a través de STUE 28 de junio 2022, Comisión/Reino de España, donde TJ parece leer y entender la jurisprudencia del Tribunal Supremo español, haciendo una lectura muy restringida del principio de equivalencia, y separando en este caso ambos ordenamientos,

---

que para parte de la mejor doctrina constitucionalista representada en Javier García Roca (2012), o Rafael Bustos Gisbert (2012), es solo en este caso cuando procede hablar de verdadero pluralismo constitucional.

3 López Castillo, A. (2019). Unión Europea, ¿reforma institucional o fórmula federal? En *Constitucionalizando la globalización*, José Luis García Guerrero (dir.), María Luz Martínez Alarcón (dir.) Tirant lo Blanch, p. 1655.

4 Kumm, M. (2019). Mesa redonda. ¿Puede la UE solventar los problemas de la globalización reformando sus instituciones o precisa transformarse en un Estado federal? En *Constitucionalizando la globalización*, José Luis García Guerrero (dir.), María Luz Martínez Alarcón (dir.) Tirant lo Blanch, p. 1632.

para un mejor acomodo, esta vez, del DUE en el seno de los ordenamientos de EM. Veremos con detalle la sentencia. Pero antes, pongamos un poco más de contexto en la relación única entre el Derecho de la Unión Europea (DUE) y el derecho de los EM y en las intervenciones cruzadas, a veces poco ortodoxas, otras veces a través de parámetros más claros, entre los distintos tribunales de los EM y el TJUE gracias a los distintos controles previstos sobre ambos ordenamientos.

1. El control de los TCs del DUE. Del Asunto Melloni a hoy

Tanto ha modulado el Tribunal Constitucional Federal Alemán (TFCA o tribunal de *Karlsruhe*) la integración, efectividad, el sentido y alcance del DUE en los EM como lo haya podido hacer el TJUE. Ya hemos señalado que, a nuestro juicio, es evidente que la relación entre los ordenamientos no puede constreñirse al modo que de forma criticable lo hace el TC español, es decir, a una cláusula de parámetro interpretación jurisprudencial de derecho internacional (art. 10.2 CE) pensada para relaciones que quedan muy lejos de la integración que supone la UE y de un DUE que es ya una construcción normativa de una evolución, precisión y complejidad muy notable. Se trata de un derecho que construido sobre unas libertades económicas que se han convertido en un derecho de ciudadanía que recoge cánones *iusconstitucionales* tan ortodoxos como los de cualquier ordenamiento de un EM. Un buen reconocimiento de ello es la propia doctrina *Solange II.* No obstante, como dice López Castillo, "vía pretoriana"[5], es por todos sabido que con

---

[5] Como recuerda Jiménez de Parga por vía pretoriana, o más bien "protección pretoriana", se hacía referencia por parte de la doctrina, precisamente, al cambio producido en el seno del entonces TJCE, que de la inhibición en la protección de los DDFF pasó, a través de una labor casuística, a una protección efectiva de los mismos. Por cierto, es *vox populi*, o debería serlo, que "pretor" es la denomi-

anclaje constitucional en el control *ultra vires*, por un lado, y a través de la *cláusula de identidad constitucional*, por otro, el TCFA ha introducido, modulado y matizado, no siempre de manera lineal, pero si seguro de manera enjundiosa, cánones y parámetros *iuscomutarios*, o *iuseuropeos*. Siendo muy consciente, además, con discrepancias entre sus dos importantes salas o *Senados*, de su doble condición de TC del Estado alemán, y de tribunal integrante de la UE en calidad de máximo intérprete del DUE de un EM de la UE; inclusive, de un EM de la UE no cualquiera, sino miembro fundador y motor económico[6]. Por recordar un ejemplo reciente de lo que queremos señalar y que nos sirva para llegar a nuestro TC, podemos mencionar la STCFA de la Sala (o Senado) segunda, de 15 de diciembre de 2015.

La cuestión aquí no es la resolución en sí, sino el papel del TCFA. En ella, el tribunal alemán envía un "comunicado de doctrina" al TJUE. Prácticamente le viene a advertir de que no puede seguir la doctrina que se desprende de la sentencia *Melloni*. Si el TC español preguntó al TJUE cuando no debía, y después, hubo de modificar su parámetro constitucional en

---

nación el magistrado romano que ejercía jurisdicción en Roma o en las provincias. Jiménez de Parga y Cabrera, M. (2004). La protección de los derechos fundamentales en el proyecto de tratado por el que se instituye una Constitución para Europa, p. 101. Disponible en: https://www.boe.es/biblioteca_juridica/anuarios_derecho/abrir_pdf.php?id=ANU-M-2005-10009900114

6 Y no en vano ahí está el asunto C-62/14, *Gauweiler y otros*, EU:C:2015:400, sobre la compra de deuda del BCE y las *Outright Monetary Transactions*, más conocidas como las operaciones OMT. Tampoco podemos desconocer lo sucedido después con el desproporcionado control *ultra vires* del TCFA en su sentencia *Weiss/PSPP* de la Sala 2ª, y su posterior rectificación bajo la nueva presidencia (König). López Castillo, A. (2021). Del tránsito presidencial en la Sala 2.a del TCFA y de su reflejo en la superación de su disparatada sentencia Weiss, de 5 de mayo de 2020. *Revista Española de Derecho Constitucional*, 122, 333-366.

favor del que se desprende la Carta, inclusive del CEDH, para aplicar, en el fondo, un estándar inferior sobre el derecho a la tutela judicial efectiva del art. 24 CE, el TCFA, en el territorio de su jurisdicción, no lo va a hacer. Su jurisprudencia no es vinculante para el TJUE, pero tampoco el TCFA se va a sentir vinculado a la aplicación de un canon que no construye el derecho a un proceso con todas las garantías como un "derecho absoluto", en palabras del TC español en su doctrina previa a *Melloni* (STC 91/2000), e incondicional, de modo que quepa una condena en ausencia, que es de facto, lo que le acaba sucediendo al Sr. Melloni al ser extraditado a Italia. De este modo, "se le deja claro al TJUE lo que de su jurisdicción se espera. Aunque, si se atiende al esforzado empeño de referencia comparatista, más allá de su referente *melloniano*, finalmente se comprende que [para el TFCA] el TJUE es solo uno de los destinatarios de una decisión que también (por no decir, sobre todo) apela a la «liga de los Tribunales (supremos y) constitucionales»"[7].

El TC español, por su parte, como se ha repetido tantas veces, perdió en la STC 26/2014 de 13 febrero, de respuesta a la cuestión prejudicial suscitada en *Melloni*, la oportunidad de "precisar la relevancia de los derechos fundamentales reconocidos en la Unión no solo en el ámbito de aplicación de nuestra Constitución sino también para la propia función jurisdiccional de este Tribunal como garante de la supremacía de esa Constitución, que se superpone parcialmente a la jurisdicción

---

7 López Castillo, A. (2018). La confluencia entre Tribunales Constitucionales, TEDH y TJUE. *AFDUAM* 22, p. 159. Disponible en: https://www.boe.es/biblioteca_juridica/anuarios_derecho/abrir_pdf.php?id=ANU-A-2018-10013300172

que el Tribunal de Justicia ejerce en materia de derechos fundamentales" (voto particular de la Magistrada Asua Batarita)[8].

A partir de aquí, debemos subrayar que el TC debería estar acostumbrado a intervenciones diversas bajo cánones cambiantes. No es lo mismo el control abstracto de constitucionalidad, que el control competencial, la interpretación sobre vulneraciones de derechos fundamentales, y lo que aquí más importa, el control sobre la desatención del parámetro *iuseuropeo* por parte del los Tribunales españoles en el uso del DUE, a través, en general, de la vía del amparo -con fundamento en el derecho a tutela judicial efectiva o a un proceso con todas las garantías[9].

---

8 Para los propósitos de este trabajo y lo que queremos mostrar acerca de los solapamientos y uso de parámetros interpretativos entre tribunales, esta magistrada resumió perfectamente la problemática para el TC: "Lo que ha respondido el Tribunal de Justicia a nuestras cuestiones prejudiciales podría servir para integrar vía art. 10.2 CE nuestro canon sobre el contenido absoluto del derecho fundamental a un proceso con todas las garantías del art. 24.2 CE para los supuestos «no relacionados con el ámbito de aplicación del Derecho de la Unión». Pero en supuestos como el presente, que entran de lleno en el ámbito de aplicación del Derecho de la Unión, no puede ser un mero criterio hermenéutico que podamos manejar con cierta libertad, en conjunción con otros, con el fin de concretar ex art. 10.2 CE el contenido absoluto del derecho fundamental. Por el contrario, proporciona el canon que debemos aplicar ex art. 93 CE en razón de nuestra pertenencia a la Unión Europea: estando plenamente armonizada la regulación de la ejecución de las ordenes europeas de detención y entrega, lo que hay que aplicar son única y exclusivamente los derechos fundamentales de la Unión, en este caso los derechos fundamentales reconocidos en los arts. 47 y 48 de la Carta tal y como han sido específicamente interpretados, a instancia nuestra, por el Tribunal de Justicia en la Sentencia de 26 de febrero de 2013".

9 Un excelente y reciente trabajo sobre la evolución del TC en su propia posición de tribunal llamado a incorporar la Carta como parámetro de constitucionalidad puede leerse en Alonso García, R.

Como señala en líneas generales Arzoz Santisteban, el TC no terminaba de definir el papel interpretativo de los tribunales ordinarios, o su sujeción a la jurisprudencia del TJUE y la propia competencia interpretativa que tiene el tribunal vía artículo 267 TFUE, o vía 258 TFUE[10]. No obstante, en la línea seguida por el TC desde la STC 145/2012, la STC 232/2015 y la STC 37/2019, ha llegado finalmente en la STC 152/2021 a un lugar bastante claro.

La cuestión no era en absoluto baladí. Se trataba de enjuiciar si el artículo 60 de la LGSS, sobre el complemento de la pensión de jubilación (y otras pensiones contributivas) en el caso de que se hubiera "contribuido a la natalidad" por el cuidado de dos o más hijos, y su aplicación exclusivamente a las mujeres -como venían haciendo los tribunales españoles- era o no contrario al DUE, y en concreto a la Directiva 79/7/CEE del Consejo, de 19 de diciembre de 1978, relativa a la aplicación progresiva del principio de igualdad de trato entre hombres y mujeres en materia de seguridad social[11]. Hay que señalar que la sentencia del Tribunal de Justicia de la Unión Europea, de

(2022). El proceso de europeización del Tribunal Constitucional. *Journal of Human Security and Global Law,* vol. 1, 11-30.

10 Arzoz Santisteban, X. 2020. *La garantía constitucional del deber de reenvío prejudicial, CEPC,* Madrid..

11 El artículo que se enjuiciaba era el recogido en la Ley General de la Seguridad Social (Real Decreto Legislativo 8/2015, de 30 de octubre) en su redacción previa a la establecida en el RD-ley 3/2021 de 2 de febrero, por el que se adoptan medidas para la reducción de la brecha de género y otras materias en los ámbitos de la Seguridad Social y económico. Este último decreto, constatando la sentencia que se señala en el apartado y la propia jurisprudencia posterior "sustituye el complemento de maternidad por aportación demográfica por un complemento dirigido a la reducción de la brecha de género en el que el que el número de hijos es el criterio objetivo que se utiliza para articular la medida por cuanto su nacimiento y cuidado es la principal causa de la brecha de género".

12 de diciembre de 2019 (*asunto WA*), ya había establecido que el artículo era contrario a la Directiva. Y lo hacía por entender que resultaba discriminatorio que se reconociese un derecho a un complemento de pensión por aportación demográfica para las mujeres (con al menos dos hijos), "... mientras que los hombres que se encuentran en una situación idéntica no tienen derecho a tal complemento...". La parte demandante de amparo, a la sazón, un hombre, había interesado por ello en vía ordinaria, sin éxito, la aplicación directa de la citada directiva y, de forma subsidiaria, el planteamiento de cuestión de inconstitucionalidad. Pues bien, el TC no ha dudado en recordar su doctrina más reciente: i. Que no es una cuestión de inconstitucionalidad lo que hay plantear de manera subsidiaria en este tipo de asuntos, sino que o bien los tribunales aplican -con valentía nos parece que se deprende de la STC- la doctrina del acto claro, o bien plantean una cuestión prejudicial, pues efectivamente, no pueden inaplicar una ley nacional fuera de estos supuestos sin incurrir en una vulneración del derecho a un proceso con todas las garantías. ii. Que, evidentemente, quién debe valorar en todo caso si los tribunales vulneran o no el DF es el propio TC[12]. Lo que hemos de lamentar de esta sentencia es que todas

[12] En palabras del TC: "(i) a este tribunal «corresponde [...] velar por el respeto del principio de primacía del Derecho de la Unión cuando [...] exista una interpretación auténtica efectuada por el propio Tribunal de Justicia de la Unión Europea» [FJ 5 c)]; (ii) el desconocimiento y preterición de una norma de Derecho de la Unión, tal y como ha sido interpretada por el Tribunal de Justicia, «puede suponer una "selección irrazonable y arbitraria de una norma aplicable al proceso", lo cual puede dar lugar a una vulneración del derecho a la tutela judicial efectiva (STC 145/2012, de 2 de julio, FFJJ 5 y 6)» [FJ 5 c)]; (iii) los jueces y tribunales ordinarios de los Estados miembros, al enfrentarse con una norma nacional incompatible con el Derecho de la Unión, tienen la obligación de inaplicar la disposición nacional, ya sea posterior o anterior a la norma de Derecho de la Unión; esta obligación, cuya existencia es inherente al principio

las menciones se hagan al artículo 24.1 de la CE. ¿Qué pasa con el artículo 47 de la Carta en este ejemplo donde se está aplicando el DUE? No estamos señalando que la desconsideración de una fuente básica del Derecho como es el DUE no sea una "interpretación irrazonable y arbitraria de la norma aplicada al proceso" -en palabras del TC- que vulnera nuestro artículo 24. Pero también tendrá que vulnerar el artículo 47 de la Carta. No hay nada de malo en el TC lo señale, aunque no sea su máximo intérprete. No obstante, como máximo intérprete de los DF al interno de un EM del espacio judicial europeo es también su función determinar su posible vulneración.

2. El control del TJUE sobre la aplicación del DUE en los EM. El nuevo canon de europeidad del Estado de Derecho

Nos vamos a ocupar aquí exclusivamente en este trabajo del recurso por incumplimiento. Pero continuemos por un momento poniendo en contexto las interferencias entre tribunales y ordenamientos repasando algunas de las cuestiones más recientes que están suponiendo una onda expansiva del control de la UE sobre los EM.

Como afirma von Bogdandy, no debe dudarse de que en la "unión de derecho" que es también la UE, y bajo el rol "supremo" que en esa unión juega el TJUE en el ejercicio de sus poderes, los procedimientos reconocidos en los artículos 258 (recurso por incumplimiento cuyo demandante es la Comisión), 259 (recurso por incumplimiento presentado por otro EM) y 267 (cuestión prejudicial) van a jugar un papel esencial

---

de primacía antes enunciado, recae sobre los jueces y tribunales de los Estados miembros con independencia del rango de la norma nacional, permitiendo así un control desconcentrado, en sede judicial ordinaria, de la conformidad del Derecho interno con el Derecho de la Unión Europea [FJ 5 c)]".

en la defensa de los valores de Unión. La clave está, sin embargo, en la capacidad de los propios valores como parámetro de control[13]. He ahí el meollo de la cuestión actual. Pues, desde luego, hemos llegado a un punto en el que ciertamente se puede sostener que el desafío (o la tendencia) no reside en emplear los valores recogidos en el art. 2 TFUE -y en concreto la noción de Estado de Derecho- como un parámetro directo para supervisar las acciones Estados miembros, sino en utilizarlo en un contexto judicial de manera funcionalmente independiente de la primacía, la autonomía y la eficacia del ordenamiento jurídico de la Unión; es decir, como un parámetro autónomo. Y no sólo eso. "La jurisprudencia más reciente del Tribunal de Justicia no opera solo con el tradicional sistema binario [ámbito de aplicación del Derecho de la Unión vs. ámbito exterior], sino también con un modelo tripartito que diferencia dos círculos concéntricos relacionados con el Derecho de la Unión y, por ende, con la competencia del Tribunal de Justicia: un círculo interior definido por la cláusula «ámbito de aplicación del Derecho de la Unión», y un círculo exterior definido por la cláusula «ámbito cubierto por el Derecho de la Unión». El primer círculo desencadena una serie de obligaciones y condicionamientos estrictos. Pero el segundo círculo también activa los suyos, vinculados con el respeto de los valores de la Unión. El área incluida en el segundo círculo es potencialmente extensa…se desprende que, cuando menos, la totalidad del poder judicial nacional, en la medida en que es responsable de la aplicación del Derecho de la Unión y que en algún momento puede necesitar acudir al reenvío prejudicial, debe estar en sintonía con el valor europeo de Estado de Derecho" [14]. Y, a ello hay que

---

13 von Bogdandy, A. (2020). Principles of a systemic deficiencies doctrine: how to protect checks and balances in the member states. *Common Market Law Review* 57, p. 727.

14 Arzoz Santisteban,A. (2021). El nacimiento de un nuevo parámetro de control de la ley: el valor europeo del Estado de Derecho. En *¿Está en*

añadir, como veremos después, y como también parece estar explorando el propio TJUE, que la doctrina tiende a pretender, no siempre con acierto, convertir la Carta en el instrumento de defensa de los valores del Estado de Derecho[15]. No estamos de acuerdo. Hay que recordar que valores no pueden usarse como canon interpretativo.

Todo ello sin duda, parece estar reconfigurando el campo de juego de las relaciones entre el ordenamiento del DUE y los EM, y más en concreto, entre el TJUE y los tribunales nacionales.

3. Consideraciones previas sobre el recurso por incumplimiento

Al hilo de lo señalado en su "Marco para el Estado de Derecho de 2014" la Comisión recordaba que el mismo se proclamaba sin perjuicio de hacer uso de sus competencias en virtud del artículo 258 del TFUE en las situaciones que entran en el ámbito de aplicación de la legislación de la UE. La cuestión, señalaba la Comisión, era que en la defensa del Estado de Derecho el recurso por incumplimiento había demostrado ser un importante instrumento para abordar algunas situaciones problemáticas relacionadas con el Estado de Derecho, pero había que tener en cuenta que la Comisión "solo puede incoar un procedimiento de infracción cuando tales situaciones constitu-

peligro el Estado de Derecho en la Unión Europea? Juan Ignacio Ugartemendía Eceizabarrena (dir.), Alejandro Sáiz Arnaiz (dir.), IVAP, pp. 72 y 75.

15 Por ejemplo, y para el caso concreto que vamos a analizar después, una opinión bien fundamentada muy crítica con el TJUE por no haber interpretado la regulación de la responsabilidad patrimonial por incumplimiento del DUE, considerando en particular los artículos 20 y 47 de la Carta puede encontrarse en: Iglesias Sánchez, S. (2023). La construcción jurisprudencial del principio de responsabilidad del Estado desde la autonomía procesal y sus límites (equivalencia y efectividad): un modelo agotado tras la sentencia Comisión/España (C-278/20). *Revista de Derecho Comunitario Europeo*, 74, 111-146.

yen, al mismo tiempo, la infracción de una disposición específica de la legislación de la UE”[16].

Dicho esto, hemos asistido a una apertura paulatina del objeto del recurso, así como de sus posibilidades como garantía jurisdiccional del DUE. Siguiendo a Rodríguez-Izquierdo Serrano, dado el precedente sentado en Comisión c. Hungría/ Usufructo de Tierras Agrícolas[17], a la función de erradicar el comportamiento contrario al DUE por parte del EM que le corresponde al procedimiento por incumplimiento, se añade la propia estrategia de la Comisión de convertir el recurso en un verdadero instrumento jurídico para perseguir también las “desviaciones” de los principios constitucionales en el seno de los EM, es decir, convierte el recurso en un vehículo jurisdiccional para la garantía de los DF proclamados en la Carta[18]. A través de la última jurisprudencia del TJUE a raíz de los “elefantes en la habitación” que han puesto en algunos apuros al Estado de Derecho en el seno de la UE[19] -véase el Cap. I. de esta misma obra-,

---

16 Disponible en: https://eur-lex.europa.eu/legal-content/ES/TXT/?uri=CELEX%3A52014DC0158

17 C-235/17, ECLI:EU:C:2019:432. A las que van a seguir en esta misma línea fundamentalmente: Comisión/Polonia/Independencia de la Corte Suprema, C-619/18, ECLI:EU:C:2019:531; Comisión/Hungría/TransparenciaAsociativa, C-78/18, ECLI:EU:C:2020:476; y Comisión/Hungría/Enseñanza Superior, C-66/18, ECLI:EU:C:2020:792.

18 Rodríguez-Izquierdo Serrano, M. (2021). Unión Europea y quiebras del Estado de Derecho: el recurso por incumplimiento como garantía impropia. En *¿Está en peligro el Estado de Derecho en la Unión Europea?* Juan Ignacio Ugartemendía Eceizabarrena (dir.), Alejandro Sáiz Arnaiz (dir.), IVAP, p. 231.

19 Kochenov, D. (2019). Elephants in the Room: The European Commission’s 2019 Communication on the Rule of Law. *Hague Journal on the Rule of Law*, 11:423–438. Disponible en: https://ssrn.com/abstract=3440957 Y para quién la Comisión, como guardiana de los Tratados, en su tímido cumplimiento de estas obligaciones, junto con la falta de visión a largo plazo, “como en los casos Comisión Co-

se puede comprobar de primera mano la potencialidad de la cláusula de Estado de Derecho en el efectivo funcionamiento del marco jurídico en el seno de la UE y, por tanto, en sus EM.

Pero cuidado con esta vía. Se corre el riesgo de desnaturalizar un instrumento jurisdiccional que debe ser un control dirigido a la aplicación y ejecución "integra y uniforme" del DUE, y que lo sea, además, de manera lo más simultánea posible en todos los EM[20]. No debemos olvidar que el cumplimiento por los Estados del DUE y la uniformidad en su aplicación y el control del respeto por parte de los Estados miembros las obligaciones del DUE son competencias, en primera instancia, de los jueces estatales. Y que son además quienes pueden controlar al legislador nacional y, en su caso, acudir al TC o la cuestión prejudicial. No se puede negar que la Comisión, desde su rol fundamental de guardiana de los Tratados al amparo del artículo 17 TUE, venía advirtiendo de su discrecionalidad e intenciones través del recurso previsto en el artículo 258 TFUE. Pero esa es una función distinta de la que tiene el TJUE de mantener el DUE (con su Carta) en un marco que no desborde la identidad constitucional de los EM, por un lado, y la capacidad jurisdiccional de sus tribunales -supremos o constitucionales-, por otro. La Comisión no puede pretender del recurso por incumplimiento un constante control de *iusfundamentalidad* de las actuaciones de las autoridades de los EM, ni de los derechos subjetivos de sus ciudadanos -a través de la utilización del recurso como "garantía impropia" de los DF-. Como señala Ro-

---

misión contra Hungría", ha contribuido indudablemente a agravar la crisis del Estado de Derecho en el espacio constitucional europeo. Siendo al final el elefante en la habitación el propio Estado de Derecho y no Hungría y Polonia.

20 García Pechuan, M. (2022). El control del cumplimiento por los Estados miembros del Derecho de la UE. En Antonio López Castillo (Dir), *Instituciones y derecho de la Unión Europea,* Vol. II. Tirant lo blanch, p. 495.

dríguez-Izquierdo, a través de este instrumento jurisdiccional, y el uso que de él está haciendo la Comisión, el TJUE estaría elaborando una "garantía impropia" de los DDFF. de la Carta con capacidad para incidir tanto en su dimensión objetiva, lo cual no estaría tan alejado de su misión, como en la subjetiva. El argumento es muy claro. En la jurisprudencia emanada de los casos contra Polonia y Hungría -y especialmente en Comisión/Hungría (Usufructo de Tierras Agrícolas)- en cuanto a la vertiente objetiva, se observa que el TJUE no ha dudado en contradecir al TC, releyendo en términos abstractos y sobre la categoría de contenido esencial derechos fundamentales de manera opuesta a la interpretación de los máximos órganos de las jurisdicciones nacionales, y, además, ha considerado desde el canon de europeidad como contrarias al DUE leyes enjuiciadas como constitucionales en el EM. Pues bien, todos estos efectos deben desplegarse, indirectamente, hacia la vertiente subjetiva, es decir, hacia los DDFF. de los ciudadanos, colectivos y personas jurídicas afectadas por la regulación objeto del incumplimiento[21]. De acuerdo. No obstante, el TJUE debe poder mantener en la impronta de sus resoluciones, además del carácter sancionador del recurso, un carácter utilitarista dirigido a asegurar el cumplimiento de las obligaciones (identificadas) que derivan del DUE por parte del EM. Y ello, también depende de la iniciativa de la Comisión.

No debemos olvidar tampoco, que si bien la sentencia que deriva de la actuación del TJUE una vez instado el procedimiento por la Comisión es en principio declarativa, en el análisis de este recurso se deben tener en cuenta dos cuestiones esenciales:

i. La naturaleza objetiva del recurso. Lo cual no casa bien con su intención (política) sancionadora por parte de

---

21 Rodríguez-Izquierdo Serrano, M. (2021). p. 231 y ss. Dada esta protección mediata, es por lo que califica esta autora a la garantía de "impropia".

la Comisión. Desde el derecho de carácter sancionador, hay que recordar que, en el plano penal, no hay delito sin dolo o imprudencia. Y, tanto en el plano *ius privatista* como *ius publicista* es extraña la generación de responsabilidad sin la existencia de un daño en un marco de relaciones subjetivas. Bien es cierto que también existen normas que generan responsabilidad por incumplimiento objetivo, pero suelen justificarse bajo un carácter tuitivo en la prevención del daño. Por ejemplo, las normas de tráfico. O por ejemplo las normas en materia de prevención de riesgos laborales. Si la Comisión pretende llamar al orden a los EM y jugar ese papel tuitivo con este recurso debe anclarse a cánones de validez y eficacia del DUE lo más firmes posibles, de modo que efectivamente no queden dudas sobre su ejecución, ni suponga poner al TJUE en la posición de desafiar a las jurisdicciones nacionales.

ii. La llamada "segunda ronda" regulada en el art. 260.2 TFUE es, desde el punto de vista procesal, una ejecución, nos atreveríamos a afirmar, clásica. Las sentencias civiles, penales y laborales en España, de obligado cumplimiento, son también declarativas. Debe instarse por la parte (o el Ministerio Fiscal) a su ejecución. Lo decimos porque algún autor ha llamado la atención sobre este punto, frente a lo regulado en el artículo 280 TFUE en relación con el art. 299 TFUE (en concreto García Pechuan). Lo cierto es que vista la regulación salta a la vista la potencia de este recurso procesal en manos de la Comisión (y los EM, no se olvide). El TJUE no solo puede armonizar el DUE en los EM; se le entregan poderes ejecutivos para lograrlo.

II. LA SENTENCIA DE DEL TJUE DE 22 DE JUNIO. COMISIÓN/ESPAÑA (C-278/20)

Hemos elegido comentar el presente procedimiento por incumplimiento en concreto para señalar un buen ejemplo de este control, su significado y naturaleza, por parte del TJUE, por una triple condición:

i. Es una sentencia novedosa, pero al mismo tiempo reafirma un camino que ya llevaba recorriendo un tiempo el TJUE. Su capacidad de control en abstracto de la actividad del poder legislativo bajo el exclusivo parámetro de los principios de efectividad y equivalencia, sin anclaje en norma derivada alguna, o libertad económica, o inclusive la Carta[22]. Se toma en serio así el TJUE su papel de garante del estándar europeo en materia de las relaciones convencionales con los EM, en un camino federal, llegando hasta su expresión soberana por excelencia[23]. Actuando, por tanto, hay que decirlo con claridad, como un verdadero TC español, ya que es hacia donde despliega su jurisdicción,

---

22 Lo señala también Iglesias Sánchez, S. (2023), ob. cit., p. 115. Quién señala con acierto que el control desde estos parámetros supone "un nivel de intensidad de revisión jurisdiccional elevado", además de constatar que esta sentencia consolida, "en el plano sistémico el importante papel de la efectividad como parámetro de control autónomo y exclusivo del cumplimiento de las obligaciones de los EM". Y, añadimos nosotros, no tiene porque ser de uso exclusivo del TJUE, puede ser considerado de la misma manera por el resto de tribunales de la Unión.

23 Aunque desde otros principios, así lo hace el Tribunal Supremo de los Estados Unidos de América. La mejor prueba de ello es el recorrido que va desde *Roe v. Wade* a *Dobbs v. Jackson Women's Health Organization.* Este tránsito judicial supone la construcción de un canon *iusfundamental* capaz de incidir y limitar competencias reservadas a los Estados en materia legislativa, para después destruirlo y renunciar a ese control.

con independencia de que la importante doctrina que se desprende de esta resolución se extienda a toda la Unión.

ii. La sentencia versa sobre una cuestión, la responsabilidad patrimonial del Estado por incumplimiento del DUE por parte del legislador, que es precisamente el corolario de la función como "garantía impropia" de los DDFF de los ciudadanos de la UE del recurso por incumplimiento. Y, en todo caso, es la vía de restitución en sus derechos más cercana procesalmente a los ciudadanos cuando la constatación del incumplimiento por EM del DUE se produce como consecuencia de la aplicación del artículo 258 TFUE. No hay que olvidar que, aunque vamos a ver como el TJ estima contrario al DUE la *conditio sine quanon* de la existencia de una sentencia propia para apreciar el incumplimiento del DUE por el EM para desencadenar su responsabilidad, cierto es su valor cuando esta resolución de hecho existe y ha surgido como consecuencia de este procedimiento que se encuentra plenamente en manos europeas.

iii. La sentencia ha tomado un camino inesperado para la doctrina española. A pesar de dar un pequeño correctivo al legislador español y señalarle carencias claras y definitivas en su legislación, y por tanto apreciar su incumplimiento del DUE, el TJUE ha tomado un camino muy claro en dos sentidos, quizá, para algunos, no para todos, sorpresivo:

a. Ha matizado mucho el parámetro del principio de equivalencia en las relaciones entre el DUE y el derecho de los EM, creando una nueva área de respeto de la autonomía jurisdiccional muy clara sobre el derecho nacional.

b. Ha renunciado a examinar el régimen de responsabilidad patrimonial de los EM desde el parámetro *iusfundamental* de la Carta. A nuestro juicio, correctamente. No hubiera sido un paso menor el traslado de

> un principio de responsabilidad del EM por incumplimiento de sus obligaciones comunitarias, de la mano del principio de efectividad, a la elaboración de un estándar europeo a la tutela judicial efectiva con un contenido esencial de carácter indemnizatorio que tenga como anclaje la cláusula del Estado Derecho (o cuanto menos el artículo 47 de la Carta).

Veámoslo.

1. La importancia y concreción del fallo

La STJUE de 28 de junio de 2022, Comisión/España (C-278/20, EU:C:2022:503), ha señalado que "el Reino de España ha incumplido las obligaciones que le incumben en virtud del principio de efectividad al adoptar y mantener en vigor las disposiciones impugnadas [a saber, los artículos 32, apartados 3 a 6, y 34 apartado 1, párrafo segundo, de la Ley 40/2015, de 1 de octubre, de Régimen Jurídico del Sector Público -en adelante LRJSP-, y el artículo 67, apartado 1, párrafo tercero, de la Ley 39/2015, de 1 de octubre, del Procedimiento Administrativo Común de las Administraciones Públicas -en adelante LPAC o Ley 39/2015[24]-] en la medida en que estas someten la in-

---

[24] Por recordárselos al lector y facilitárselo, dejamos los artículos y señalamos en cursiva aquello declarado como motivo de incumplimiento: Ley 40/2015, artículo 32: Principios de la responsabilidad. 1. Los particulares tendrán derecho a ser indemnizados por las Administraciones Públicas correspondientes, de toda lesión que sufran en cualquiera de sus bienes y derechos, siempre que la lesión sea consecuencia del funcionamiento normal o anormal de los servicios públicos salvo en los casos de fuerza mayor o de daños que el particular tenga el deber jurídico de soportar de acuerdo con la Ley. La anulación en vía administrativa o por el orden jurisdiccional contencioso administrativo de los actos o disposiciones administrativas no presupone, por sí misma, derecho a la indemnización. 2. En todo caso, el daño

alegado habrá de ser efectivo, evaluable económicamente e individualizado con relación a una persona o grupo de personas.
3. Asimismo, los particulares tendrán derecho a ser indemnizados por las Administraciones Públicas de toda lesión que sufran en sus bienes y derechos como consecuencia de la aplicación de actos legislativos de naturaleza no expropiatoria de derechos que no tengan el deber jurídico de soportar cuando así se establezca en los propios actos legislativos y en los términos que en ellos se especifiquen. La responsabilidad del Estado legislador podrá surgir también en los siguientes supuestos, siempre que concurran los requisitos previstos en los apartados anteriores: a) Cuando los daños deriven de la aplicación de una norma con rango de ley declarada inconstitucional, siempre que concurran los requisitos del apartado 4. b) Cuando los daños deriven de la aplicación de una norma contraria al Derecho de la Unión Europea, de acuerdo con lo dispuesto en el apartado 5. 4. Si la lesión es consecuencia de la aplicación de una norma con rango de ley declarada inconstitucional, procederá su indemnización cuando el particular haya obtenido, en cualquier instancia, sentencia firme desestimatoria de un recurso contra la actuación administrativa que ocasionó el daño, siempre que se hubiera alegado la inconstitucionalidad posteriormente declarada. 5. Si la lesión es consecuencia de la aplicación de una norma declarada contraria al Derecho de la Unión Europea, procederá su indemnización cuando el particular haya obtenido, en cualquier instancia, sentencia firme desestimatoria de un recurso contra la actuación administrativa que ocasionó el daño, siempre que se hubiera alegado la infracción del Derecho de la Unión Europea posteriormente declarada. Asimismo, deberán cumplirse todos los requisitos siguientes:
a) La norma ha de tener por objeto conferir derechos a los particulares.
b) El incumplimiento ha de estar suficientemente caracterizado.
c) Ha de existir una relación de causalidad directa entre el incumplimiento de la obligación impuesta a la Administración responsable por el Derecho de la Unión Europea y el daño sufrido por los particulares.
6. La sentencia que declare la inconstitucionalidad de la norma con rango de ley o declare el carácter de norma contraria al Derecho de la Unión Europea producirá efectos desde la fecha de su publicación en el «Boletín Oficial del Estado» o en el «Diario Oficial de la Unión Europea», según el caso, salvo que en ella se establezca otra cosa.
7. La responsabilidad patrimonial del Estado por el funcionamiento de la Administración de Justicia se regirá por la Ley Orgánica 6/1985, de 1 de julio, del Poder Judicial. 8. El Consejo de Ministros fijará el importe de las indemnizaciones que proceda abonar cuando el Tribunal Constitucional haya declarado, a instancia de parte

interesada, la existencia de un funcionamiento anormal en la tramitación de los recursos de amparo o de las cuestiones de inconstitucionalidad. El procedimiento para fijar el importe de las indemnizaciones se tramitará por el Ministerio de Justicia, con audiencia al Consejo de Estado. 9. Se seguirá el procedimiento previsto en la Ley de Procedimiento Administrativo Común de las Administraciones Públicas para determinar la responsabilidad de las Administraciones Públicas por los daños y perjuicios causados a terceros durante la ejecución de contratos cuando sean consecuencia de una orden inmediata y directa de la Administración o de los vicios del proyecto elaborado por ella misma sin perjuicio de las especialidades que, en su caso establezca el Real Decreto Legislativo 3/2011, de 14 de noviembre, por el que se aprueba el texto refundido de la Ley de Contratos del Sector Público.

Ley 40/2015, artículo 34.1: Indemnización.

1. Sólo serán indemnizables las lesiones producidas al particular provenientes de daños que éste no tenga el deber jurídico de soportar de acuerdo con la Ley. No serán indemnizables los daños que se deriven de hechos o circunstancias que no se hubiesen podido prever o evitar según el estado de los conocimientos de la ciencia o de la técnica existentes en el momento de producción de aquéllos, todo ello sin perjuicio de las prestaciones asistenciales o económicas que las leyes puedan establecer para estos casos.

En los casos de responsabilidad patrimonial a los que se refiere los apartados 4 y 5 del artículo 32, serán indemnizables los daños producidos en el plazo de los cinco años anteriores a la fecha de la publicación de la sentencia que declare la inconstitucionalidad de la norma con rango de ley o el carácter de norma contraria al Derecho de la Unión Europea, salvo que la sentencia disponga otra cosa.

Ley 39/2015, artículo 67.1: Solicitudes de iniciación en los procedimientos de responsabilidad patrimonial. 1. Los interesados sólo podrán solicitar el inicio de un procedimiento de responsabilidad patrimonial, cuando no haya prescrito su derecho a reclamar. El derecho a reclamar prescribirá al año de producido el hecho o el acto que motive la indemnización o se manifieste su efecto lesivo. En caso de daños de carácter físico o psíquico a las personas, el plazo empezará a computarse desde la curación o la determinación del alcance de las secuelas. En los casos en que proceda reconocer derecho a indemnización por anulación en vía administrativa o contencioso-administrativa de un acto o disposición de carácter demnización de los daños ocasionados a los particulares por el legislador español como consecuencia de la infracción del Derecho de la Unión:

(1)- al requisito de que exista una sentencia del Tribunal de Justicia que haya declarado el carácter contrario al Derecho de la Unión de la norma con rango de ley aplicada;

(2)- al requisito de que el particular perjudicado haya obtenido, en cualquier instancia, una sentencia firme desestimatoria de un recurso contra la actuación administrativa que ocasionó el daño, sin establecer ninguna excepción para los supuestos en los que el daño deriva directamente de un acto u omisión del legislador, contrarios al Derecho de la Unión, cuando no exista una actuación administrativa impugnable;

(3)- a un plazo de prescripción de un año desde la publicación en el Diario Oficial de la sentencia del Tribunal de Justicia que declare el carácter contrario al Derecho de la

---

general, el derecho a reclamar prescribirá al año de haberse notificado la resolución administrativa o la sentencia definitiva.
En los casos de responsabilidad patrimonial a que se refiere el artículo 32, apartados 4 y 5, de la Ley de Régimen Jurídico del Sector Público, el derecho a reclamar prescribirá al año de la publicación en el «Boletín Oficial del Estado» o en el «Diario Oficial de la Unión Europea», según el caso, de la sentencia que declare la inconstitucionalidad de la norma o su carácter contrario al Derecho de la Unión Europea. 2. Además de lo previsto en el artículo 66, en la solicitud que realicen los interesados se deberán especificar las lesiones producidas, la presunta relación de causalidad entre éstas y el funcionamiento del servicio público, la evaluación económica de la responsabilidad patrimonial, si fuera posible, y el momento en que la lesión efectivamente se produjo, e irá acompañada de cuantas alegaciones, documentos e informaciones se estimen oportunos y de la proposición de prueba, concretando los medios de que pretenda valerse el reclamante.

Unión de la norma con rango de ley aplicada, sin abarcar aquellos supuestos en los que no exista tal sentencia, y

(4)- al requisito de que solo son indemnizables los daños producidos en los cinco años anteriores a la fecha de dicha publicación, salvo que la sentencia disponga otra cosa".

Ahora bien, tan importante como la declaración de incumplimiento ha sido la afirmación del TJUE de que conforme a su jurisprudencia la legislación impugnada no es contraria al principio de equivalencia. Vamos a desarrollar ambas cuestiones. No obstante, lo más importante de esta sentencia es que, precisamente, acaba definitivamente con algunas cuestiones que se venían resolviendo de manera diversa por la jurisprudencia y discutiendo con exhaustividad por la doctrina.

En primer lugar, finaliza con el debate sobre si las consecuencias de la declaración de inconstitucionalidad y la responsabilidad patrimonial de legislador que puede derivarse de la misma son equivalentes a la responsabilidad que se deriva de la declaración de leyes contrarias al derecho de la Unión por el TJUE.

En segundo lugar, interpreta el principio de equivalencia desde una concepción absolutamente vinculada al reparto competencial y los clásicos principios de primacía y efectividad del derecho de la Unión; y, por lo tanto, la renuncia a interpretar este caso la Carta de Derechos es muy significativa. Aunque, a nuestro juicio, como ya hemos señalado, totalmente correcta[25]. Luego argumentaremos más en extenso por qué.

---

[25] Una opinión bien fundamentada muy crítica con el TJUE por no haber interpretado el presente caso considerando en particular los artículos 20 y 47 de la Carta puede encontrarse en: Iglesias Sánchez, S. (2023). La construcción jurisprudencial del principio de responsabilidad del Estado desde la autonomía procesal y sus límites (equivalencia y efectividad): un modelo agotado tras la sentencia Comisión/España (C-278/20). *Revista de Derecho Comunitario Europeo*, 74, 111-146. doi: https://doi.org/10.18042/cepc/rdce.74.04

Y, en tercer lugar, confirma la aplicación de los requisitos de responsabilidad patrimonial por incumplimiento del DUE tal y como se diseñaron para la responsabilidad patrimonial de las Instituciones de la UE. Ello supone a su vez que el TJUE, nos parece, asume, por lo menos en esta sentencia, una perspectiva que tiene menos que ver con carácter sancionador -un mecanismo para penalizar- de estas acciones hacia los EM por incumplimiento del DUE, y más con la idea de que es necesario que el legislador articule un remedio procesal cuando verdaderamente, desde el plano subjetivo, se pueda producir y el Estado deba procurar el resarcimiento de derechos vulnerados que han nacido, y por tanto están protegidos, al amparo DUE. Porque lo que ha hecho la sentencia es dar un espaldarazo a la jurisprudencia que venía sosteniendo nuestro TS posterior a la regulación de las leyes objeto de incumplimiento, pero también, pero también a la posición del Tribunal desde que por mucho que en la STJUE de 26 de enero de 2010 (Transportes Urbanos y Servicios Generales SAL contra Administración del Estado), dictada en el asunto C-118/08 no se apreciasen diferencias entre la responsabilidad patrimonial del Estado legislador ya fuese por una declaración de inconstitucionalidad o por un incumplimiento del DUE, y este se negase a asimilar una acción de responsabilidad y otra -por ejemplo, STS de 18 de enero de 2012 (RC 588/2010), cuyos criterios fueron ratificados por la posterior STS de 22 de septiembre de 2014-. Tampoco lo hacía González Alonso, siendo la gran disidente de la doctrina[26], y ahora a quién finalmente da en realidad la razón el TJUE y cuyos argumentos compartimos.

---

26 González Alonso, A. (2016). La responsabilidad del estado legislador por vulnerar el derecho europeo o la constitución: un análisis comparativo. *Revista Española de Derecho Constitucional*, 106, pp. 401 y 416. doi: http://dx.doi.org/10.18042/cepc/redc.106.10. A esta autora se debe añadir Ruiz López M. A. (2016). Problemas de concordancia del régimen interno y comunitario de la responsabilidad patrimonial

2. Antecedentes de la discusión acerca de la responsabilidad patrimonial del estado legislador

Hablar sobre antecedentes de la discusión previa a la sentencia que nos ocupa no es tarea sencilla. Se ha escrito ya mucho y muy bien al respecto. Somos por tanto conscientes de algunas repeticiones que habremos de hacer, y de la poca originalidad que se puede alcanzar, más allá de poder atribuir al epígrafe cierta personalidad y, esperamos, claridad. Pero también por ello, podemos ir directamente al fundamento de la problemática.

Podemos dividir estos antecedentes sobre la responsabilidad patrimonial del Estado legislador entre tres sujetos perfectamente distinguibles: el propio TJUE; la Sala Tercera de nuestro Tribunal Supremo; y la opinión de la doctrina, especialmente la administrativista, pero también la constitucional -más escasa-.

Ahora bien, ya desde este epígrafe, debe considerarse que la sentencia en cuestión contiene algo más que una reflexión (o decisión) sobre el régimen de responsabilidad patrimonial del Estado legislador por vulneración del DUE. Incluyendo lo primero, hay que situarla también en una senda que ha ido permitiendo profundizar aún más y mejor en la efectividad del DUE, y la responsabilidad patrimonial del estado legislador por incumplimiento del DUE es uno de sus corolarios como ya se ha dicho, pero, a la vez, manteniendo la visión, igual de importante, del respeto a los principios estructurales de los ordenamientos nacionales y sin desatender de forma grosera cuestiones como la configuración del derecho al recurso o la efectividad de las sentencias, y por tanto, respetando la autonomía procesal de los EM. Pues no estamos hablando de DF, sino de legalidad ordinaria. No se olvide.

---

del Estado-legislador. En J. M. Baño León (coord.), *Memorial para la reforma del Estado. Estudios en homenaje al profesor Santiago Muñoz Machado.* Madrid: CEPC, vol. III, págs. 2783-2805.

2.1 El recorrido del TJUE

Como muy bien señala Cobreros Mendazona[27], desde la Sentencia *Rewe* de 16 de diciembre de 1976, 33/76, hasta la Sentencia *Hoffmann-La Roche,* de 7 de julio de 2022, C-261/21, es decir, inmediatamente posterior a la que nos ocupa, el TJUE sostiene que "corresponde al ordenamiento jurídico interno de cada Estado miembro, en virtud del principio de autonomía procesal, configurar la regulación procesal de dichas vías de recurso, a condición, sin embargo, de que dicha regulación no sea menos favorable en las situaciones comprendidas en el ámbito del derecho de la Unión que en situaciones similares de carácter interno (principio de equivalencia)". No obstante, más importante aún nos parece que esta sentencia inmediatamente posterior también señala y recuerda que por lo que respecta al principio de efectividad, "el Derecho de la Unión no tiene como efecto obligar a los Estados miembros a crear vías de recurso distintas de las existentes en el Derecho interno, *a menos, no obstante, que del sistema del ordenamiento jurídico nacional en cuestión se desprenda que no existe ninguna vía de recurso judicial que permita, siquiera sea por vía incidental, garantizar el respeto de los derechos que confiere el Derecho de la Unión a los justiciables, o de que la única vía de los justiciables para acceder a un juez sea infringir el Derecho* (véanse, en particular, las sentencias de 14 de mayo de 2020, Országos Idegenrendészeti Főigazgatóság Dél-alföldi Regionális Igazgatóság, C-924/19 PPU y C-925/19 PPU , EU:C:2020:367 , apartado 143, y de 21 de diciembre de 2021, Randstad Italia, C-497/20 , EU:C:2021:1037 , apartado 62)" -la cursiva es nuestra-. Como vamos a ver enseguida, y se desprende de las propias palabras de la sentencia, eso exactamente lo que sucede en la legislación

---

[27] Cobreros Mendazona, E. (2022). La responsabilidad patrimonial del Estado legislador por su incumplimiento del derecho de la Unión Europea tras la intervención del tribunal de justicia. *Revista de Administración Pública*, 219, p. 41.

española para una serie de supuestos (escasos) como son las normas con fuerza de ley autoaplicativas, o cuando haya el legislador omitido sus obligaciones de trasposición de normas y no exista entonces, en principio, actividad administrativa que pueda el ciudadano impugnar directamente. Pero poco más, y por lo demás, la legislación es correcta. Pues, por lo que respecta al requisito de la necesidad de una sentencia del TJUE que declare contraria al Derecho de la Unión la norma con rango de ley aplicada, como precisaremos más tarde, en realidad, el Tribunal Supremo ya había matizado semejante condición -otra cosa es que el TJUE no haya aceptado la jurisprudencia del TS como argumento suficiente, tal y como alegó el Reino de España en el caso-, señalando que no puede ser así en todos los casos, si no, como es evidente, tan solo en los que no exista una sentencia previa de los tribunales de lo contencioso-administrativo.

El antecedente más directo de la sentencia que nos ocupa es la tantas veces mencionada por la doctrina y el propio TJUE, la STJUE de 26 de enero de 2010 (*Transportes Urbanos y Servicios Generales SAL contra Administración del Estado*), dictada en el asunto C-118/08. Como ya se ha dicho tantas veces, incluso aquí mismo, lo que señala el Tribunal es que "la única diferencia existente entre las dos reclamaciones mencionadas en el apartado de la presente sentencia consiste en que las infracciones jurídicas en las que se basan han sido declaradas, en un caso, por el Tribunal de Justicia mediante una sentencia dictada con arreglo al artículo 226 CE y, en otro, por una sentencia del Tribunal Constitucional. Ahora bien, esta única circunstancia, a falta de cualquier mención en el auto de remisión de otros elementos que permitan declarar la existencia de otras diferencias entre la reclamación de responsabilidad patrimonial del Estado efectivamente presentada por Transportes Urbanos y aquélla que habría podido interponer sobre la base de una infracción de la Constitución declarada por el Tribunal Constitucional, no basta para establecer una distinción entre ambas reclamaciones a la luz del principio de equivalencia". Lo que sucede es que quizá el párrafo que todo el mundo pasó por alto es que esta circunstancia se apreciaba por parte del TJUE "en el contexto particular que ha dado origen al litigio principal tal como se describe en el auto de remisión", y que solo "en tal situación, procede señalar que las dos reclamaciones antes mencionadas pueden considerarse similares, en el sentido de la jurisprudencia recordada en el apartado de la presente sentencia". Y, por tanto, la declaración no se hacía que con carácter general, sino que en ese contexto no se permitía la diferencia pretendida.

Si este es el antecedente más importante en el que se había fijado la mayoría de la doctrina -especialmente la doctrina administrativista- para afrontar el deber ser del régimen de responsabilidad patrimonial del Estado por incumplimiento del legislador del DUE, el antecedente a nivel económico, a nivel práctico, el que puso en guardia al legislador fue el as. C-(82/12) *Transportes Jordi Besora.* Objeto de una cuestión prejudicial interpuesta por el TSJ de Cataluña, en esta sentencia, lo que determina básicamente el TJUE es que el conocido como "céntimo sanitario", (Impuesto sobre las Ventas Minoristas de Determinados Hidrocarburos (en lo sucesivo, «IVMDH») establecido en la Ley 24/2001, de 27 de diciembre, de Medidas Fiscales, Administrativas y del Orden Social fijado y cuya tipo para Cataluña quedó fijado en Ley 7/2004, de 16 de julio, de medidas fiscales y administrativas), era contrario al artículo 3 aps 1 y 2 de la Directiva 92/12/CEE del Consejo, (de 25 de febrero de 1992, relativa al régimen general, tenencia, circulación y controles de los productos objeto de impuestos especiales), Y, ello, en razón de que "no puede considerarse que tal impuesto persiga una finalidad específica en el sentido de dicha disposición, toda vez que el mencionado impuesto, destinado a financiar el ejercicio, por parte de los entes territoriales interesados, de sus competencias en materia de sanidad y de medioambiente, no tiene por objeto, por sí mismo, garantizar la protección de la salud y del medioambiente". Y es que, además, no encontró el Tribunal razones para "limitar en el tiempo los efectos de la presente sentencia"[28]. Eso significaba que el TSJ de Cataluña, tendría que empezar por devolver todo lo cobrado en razón de ese impuesto a la empresa Transportes Jordi Besora, y que, después, podía desencadenarse un cascada de reclamaciones de responsabilidad patrimonial de todos aquellos sujetos pasivo del tipo impositivo contrario al DUE. Este fue el verdadero acontecimiento jurisdiccional que llevó al legislador español a regular de forma expresa la responsabilidad patrimonial del Estado legislador por vulneración del DUE.

2.2 La jurisprudencia del Tribunal Supremo en materia de responsabilidad patrimonial del legislador

El TS tuvo una primera reacción a la STJUE Transportes Urbanos y Servicios Generales SAL contra Administración del Estado que hemos mencionado unas páginas más arriba. En la STS 4976/2010 - ECLI:ES:TS:2010:4976, (ponente D. Carlos Lesmes), en su Fj. 9, después de una cita extensísima de *Transportes Urbanos*, se sostuvo con claridad que "la doctrina de este Tribunal Supremo, resumida en el fundamento sexto, sobre la responsabilidad del Estado legislador en los casos de vulneración de la Constitución debe aplicarse, por el principio de equivalencia, a los casos de responsabilidad del Estado legislador por vulneración del Derecho Comunitario. Ello obliga, por el principio de vinculación a que antes nos hemos referido, a rec-

---

[28] Hay que recordar que en estos temas España ya había tenido más de un problema. La STS 241/2013 que asumía la vulneración del DUE de las famosas cláusulas suelo, declaró sus efectos solo "ex nunc". Tuvo que ser de nuevo el TJUE en su sentencia de 21 de diciembre de 2016, (as. acumulados C-154/2015, C-307/2015 y C-308/2015) quién señalase la determinación de estos efectos como nuevamente contrarios a la Directiva 93/13, así como a su propia jurisprudencia, en especial la derivada del asunto *Aziz* C-415/2011. Pasará después algo similar con el Impuesto de Actos jurídicos Documentados.

tificar la doctrina sentada en las sentencias de 29 de enero de 2004 y 24 de mayo de 2005…". Ello suponía, además, a juicio de la doctrina administrativista, "igualar por arriba", al considerar el régimen de responsabilidad por leyes inconstitucionales más favorable al de la responsabilidad patrimonial por incumplimiento del DUE. Lo cual puede argumentarse que entonces fuera cierto, previamente a la regulación de las Leyes 39/2015 LPAC y 40/2015 LRJSP, en la medida en que, efectivamente, no podía entenderse "que la no impugnación, administrativa y judicial, del acto aplicativo de la norma contraria al Derecho Comunitario rompía el nexo causal exigido por la propia jurisprudencia comunitaria para la declaración de la responsabilidad patrimonial, ruptura que, como ya se expresó, no se admite en los casos de actos de aplicación de leyes inconstitucionales, casos en los que no es preciso el agotamiento de los recursos administrativos y jurisdiccionales para el ejercicio de la acción de responsabilidad". Señalado lo anterior, no hay que olvidar que, en todo caso, tampoco en la sentencia de 2010 abandonó de ningún modo el TS la jurisprudencia "*Brasserie du Pêcheur* y *Factortame,* según la cual el Derecho comunitario reconoce un derecho a indemnización cuando se cumplen tres requisitos, a saber, que la norma jurídica violada tenga por objeto conferir derechos a los particulares, que la violación esté suficientemente caracterizada, y, por último, que exista una relación de causalidad directa entre la infracción de la obligación que incumbe al Estado y el daño sufrido por las víctimas".

Pero poco iba a durar esta posición del TS, señalando en repetidas ocasiones a partir de 2012 – especial la STS de 9 de octubre, ponente D. Segundo Menendez Perez[29]-, que "…esta Sala ha llegado al convencimiento de que no existe realmente similitud entre la declaración de inconstitucionalidad de una

---

29 Disponible en: https://vlex.es/vid/405505746?from fbt=1&forw=go&fbt=webapp_preview&addon_version=6.5

ley por el Tribunal Constitucional y la estimación de un recurso por incumplimiento por el Tribunal de Justicia de la Unión Europea. Y al no existir verdadera similitud entre ambos supuestos, es claro que el principio de equivalencia y efectividad -sobre cuyo alcance fueron oídas las partes y el Ministerio Fiscal, a efectos del posible planteamiento de cuestión prejudicial- no resulta de aplicación" (22 de septiembre de 2014, ponente Luis M. Díez Picazo. ECLI ES:TS:2014:3717).

Eso no quiere decir que el TS no aplicara los nuevos preceptos de las Leyes 39 y 40/2015, muy en especial a partir de la STS 18 de noviembre de 2020 (ponente D. Wenceslao Francisco Olea Godoy), con un criterio muy flexible en cuanto a los requisitos establecidos en la norma. Muy en especial, en cuanto a los efectos de estimarse cumplida la exigencia de la previa sentencia firme, en cuanto que serán consideradas como tales "todas aquellas formas de impugnación de dicha actuación que, de una parte, pongan de manifiesto la disconformidad del interesado con la misma cuestionando su constitucionalidad", tal como alega el Reino de España ante el TJUE; no siendo necesario que se haya agotado la vía jurisdiccional, ya que, a tenor del artículo 32, apartado 5, de la Ley 40/2015, la sentencia firme puede haberse obtenido "en cualquier instancia" (ap. 120). Así como para entender que para la constatación de la vulneración del DUE no hace falta que la misma provenga de una sentencia del TJUE, sino que "esa confrontación puede ser también declarada por los Tribunales nacionales" (Fj. Segundo)[30].

---

[30] Un buen resumen de como esta sentencia se "adelanta" a la condena del TJUE aplicando una doctrina que podría haberla evitado -o casi-, aunque después el TJUE aprecie que la jurisprudencia no evita el incumplimiento, se encuentra en Guichot Reina, E. (2022). La regulación legal de la responsabilidad por leyes contrarias al derecho de la Unión Europea tras su enjuiciamiento por el Tribunal de Justicia de la Unión Europea. *Revista Española de Derecho Europeo,* 84, Octubre – Diciembre, p. 25 y ss.

2.3 La postura de la doctrina

“Podemos decir que, entre nosotros, había un consenso mayoritario —aunque no unánime, se insiste— en interpretar que: a) las dos regulaciones de la responsabilidad patrimonial del Estado legislador eran equiparables [ley inconstitucional y norma contraria al DUE]; b) en cuanto a los requisitos de fondo, salía peor parada la establecida expresamente para el caso de las leyes contrarias al derecho de la Unión; y c) a la vista de la jurisprudencia del Tribunal de Justicia de Luxemburgo, esa no era *prima facie* una situación admisible”[31].

Ya hemos mencionado que la gran disidente de esta postura, González Alonso, lo era en los dos sentidos: i. no se podía afirmar que la declaración de inconstitucionalidad de una ley fuera, siempre, una situación jurídica equivalente al incumplimiento por el legislador del DUE; ii. además, para esta autora, de hecho, el régimen de responsabilidad patrimonial del Estado por leyes inconstitucionales, “globalmente considerado” es menos beneficioso que el diseñado por el TJUE.

Aunque en realidad la resolución que aquí analizamos ha acabado de un plumazo con esta polémica, creemos conveniente repasar algunos de los argumentos de González Alonso, pero lo haremos cuando afrontemos la aplicación del principio de equivalencia establecida en el sentencia.

---

31 Cobreros Mendazona, E. (2022). La responsabilidad patrimonial del Estado legislador por su incumplimiento del derecho de la Unión Europea tras la intervención del tribunal de justicia. *Revista de Administración Pública*, 219, p. 43. Y en este mismo sentido Rodríguez de Santiago, JM. (2022), Doménech Pascual, G. (2022); Fuentes i Gasó, JR. (2020); o Iglesias Sánchez, S. (2023).

3. La lectura del principio de efectividad

La vulneración al principio de efectividad es, a nuestro juicio, cautelosa y correcta. Creemos que en general, la resolución calibra muy bien la autonomía procesal de España, con el principio de efectividad diseñado por TJUE.

Analicemos un momento requisito a requisito. Y, para ello, vamos a seguir la línea del Abogado General Szpunar (aps. 74-80).

i. El requisito relativo a la existencia de una Sentencia del TJUE que declare el acto incompatible con el DUE. Lo que además tiene que ver con los plazos.

   Del razonamiento del AG se desprende que lo que le solicita esta jurisprudencia al legislador español es una acción autónoma para exigir la responsabilidad patrimonial del Estado legislador por violación del DUE[32]. Y, con autónoma, nos referimos a que no sea "adicional". La sentencia del TJUE no puede ser el único título válido para ejercer la acción de responsabilidad porque eso exige de otro procedimiento paralelo, que además no está en manos de la parte. Que la acción de responsabilidad pueda configurarse como de una última instancia -lo cual es, de hecho una buena idea-, no puede significar que no pueda ser un ciudadano de manera autónoma, en el seno de la protección de sus derechos, quién consiga una declaración de vulneración del DUE por parte TJUE; pero sobre todo, debe poder conseguirla también de quién tiene, precisamente, atribuida la competencia

---

32 Doménech Pascual, G. (2022). Ob. cit, p. 219. Este autor es contrario a la distinción del régimen de responsabilidad patrimonial ya provenga de un reglamento, de una ley inconstitucional o de una vulneración del DUE. Eso sí, a todos les aplica los requisitos europeos del TJUE. Es una solución a nuestro juicio muy interesante, pero no es la del legislador español.

cierre procesal, además de en las acciones de responsabilidad patrimonial del Estado legislador, en la propia jurisdicción administrativa, que es el Tribunal Supremo. Y, que es, por cierto, el único órgano legitimado para inaplicar una ley nacional y estimar su incompatibilidad con el DUE sin necesidad de plantear una cuestión prejudicial (STCs 37/2019 o 152/2021).

ii. El requisito relativo a la existencia de una sentencia firme desestimatoria de un recurso del particular perjudicado contra la actuación administrativa que ocasionó el daño.

En efecto, en cuanto a este principio, no puede negar el legislador español que las situaciones jurídicas que le señala la sentencia quedan fuera de los supuestos previstos. Y que duda cabe de que, aunque son extrañas, pues son posibles. Estamos hablando de las leyes autoaplicativas que afectan a los ciudadanos sin mediar actividad administrativa, y, por tanto, contra la que no existe actividad recurrible o impugnable. Como ha señalado el propio Anteproyecto de ley del Gobierno que pretende dar cumplimiento al fallo de la sentencia[33]: La sentencia del Tribunal Constitucional 203/2013, de 5 de diciembre, se refirió a ellas como «las leyes que contienen una actividad, típicamente ejecutiva, de aplicación de la norma al caso concreto" y también, en la sentencia 129/2013, de 4 de junio, como «aquellas [leyes] que no requieren del dictado de un acto administrativo de aplicación", por lo que los interesados "sólo pueden solicitar del Juez el planteamiento de la correspondiente cuestión de inconstitucionalidad ante el Tribunal Constitucional".

Pues bien, lo cierto es que como alega el Reino de España, el TS ya había tenido en cuenta esta situación, y precisamente asimilando la posibilidad de alegación de infracción constitu-

---

[33] Disponible en: https://www.hacienda.gob.es/Documentacion/Publico/NormativaDoctrina/Proyectos/19052023-MAIN-APL.pdf

cional sin que medie acto administrativo con la vulneración del DUE. Sin embargo, como repite la sentencia, lo que hace el AG es señalar que si el TS español hace interpretaciones en el límite de la literalidad de su ley -incluso contradictorias llega a insinuar-, él, como AG, no puede tomarla en cuenta (ap. 90).

La modificación prevista en el Anteproyecto es directa con la situación planteada con la sentencia, y de cierta economía procesal, que es bienvenida[34].

---

[34] "El artículo 2 modifica en su apartado Uno el apartado 5 del artículo 32 de la Ley 40/2015, de 1 de octubre, a fin de establecer dos supuestos diferenciados para que proceda la indemnización: En el primero de estos supuestos, la declaración de la norma nacional como contraria al Derecho de la Unión se puede efectuar por sentencia del Tribunal de Justicia o del Tribunal Supremo. Será necesario, para que proceda la indemnización, que el particular haya obtenido, en cualquier instancia, sentencia firme desestimatoria del recurso contra la actuación administrativa que ocasionó el daño, siempre que se hubiera alegado la infracción del derecho de la Unión posteriormente declarada. Ahora bien, a fin de evitar generar dificultades excesivas o imponer requisitos que no puedan exigirse razonablemente a la persona perjudicada, este apartado dispone expresamente que la obtención de sentencia firme desestimatoria no será exigible en los supuestos en los que no exista una actuación administrativa impugnable. En el segundo de los supuestos contemplados, procederá la indemnización cuando el particular haya obtenido, en un proceso iniciado a su instancia ante cualquier órgano jurisdiccional nacional, sentencia estimatoria firme en la que se declare que la norma nacional es contraria a derecho de la Unión Europea, siempre que no hubiera sido debidamente restablecido o indemnizado en el seno de dicho proceso. En ambos casos se mantienen los requisitos derivados de la jurisprudencia del Tribunal de Justicia, relativos a que la norma ha de tener por objeto conferir derechos a los particulares, el incumplimiento ha de estar suficientemente caracterizado y ha de existir una relación de causalidad directa entre el incumplimiento de la obligación impuesta a la Administración responsable por el derecho de la Unión Europea y el perjuicio sufrido por los particulares".

4. La lectura del principio de equivalencia

Desde la lectura de este principio en la sentencia se pone fin, como ya se ha dicho, a la discusión sobre la equivalencia entre la acción de responsabilidad por una ley inconstitucional y la acción de responsabilidad del legislador por una vulneración del DUE; y consecuentemente, a la discusión sobre que régimen es más favorable. Hay que decir adiós a toda literatura sobre Transportes Urbanos, salvo para interpretar su campo de acción de manera más restringida. Eso sí, como señala el AG, no porque no sean similares o equivalentes ambas acciones, que a su juicio y del TJUE lo son (ap. 114 y 115)[35], sino porque de ahí no se desprende que deban regularse de la misma manera, por cuanto, en el DUE ya está regulado de manera autónoma y propia el nacimiento de la responsabilidad patrimonial del Estado legislador. Lo que se señala es que, nacido el derecho a ser indemnizado, este tenga las mismas consecuencias y efectos provenga de donde provenga: del derecho interno, o del DUE. Es desde ahí donde entra a jugar el principio de equivalencia y no antes.

Creemos que, dentro de la intención de este trabajo, que es afrontar el recurso por incumplimiento y desde la perspectiva de la relación entre ordenamientos (y en torno a sus solapamientos e interferencias), merece la pena traer a colación un argumento esgrimido por González Alonso[36]. Tiene que ver con el control (y el margen) de la labor creativa del legislador español y la distinción de ordenamientos. La Constitución es un parámetro de límites, que precisamente propone un marco

---

[35] Pues "tienen el mismo objeto, a saber, que se indemnice un perjuicio, y la misma causa, es decir, la infracción de una norma jurídica con rango superior".

[36] González Alonso restringe la cuestión, tomando en consideración solo Transportes Urbanos, a la posición del legislador frente a la Constitución o frente a una Directiva. *Ob. cit*, p. 411.

de libertad para el desarrollo social. Dentro de la DUE sólo la Carta podría interpretarse de la misma manera. El DUE, en el marco de unas libertades económicas definidas por la propia Unión, que es quién tiene la prerrogativa de la iniciativa política y legislativa, que debe imponer a los EM, y quién busca que estas se implementen de manera uniforme, se despliega constantemente a través de una agenda política. Una agenda que no marca el Parlamento español.

¿Qué estaba controlando en este caso el TJUE? Algo que ya había regulado. Vía pretoriana, pero estaba regulado. Está realizando un control de legalidad -con independencia de que el recurso por incumplimiento pueda ser el instrumento idóneo para realizar un control de *iusfundamentalidad*-. La doctrina insiste en mirar la cuestión hacia la obligación de aplicar, por principio de equivalencia, los principios más favorables. ¿Pero no habíamos quedado en *Melloni* que es preciso separar ambos parámetros? El TJUE no puede pedirle al legislador español que adapte la legislación española, la que le corresponde por competencia, a la regulación que ha adoptado la Unión en materia de su propia competencia. Ni tampoco, punto clave de la cuestión, que el legislador español adapte la legislación europea a las condiciones más favorables reguladas para las relaciones (y responsabilidades) generadas por el derecho interno. Lejos de armonizar, esa solución produciría que el principio de equivalencia aumentara la dispersión en la aplicación del DUE en los EM, cuando lo que está tratando la Comisión y el TJUE en un recurso por incumplimiento de estas características es lo contrario.

Señala Iglesias Sánchez que los principios de equivalencia y efectividad "no son más que atajos conceptuales en el ámbito de la autonomía procesal de principios más amplios, tales como son la igualdad y la tutela judicial efectiva". No estamos de acuerdo. Los principios de efectividad y equivalencia funcionan efectivamente en ausencia de un marco actuación establecido por el DUE, de modo que los EM miembros puedan completar la regulación europea con unos estándares mínimos. Exactamente igual que el funcionamiento clásico de los principios generales del derecho en el sistema de fuentes. Los principios funcionan en ausencia de normas de rango legal. Pero los principios no son derechos fundamentales ni los generan. Desde estos principios no se puede reconfigurar el contenido de un DF, el de la tutela judicial efectiva, que habría de aplicarse a una materia que es de legalidad ordinaria, como es el derecho al recurso. La cuestión no es haber restringido la invocación de los principios de equivalencia y efectividad al ámbito de la Carta (art. 51.1), es decir cuando se aplique el DUE[37]. Si no que el TJUE hubiera tenido que entender que el derecho a la tutela judicial efectiva abarca hasta la regulación administrativa realizada por el Reino de España de la responsabilidad patrimonial por parte del Estado legislador, y que dejara de aplicar el estándar del artículo 47 de la Carta -de cuyo contenido esencial es el propio tribunal el único responsable-, para dejarlo al criterio de los EM en consideración a las condiciones más favorables establecidos por su ordenamiento. Es decir, renunciar a la construcción de un ordenamiento perfeccionado y autónomo en esta materia.

IV. CONCLUSIÓN

El procedimiento por incumplimiento del artículo 258 y 259 TFUE tiene un objeto verdaderamente amplio cuyas fronteras no están claras. Pero un límite básico es que las instituciones de la UE – la Comisión y el TJUE- apliquen este instrumento dentro del ámbito del aplicación del DUE. Parece una perogrullada, pero es exactamente lo que sucede cuando objeto de control es difícilmente abarcable. Cuando se habla de controlar el cum-

---

37 Iglesias Sánchez, S. (2022). ob. cit. p. 139 y ss.

plimiento de la CE, con 169 artículos, desde una jurisdicción concentrada, la tarea se muestra, al menos en términos cuantitativos, más sencilla. Es quizá posible saber dónde empieza el DUE, pero es más difícil saber hasta dónde llega. En la utilización de esta vía procesal de control, el TJUE debe observar con detenimiento si está controlando una relación convencional, un canon de constitucionalidad, o una cuestión de legalidad ordinaria regida por la primacía y el principio de competencia.

Se comprueba no sólo en el presente capítulo sino a lo largo de toda la obra que los solapamientos e interferencias entre ordenamientos, y en especial, del DUE con el derecho de los EM, relación única, son muchas y en ocasiones de gran calado jurídico. Y, sin embargo, en el presente trabajo vemos como el TJUE ha realizado la operación contraria. Ha separado espacios jurídicos y ha otorgado y reafirmado la autonomía a la UE y de los EM donde las competencias regulatorias pueden andar caminos distintos y de hecho lo hacen.

BIBLIOGRAFÍA

Alonso García, R. (2022). El proceso de europeización del Tribunal Constitucional. *Journal of Human Security and Global Law*, vol. 1 11-30.

Arzoz Santisteban, X. (2020). *La garantía constitucional del deber de reenvío prejudicial.* Madrid, Centro de Estudios Políticos y Constitucionales.

- (2021). El nacimiento de un nuevo parámetro de control de la ley: el valor europeo del Estado de Derecho. En *¿Está en peligro el Estado de Derecho en la Unión Europea?* Juan Ignacio Ugartemendía Eceizabarrena (dir.), Alejandro Sáiz Arnaiz (dir.), IVAP, 56-96.

Bayón Mohíno, JC. (2013). El constitucionalismo en la esfera pública global. *AFD*, (XXIX), 57-99.

von Bogdandy, A. (2020). Principles of a systemic deficiencies doctrine: how to protect checks and balances in the member states. *Common Market Law Review* 57, 705–740.

Bustos Gisbert, R. (2012). XV proposiciones generales para una teoría de los diálogos judiciales. *Revista Española de Derecho Constitucional*, 95: 13-63.

Cobreros Mendazona, E. (2022). La responsabilidad patrimonial del Estado legislador por su incumplimiento del derecho de la Unión Europea tras la intervención del tribunal de justicia. *Revista de Administración Pública*, 219, 21-58. doi: https://doi.org/10.18042/cepc/rap.219.02

Doménech Pascual, G. (2022). Repensar la responsabilidad patrimonial del Estado por normas contrarias a Derecho. *Indret*. doi: 10.31009/InDret.2022.i4.06

Fuentes i Gasó, JR. (2020). El régimen jurídico de la responsabilidad patrimonial de las Administraciones Públicas tras la entrada en vigor de las Leyes 39/2015 y 40/2015, en particular por daños en la vía pública. *Anuario Aragonés del Gobierno Local*, 11, 291-368.

García Guerrero, JL. (2019). Los embates de la globalización a la democracia. En *Constitucionalizando la globalización*, José Luis García Guerrero (dir.), María Luz Martínez Alarcón (dir.). Tirant lo Blanch.

García Pechuan, M. (2022). El control del cumplimiento por los Estados miembros del Derecho de la UE. En Antonio López Castillo (Dir), *Instituciones y derecho de la Unión Europea, Vol. II*. Tirant lo blanch.

García Roca, J. (2012). El diálogo entre el Tribunal Europeo de Derechos Humanos y los tribunales constitucionales en la construcción de un orden público europeo. *Teoría y realidad constitucional*, 30: 183-224.

González Alonso, A. (2016). La responsabilidad del estado legislador por vulnerar el derecho europeo o la constitución: un análisis comparativo. *Revista Española de Derecho Constitucional*, 106, 381–429. doi: http://dx.doi.org/10.18042/cepc/redc.106.10

Guichot Reina, E. (2022). La regulación legal de la responsabilidad por leyes contrarias al derecho de la Unión Europea tras su enjuiciamiento por el Tribunal de Justicia de la Unión Europea. *Revista Española de Derecho Europeo*, 84, Octubre – Diciembre, pp. 9-57

Iglesias Sánchez, S. (2023). La construcción jurisprudencial del principio de responsabilidad del Estado desde la autonomía procesal y sus límites (equivalencia y efectividad): un modelo agotado tras la sentencia Comisión/España (C-278/20). *Revista de Derecho Comunitario Europeo*, 74, 111-146. doi: https://doi.org/10.18042/cepc/rdce.74.04

Jiménez de Parga y Cabrera, M. (2004). *La protección de los derechos fundamentales en el proyecto de tratado por el que se instituye una Constitución para Europa*. Disponible en: https://www.boe.es/biblioteca_juridica/anuarios_derecho/abrir_pdf.php?id=ANU-M-2005-10009900114

Kumm, M. (2019). Mesa redonda. ¿Puede la UE solventar los problemas de la globalización reformando sus instituciones o precisa transformarse en un Estado federal? En *Constitucionalizando la globalización. Vol. II.*, José Luis García Guerrero (dir.), María Luz Martínez Alarcón (dir.) Tirant lo Blanch.

López Castillo, A. (2019). Unión Europea, ¿reforma institucional o fórmula federal? En *Constitucionalizando la globalización. Vol. II*, José Luis García Guerrero (dir.), María Luz Martínez Alarcón (dir.) Tirant lo Blanch.

- (2018). La confluencia entre Tribunales Constitucionales, TEDH y TJUE. *AFDUAM* 22. Disponible en: https://www.boe.es/biblioteca_juridica/anuarios_derecho/abrir_pdf.php?id=ANU-A-2018-10013300172

- (2021). Del tránsito presidencial en la Sala 2.a del TCFA y de su reflejo en la superación de su disparatada sentencia Weiss, de 5 de mayo de 2020. *Revista Española de Derecho Constitucional*, 122, 333-366.

Rodríguez de Santiago, JM. (2022). El vigésimo intento. la declaración del incumplimiento de España por su regulación de la responsabilidad del estado legislador por infracción del derecho de la Unión. Comentario a la STJUE (Gran Sala) de 28 de junio de 2022 (C-278/20). *Revista Española de Derecho Europeo*, 84, 125-148.

Rodríguez-Izquierdo Serrano, M. (2021). Unión Europea y quiebras del Estado de Derecho: el recurso por incumplimiento como garantía impropia. En *¿Está en peligro el Estado de Derecho en la Unión Europea?* Juan Ignacio Ugartemendía Eceizabarrena (dir.), Alejandro Sáiz Arnaiz (dir.), IVAP, pp. 213-235.

Ruiz López M. A. (2016). Problemas de concordancia del régimen interno y comunitario de la responsabilidad patrimonial del Estado-legislador. En J. M. Baño León (coord.), *Memorial para la reforma del Estado. Estudios en homenaje al profesor Santiago Muñoz Machado.* Madrid: CEPC, vol. III, págs. 2783-2805.

Capítulo Cuarto
Solapamientos e interferencias en el control de la ley: Reflexiones desde la perspectiva del control de la aplicación judicial del derecho europeo por el Tribunal Constitucional

ANA CARMONA CONTRERAS
Universidad de Sevilla

I. INTRODUCCIÓN: CONSTITUCIÓN, LEY Y TRIBUNAL CONSTITUCIONAL

La Constitución, como norma suprema del ordenamiento se sitúa en el vértice del ordenamiento jurídico (que ella misma crea). Consecuentemente, extiende sus efectos tanto sobre poderes públicos como ciudadanos (artículo 9.1 CE) y, asimismo, genera un efecto de condicionamiento que se proyecta sobre el edificio normativo en un doble sentido. En primer lugar, negativo, puesto que no tolera y, por lo tanto, expulsa de su seno a toda disposición que contravenga los mandatos en ella establecidos. En segundo, en términos positivos, dado que regula en primera persona el proceso de creación jurídica, atribuyendo los correspondientes poderes a determinadas instancias y atribuyendo el valor respectivo a las normas creadas[1]. Es precisamente la afirmación de esta función constitucional la que determina la pérdida por parte de la ley de su precedente carácter omnímodo[2]. Sometida a los dictados constitucionales, resulta *destronada*[3] y, consecuentemente, el principio de legalidad abandona su anterior puesto de cabecera ordinamental para someterse al de constitucionalidad. Y para velar porque los nuevos postulados inherentes al principio de supremacía constitucional sean efectivamente respetados por las fuentes primarias, la Constitución encomienda la función de su control a un órgano específico: el Tribunal Constitucional. Una instancia que, situada al margen

---

1 De Otto, I. (1987). *Derecho Constitucional. Sistema de fuentes*, Ariel, Barcelona, p. 83.

2 Recuérdese que la ley de los ordenamientos liberales atesora la cualidad de la soberanía, en tanto que expresión de la voluntad general de la sociedad, representada en el Parlamento. En un contexto en el que la Constitución no es norma, sino documento político despojado de fuerza vinculante, el ordenamiento jurídico se inicia y tiene su origen en las leyes.

3 Zagrebelsky, G. (2007). *El derecho dúctil El derecho dúctil. Ley, derechos, justicia*, Trotta, Madrid, p. 40.

del tradicional esquema de división de poderes, su ley reguladora define como "intérprete supremo de la Constitución" (artículo 1.1 LOTC). De la ley *inexpugnable* propia del Estado liberal se pasa a la ley *privilegiada* del Estado constitucional[4]. A este respecto, resulta necesario recordar que tal privilegio incorpora dos dimensiones interconectadas. En primer término, la ley es una norma privilegiada como consecuencia de la relación exclusiva que entabla con la Constitución. Siendo esta una norma que, en palabras del Tribunal Constitucional, "incorpora el sistema de valores esenciales que ha de constituir el orden de la convivencia política y de informar todo el ordenamiento jurídico"[5], su contenido expresa "propuestas de soluciones y coexistencias posibles, es decir, un compromiso de posibilidades"[6] cuya ulterior concreción corresponde al legislador, representante de la soberanía popular que se reúne en las Cortes Generales. Sobre la base de este planteamiento, la ley no se limita a llevar a cabo una mera ejecución de las previsiones constitucionales sino, antes bien, a dotarlas de efectiva concreción, lo que apunta directamente hacia el ejercicio de una labor creativa dotada de una innegable -e irrenunciable- carga de politicidad. Así es porque ha de tenerse muy presente que "el legislador siempre está reduciendo las distintas posibilidades del texto constitucional a una sola y en eso precisamente consiste su trabajo, en moverse dentro de las posibilidades ofrecidas por una norma constitucional, y no fuera de ellas, optando por una determinada"[7]

---

4 Requejo Pagés, J. L. (2021). La ley desamparada. Consideraciones sobre el juez natural de la ley democrática de los Estados de la Unión Europea. En Plaza, C. (coords), *Tribunal Constitucional y Tribunal de Justicia de la Unión Europea.* Centro de Estudios Políticos y Constitucionales, Madrid, p. 17.

5 STC 9/1981, FJ 4.

6 Zagrebelsky, G., ob. cit., págs. 13-14.

7 Cruz Villalón, P. (1983). ¿Reserva de Constitución? Comentario al FJ 4 de la STC 76/83, de 5 de agosto, sobre la LOAPA. *Revista Española de Derecho Constitucional,* 9, p. 202.

Esta necesidad incuestionable de moverse dentro del perímetro constitucional remite a la segunda manifestación del carácter privilegiado de la ley, esto es, la que reserva la declaración de inconstitucionalidad al Tribunal Constitucional en régimen de monopolio. La implantación del sistema concentrado de justicia constitucional está al servicio y es resultado de "esa voladura controlada del dogma de la soberanía de la ley"[8] que produce el establecimiento del Estado constitucional democrático. En este sentido, la apuesta por el Tribunal Constitucional que lleva a cabo la Constitución española de 1978 sigue una línea similar a la de otros países que "han debido improvisar una tradición constitucional y democrática rigurosamente inédita" y en los que este órgano está llamado a garantizar el nuevo régimen constitucional implantado[9]. Ese privilegio de matriz orgánica que atribuye el control de la ley únicamente a la jurisdicción constitucional incorpora, además, una faceta sustancial referida a la validez de aquella, puesto que la norma sometida a impugnación goza de una presunción de constitucionalidad que se mantiene intacta hasta tanto el Tribunal Constitucional no se manifieste en términos negativos. En efecto, solo cuando se constate que la disposición sometida a su jurisdicción ha rebasado, desconociéndolos, los límites constitucionales, se procederá a su expulsión del ordenamiento jurídico.

En este marco de referencia se explica que, en un sistema de justicia constitucional concentrada como el introducido por nuestra Constitución en su Título IX, los jueces, en el desarrollo de su función, se rijan por el principio de vinculación a la ley ("sometidos únicamente al imperio de la ley", en la expresión utilizada por el artículo 117.1 CE) y, al mismo tiempo, carezcan de la facultad de formular un juicio de adecuación consti-

---

8 Requejo Pagés, J. L., ob. cit., p.18.

9 Ibídem.

tucional con respecto a las mismas. Es menester recordar, sin embargo, la afirmación de supuestos puntuales que a modo de contrapunto ponen en tela de juicio tal premisa. Así, con respecto a las leyes preconstitucionales, la STC 4/1981 introdujo un criterio diferenciador en relación con aquellas cuya validez suscite dudas al juez ordinario. En tal caso, aclara el TC que "(A)sí como frente a las Leyes postconstitucionales el Tribunal ostenta un monopolio para enjuiciar su conformidad con la Constitución, en relación a las preconstitucionales los Jueces y Tribunales deben inaplicarlas si entienden que han quedado derogadas por la Constitución, al oponerse a la misma; o pueden, en caso de duda, someter este tema al Tribunal Constitucional por la vía de la cuestión de inconstitucionalidad"[10]. Para el Alto Tribunal resulta que, de estimar la contradicción con la Constitución de una ley precedente a la misma, la jurisdicción ordinaria queda habilitada para proceder a su inaplicación. El efecto de la Disposición Derogatoria 3ª CE se impone en tal caso. Ahora bien, ante la duda de constitucionalidad, a quien corresponde su constatación efectiva, determinando formalmente su nulidad, es al Tribunal Constitucional. Otro supuesto en el que el control de dicho órgano en régimen de monopolio experimenta una significativa modulación nos remite a los decretos legislativos. Y es que, a pesar de ser una norma con rango, fuerza y valor de ley emanada por el Gobierno tras recibir la correspondiente delegación por parte de las Cortes Generales (en forma de Ley de Bases, para la encomienda de elaboración de textos articulados o de ley ordinaria, cuando se delega la potestad para la formación de textos refundidos, según dispone el artículo 82.2 CE), la misma Constitución abre la puerta a la fiscalización por parte de la jurisdicción ordinaria, afirmando que "(S)in perjuicio de la *competencia propia de los Tribunales*, las leyes de delegación podrán establecer en cada

---

10 FJ 1 d).

caso fórmulas adicionales de control" (artículo 82.6 CE). Esta previsión, que sigue la inercia jurisdiccional de la etapa precedente, asumiendo la jurisprudencia en la materia acuñada por el Tribunal Supremo[11], ha sido recibida expresamente por el artículo 1.1 de la Ley 29/1998, de 13 de julio, reguladora de la Jurisdicción Contencioso-Administrativa, en el que se dispone lo siguiente: "Los Juzgados y Tribunales del orden contencioso-administrativo conocerán de las pretensiones que se deduzcan en relación con la actuación de las Administraciones públicas sujeta al Derecho Administrativo, con las disposiciones generales de rango inferior a la Ley y con los Decretos legislativos cuando excedan los límites de la delegación". Determinar la concurrencia de *ultra vires* en el producto normativo emanado por el Gobierno, fruto de la delegación recibida, corresponde a la justicia administrativa y no al Tribunal Constitucional, como resultaría obligado atendiendo a la naturaleza primaria de la disposición controlada. En estos supuestos, la normativa referida pone en evidencia una aproximación a la cuestión que, a nuestro juicio resulta constitucionalmente criticable, dado que el exceso en el que incurra el decreto legislativo con respecto a la ley delegante no trae consigo un efecto de nulidad sino, muy diversamente, de degradación de su rango normativo. En función de tal planteamiento, una vez constatado el *ultra vires*, la disposición afectada pierde su fuerza primaria, degradándose

---

[11] Durante el franquismo, el Tribunal Supremo afirmó su competencia para controlar el posible *ultra vires* en que pudiera incurrir la normativa delegada, de tal manera que, una vez detectado el exceso, se procedía no a declarar la nulidad de la norma afectada sino, antes bien, la degradación de su rango. De este modo, las previsiones que rebasaban los límites de la delegación quedaban despojados de fuerza legislativa, afirmándose su carácter reglamentario.

a la categoría de reglamento[12]. Ahora bien, es menester llamar la atención sobre un ulterior límite que no puede superar la jurisdicción contenciosa, a saber, en modo alguno puede controlar la adecuación de la ley delegante (ya sea de bases –para la elaboración de textos articulados- u ordinaria –en el caso de los textos refundidos-) a las exigencias constitucionales. Este supuesto escapa a su radio de acción, correspondiendo en exclusiva al Tribunal Constitucional. Y es que, desde una perspectiva general, debe tenerse presente que, si se suscitasen dudas "en algún proceso, que una norma con rango de ley, aplicable al caso, de cuya validez dependa el fallo, pueda ser contraria a la Constitución" la vía a transitar es la de plantear "la cuestión ante el Tribunal Constitucional en los supuestos, en la forma y con los efectos que establezca la ley, que en ningún caso serán suspensivos" (artículo 163 CE). La jurisdicción ordinaria, por lo tanto, con las excepciones señaladas, queda vinculada por la obligación de aplicar las leyes y las normas con fuerza, rango y valor similar que gozan de una presunción de constitucionalidad que únicamente puede ser desvirtuada por el TC[13].

---

12 Sobre la jurisprudencia en la materia, vid. Álvarez Rodríguez, I. (2020). El decreto legislativo en la encrucijada. *Revista de Derecho Constitucional Europeo*, 34, p. 28.

13 A este respecto, hemos de aclarar que no se tratará en este trabajo la cuestión relativa al denominado control de convencionalidad que, a partir de la STC 40/2018, FJ 6 se ha instaurado en nuestro país. El análisis de esta nueva atribución de competencia fiscalizadora a la jurisdicción ordinaria sobre la adecuación y, por ende, la posible inaplicación de la normativa interna contraria a los tratados internacionales ha venido acompañada de una profunda división de opiniones en sede doctrinal. Desde una perspectiva crítica, cfr. Alonso, R. (2020). El control de convencionalidad: cinco interrogantes. *Revista Española de Derecho Constitucional*, 119. Adoptando una posición netamente favorable a dicho control, Jimena Quesada, L. (2019). La consagración del control de convencionalidad por la Jurisdicción Constitucional en España y su impacto en materia de derechos

II. LA INTEGRACIÓN SUPRANACIONAL EN PERSPECTIVA CONSTITUCIONAL

1. Integración europea y supremacía constitucional

El planteamiento sucintamente expuesto, sin embargo, resulta incompleto, puesto que no toma en consideración el fenómeno de supraestatalidad normativa[14], esto es, de la apertura del ordenamiento constitucional al ámbito externo. Desde tal perspectiva, la Constitución incorpora un capítulo específico (el tercero del Título tercero, bajo el epígrafe de las Cortes Generales) a los Tratados internacionales (artículos 93 a 96). Especial mención merece a este respecto la previsión que dispone que por ley orgánica se podrá autorizar la atribución "a una organización o institución internacional el ejercicio de competencias derivadas de la Constitución" (artículo 93 CE), dado que la misma contiene una habilitación para abrir una significativa brecha en la vocación de supremacía que es consustancial a la norma constitucional. En efecto, al permitir la cesión de las competencias aludidas, la propia Constitución deja expedita la vía para que el Estado se desprenda de parcelas de soberanía. La genérica cláusula de apertura contenida en el artículo 93 CE asume, consecuentemente, una importancia capital para obtener una comprensión adecuada de la imagen del edificio normativo que, empezando por sus cimientos -la Constitución- opera efectivamente en nuestro ordenamiento jurídico. Es, por tanto, la afirmación de la supremacía constitucional (cara) la que permite abrir espacios para la cesión de competencias en los que aquella renuncia voluntariamente a operar (cruz), encomendando su gestión y, asimismo, su

socio-laborales: Comentario a la STC 140/2018, de 20 de diciembre. *Revista General de Derecho del Trabajo y de la Seguridad Social*, 53.

14 Pérez Luño, A. (2011). *El desbordamiento de las fuentes del derecho*, La Ley, Madrid, p. 56.

regulación a instancias externas con una producción jurídica propia. De este modo, la cesión de poder soberano trae aparejada, como inevitable efecto inducido, la de la potestad de ordenación de las fuentes. Con ello se abre la puerta para que el ordenamiento interno incorpore normas de procedencia externa, otorgando carta de naturaleza al pluralismo jurídico.

Sobre la base de tal premisa, en la configuración del sistema interno de fuentes despliega una importancia capital el rasgo de primacía que es inherente al derecho de la Unión. En virtud de dicho principio, tempranamente acuñado por la resolución del Tribunal de Luxemburgo en el Asunto *Costal Enel* (1964[15]), resulta que, en su ámbito de aplicación, las disposiciones europeas se imponen a toda norma estatal, cualquiera que sea su rango[16], que resulte incompatible con los contenidos incorporados por aquellas. Sin prejuzgar la validez de la previsión interna que se opone a la europea, la primacía proyecta sus efectos exclusivamente sobre el terreno de la eficacia, ya que una vez constatada la colisión internormativa ello trae consigo la inaplicación de la regulación interna, dando preferencia a la europea. La comprensión absoluta de la primacía[17], que se predica de cualquier fuente de la Unión y

---

15 Sentencia del Tribunal de Justicia, de 15 de julio de 1964, Asunto *Costa Enel*, 6/1964.

16 En la Sentencia del Tribunal de Justicia, de 17 de diciembre de 1970, Asunto *Internationale Handelsgeschellschaft*, C-11/70, quedó establecido que "la alegación de violaciones de los derechos fundamentales, tal como están formulados por la Constitución de un Estado miembro //...// no puede afectar la validez de un acto de la Comunidad o a su efecto en el territorio de dicho Estado". El rasgo de primacía que caracteriza las normas europeas así lo determina, por lo que no cabe oponer la supremacía constitucional para justificar el eventual rechazo de su aplicación.

17 Carácter absoluto que no tiene efectos generales, sino que, como ya se ha indicado, queda circunscrito al ámbito de las competencias

surte efectos, asimismo, frente a toda norma interna, implica el directo cuestionamiento del principio de superioridad jerárquica y supremacía normativa de la Constitución nacional, en tanto que vértice de su ordenamiento. Se impone, pues, llevar a cabo una atenta consideración del impacto que la primacía del Derecho de la Unión genera a escala interna, calibrando su comprensión en el marco del Estado integrado. O si se prefiere, determinando cómo ha de entenderse la supremacía constitucional a la luz de dicho principio europeo. Con tal finalidad, resulta imprescindible acudir a la interpretación que de dicho principio ha llevado a cabo el Tribunal Constitucional en su Decisión 1/2004, relativa al proyecto (fracasado) por el que se establecía una Constitución para Europa, cuyo articulado incorporaba expresamente por primera vez la primacía al derecho primario.

Arranca el Tribunal su razonamiento recordando que el referido principio carece de eficacia general, quedando circunscrito su radio de acción al ámbito de las competencias cuyo ejercicio se ha cedido a la Unión "por voluntad soberana del Estado" mediante la preceptiva ley orgánica (artículo 93 CE). Gracias a la vertiente orgánico-procedimental que incorpora tal precepto, se configura una "bisagra mediante la cual la Constitución misma da entrada en nuestro sistema constitucional a otros ordenamientos jurídicos"[18]. De esta forma, la Unión Europea queda "habilitada constitucionalmente para la disposición normativa de materias hasta entonces reservadas a los poderes internos constituidos y para su aplicación a éstos"[19]. El pluralismo jurídico que se deriva de la adhesión a la Unión, por lo tanto, cuenta con un reconocimiento expre-

---

cedidas por los Estados miembros. No se olvide que la Unión basa su actividad en el principio de atribución.

18 DTC 1/1992, FJ 2.

19 Ibídem.

so, ofreciendo un idóneo marco de referencia, al reconocer "preferencia aplicativa" a las normas europeas y permitir el desplazamiento de las previsiones nacionales, incluidas *también* las constitucionales. La trascedente novedad que incorpora la DTC 1/2004 se cifra en la atribución de una –hasta entonces-inédita dimensión sustantiva a dicha cláusula habilitante, mediante la cual se identifica la existencia de límites materiales a la cesión de competencias y, por lo tanto, a la integración. Aunque como el propio Tribunal reconoce dichos límites no aparecen expresamente formulados en el texto del artículo 93 CE, estima que "implícitamente se derivan de la Constitución y del sentido esencial del propio precepto"[20]. La afirmación de esta vertiente material va a permitir al Tribunal enriquecer la idea de primacía limitada o relativa, sirviendo como habilitación para dar un paso más y exigir que las normas europeas referidas a las competencias cedidas sean "compatibles con los principios del Estado social y democrático de Derecho establecidos por la Constitución"[21]. Más específicamente, se requiere "el respeto de la soberanía del Estado, de nuestras estructuras constitucionales básicas y del sistema de valores y principios fundamentales consagrados en nuestra Constitución, en el que los derechos fundamentales adquieren sustantividad propia"[22]. Completa su razonamiento el TC introduciendo una cláusula de salvaguardia mediante la que se habilita a sí mismo a actuar en las siguientes circunstancias: "En el caso difícilmente

---

20 DTC 1/2004, FJ 4.

21 Ibídem.

22 Ibídem. Compartimos el juicio formulado por CRUZ, P. (2006). Europeización de la Constitución española: una introducción al problema. En CRUZ, P. (coord.), *Hacia la europeización de la Constitución española. La adaptación de la Constitución española al marco constitucional de la Unión Europea*, Fundación BBVA, p. 36, considerando que el diagnóstico es acertado, pero no así la interpretación que del mismo lleva a cabo el TC.

concebible de que en la ulterior dinámica del DUE llegase a resultar inconciliable este derecho con la CE, sin que los hipotéticos excesos del Derecho de la Unión respecto de la propia Constitución europea fueran remediados por los ordinarios cauces previsto en esta, en última instancia la conservación de la soberanía del pueblo español y de la supremacía de la Constitución que este se ha dado podrían llevar a este Tribunal a abordar los problemas que en tal caso se suscitaran, que desde la perspectiva actual se consideran inexistentes, a través de los procedimientos constitucionales pertinentes”[23].

La construcción jurisprudencial expuesta pone de manifiesto la existencia de un núcleo constitucional resistente a la integración, esto es, una suerte de “Constitución residual”[24] conformada por materias no susceptibles de ser cedidas (*contralímites*). Va a ser precisamente en relación con ese “mínimo constitucional indisponible”[25] donde, como contrapunto, el rasgo de supremacía que es propio de la Constitución se mantenga incólume. Pero más allá de dicho espacio, por lo que respecta a las competencias cedidas, la primacía del derecho europeo provoca un irresistible efecto de arrinconamiento de la fuerza prescriptiva de la Constitución en su formulación originaria, siendo reemplazada por “una suerte de Constitución material formalizada sustancialmente en la jurisprudencia del Tribunal de Justicia que ha establecido el principio de primacía”. Así pues, si bien es cierto que, desde una perspectiva formal, la formulación de dicho principio no incorpora la preten-

---

23 DTC 1/2004, FJ 6.

24 Cruz Villalón, P. (2006). El Tratado según la Constitución: tres planteamientos. En Carrillo, M.-López, H. (coords.), *La Constitución Europea. Actas del III Congreso de la Asociación de Constitucionalistas de España.* Editorial Tirant Lo Blanch, Valencia, p. 29.

25 Arzoz Santisteban, X. (2015). *La tutela de los derechos fundamentales de la Unión Europea por el Tribunal Constitucional,* INAP, Madrid, pp. 81-82.

sión de expresar "una soberanía propia de la Unión"[26], no lo es menos que, atendiendo a las consecuencias prácticas que del mismo se derivan, se constata la producción de "un efecto equivalente al de un auténtico poder soberano"[27].

2. Integración europea y replanteamiento del estatus de la ley

Y si la Constitución puede resultar desplazada en términos aplicativos por efecto de la primacía del derecho de la Unión, otro tanto va a sucederle a la ley, allí donde la cesión competencial opera y se produce una colisión con lo dispuesto en la normativa procedente de las instancias europeas. En este supuesto, según se desprende del mandato expresamente formulado por el Tribunal de Justicia en el Asunto *Simmenthal* (1978[28]), los jueces nacionales quedan obligados "a aplicar íntegramente el derecho comunitario, así como a proteger los derechos que éste confiere a los particulares, *dejando sin aplicación toda disposición normativa interna que se oponga a aquel*" (la cursiva es nuestra). Se produce, pues, la quiebra del principio constitucional del sometimiento del juez a la ley (artículo 117.1 CE), con todo lo que ello implica en términos sistémicos[29]. Estando en juego el derecho europeo, dicho axioma puede resultar profundamente alterado[30], dejando expedito el campo para

---

26 Requejo Pagés, J. L., ob. cit., p. 24.

27 Ibídem.

28 Sentencia del Tribunal de Justicia, de 9 de marzo de 1978, Asunto *Simmenthal*, C-106/77.

29 Arzoz Santisteban, X. (2020. *La garantía constitucional del deber de reenvío prejudicial*, CEPC, Madrid, p. 360, hace hincapié en la idea de que la inaplicación de la ley por los jueces implica "la vulneración de un auténtico tabú para la jurisdicción ordinaria, que hunde sus raíces en la conformación del moderno Estado de Derecho".

30 Téngase en cuenta que, para preservar la aplicabilidad de la norma, el juez ordinario tiene a su disposición la valiosa herramienta de la

que la jurisdicción ordinaria dé preferencia a aquel en detrimento de la ley interna que se considera que no ha transpuesto adecuadamente las previsiones europeas de las que trae causa o que no permite aplicar correctamente las obligaciones que dimanan de las mismas. La idea a enfatizar es que los jueces nacionales resultan empoderados directamente por el Derecho de la Unión, quedando constreñidos a garantizar su primacía. En función de tal premisa, y en tanto que piezas esenciales del difuso poder judicial europeo, quedan habilitados para llevar a cabo un *control de europeidad* de la ley que, sin lugar a dudas, rivaliza y puede crear tensiones con el control concentrado de la ley que corresponde al Tribunal Constitucional[31].

No obstante, para solventar las dudas surgidas en torno a la aplicabilidad de estas normas los tribunales ordinarios han de tomar en consideración la interpretación que de las mis-

---

"interpretación conforme". En efecto, cumpliendo con las exigencias que al respecto establece el TJUE, aquel queda habilitado para realizar una operación hermenéutica de la normativa interna que resulte ajustada a las exigencias de las previsiones europeas de las que trae causa. Sobre las implicaciones de este mecanismo, vid Ugartemendia Eceizabarrena J.I. (2023). Reflexiones sobre la interpretación de la ley conforme al Derecho de la Unión Europea desde la perspectiva del ordenamiento jurídico español. En Alonso, R. - Ugartemendia, J.I., *La ley ante el control de europeidad y de convencionalidad*, European Inklings (EUi), n. 24/2023, IVAP, Oñati, págs. 184-206.

31 Cruz Villalón P. y Requejo Pagés, J.L. (2015). La relación entre la cuestión prejudicial y la cuestión de inconstitucionalidad. *Revista de Derecho Comunitario Europeo*, 50, p. 177, se refieren al equilibrio precario que se instaura entre ambos mecanismos, señalando la aparición de un espacio especialmente sensible, esto es, una "zona de fricción" cuando las normas constitucionales eventualmente se refieren a los derechos fundamentales. Razonan los autores que en este ámbito "la vocación normativa de la Unión es tan legítima como la de los Estados miembros: con mayor razón, si cabe, tras la entrada en vigor de la Carta de Derechos Fundamentales".

mas haya llevado a cabo el TJUE, según se desprende expresamente de lo establecido por la Ley Orgánica del Poder Judicial (reformada en 2015), cuyo artículo 4 bis, en su apartado 1, establece lo siguiente: "Los jueces y tribunales aplicarán el Derecho de la Unión de conformidad con la jurisprudencia del Tribunal de Justicia de la Unión Europea". Asimismo, como inmediatamente a continuación dispone el apartado 2, se pone expresamente de manifiesto que cuentan con el auxilio de la cuestión prejudicial, disponiendo que "(C)uando los tribunales decidan plantear una cuestión prejudicial europea lo harán de conformidad con la jurisprudencia del Tribunal de Justicia de la Unión Europea y, en todo caso, mediante auto, previa audiencia de las partes"[32].

A la luz del marco legal referido, resulta imprescindible recordar que la interposición de la cuestión prejudicial, en su modalidad interpretativa, se configura como una facultad po-

---

32 Ugartemendia Eceizabarrena, J.I., ob.cit., pp. 200-201, pone de manifiesto que esta previsión ya regía en nuestro ordenamiento anteriormente "por obra del propio Derecho de la Unión". Asimismo, atendiendo a lo dispuesto en el apartado 1 del precepto referido, que la interpretación conforme se perfila como una posibilidad que en modo alguno supone "un obstáculo para plantear la cuestión prejudicial". Por su parte, desde una perspectiva sistémica, Arzoz Santisteban, X., ob.cit., p. 256, estima que con esta previsión se viene a "compensar la ausencia absoluta de referencias" existente hasta entonces a nivel legislativo en torno al ejercicio de la función jurisdiccional relativa al Derecho europeo.

testativa para el tribunal juzgador[33] (artículo 267.1 TFUE[34]), salvo que sea un órgano de última instancia, en cuyo caso (artículo 267.3TFUE[35]) su planteamiento se afirma con carácter general como deber preceptivo[36]. A través de la cuestión prejudicial, pues, el Tribunal de Justicia de la Unión ejerce la competencia para determinar la compatibilidad entre las disposiciones contrapuestas. De este modo, se garantiza la interpretación uniforme del Derecho de la Unión, asegurando no solo que no haya discrepancias, sino también "facilitando a los tribunales nacionales el cumplimiento de su deber de inaplicar las normas internas incompatibles con aquel"[37]. En cualquier caso, debe tenerse presente que, si la resolución emitida por el TJUE es contraria a la compatibilidad de la ley nacional con las previ-

---

33 No así tratándose de una cuestión prejudicial de validez en cuyo caso el Tribunal de Justicia estableció, a partir de su sentencia de 22 de octubre de 1987, Asunto *Foto-Frost*, C-314/85, que resulta obligatorio para el órgano jurisdiccional nacional que aprecia esa posible contradicción acudir ante su jurisdicción haciendo uso de la cuestión prejudicial.

34 Artículo 267 TFUE: "1. El Tribunal de Justicia de la Unión Europea será competente para pronunciarse, con carácter prejudicial: a) sobre la interpretación de los Tratados; b) sobre la validez e interpretación de los actos adoptados por las instituciones, órganos u organismos de la Unión; 2. Cuando se plantee una cuestión de esta naturaleza ante un órgano jurisdiccional de uno de los Estados miembros, *dicho órgano podrá pedir al Tribunal* que se pronuncie sobre la misma, si estima necesaria una decisión al respecto para poder emitir su fallo" (la cursiva vuelve a ser nuestra).

35 "Cuando se plantee una cuestión de este tipo en un asunto pendiente ante un órgano jurisdiccional nacional, cuyas decisiones no sean susceptibles de ulterior recurso judicial de Derecho interno, dicho órgano estará obligado a someter la cuestión al Tribunal".

36 Como se verá más adelante, el propio Tribunal de Justicia va a admitir excepciones al cumplimiento de tal deber, según aparecen recogidas en el Asunto *Cilfit*.

37 Cruz Villalón, P. y Requejo Pagés, J.L., ob. cit., p. 183.

siones europeas, el resultado es claro: aquella queda despojada de eficacia aplicativa, debiendo darse preferencia a estas.

Sobre la base del esquema funcional aludido se desprende que el privilegio jurisdiccional que acompaña a la norma legislativa interna, reservando exclusivamente al Tribunal Constitucional su control, experimenta una sustancial modulación. Es cierto que este sigue manteniendo el monopolio sobre la declaración de validez, un terreno en el que no se inmiscuyen los jueces de Luxemburgo, cuyo punto de mira se sitúa exclusivamente en el del binomio aplicación/eficacia. Aun así, no cabe ignorar que una vez detectada la incompatibilidad, si bien deja intacta la validez formal de la ley nacional, en términos efectivos la destierra al limbo de la inefectividad. De este modo, al *destronamiento* que sufre la ley como consecuencia de la afirmación de la Constitución como Norma Suprema viene a sumarse una ulterior degradación, al quedar subordinada su aplicación a la compatibilidad necesaria con las previsiones establecidas por el Derecho de la Unión. Se trata, en cualquier caso, de "una decisión amparada por el constituyente", porque "nada de lo que le sucede es ajeno a la voluntad del soberano" y "la humillación de la ley no tiene otro culpable que el poder constituyente"[38]. La trascendencia que se desprende de este esquema operativo, que produce una sustancial reconfiguración de la relación entablada entre la ley y su control –ya no únicamente reservado al Tribunal Constitucional, sino también accesible a la jurisdicción ordinaria- ha resultado determinante para que aquel haya afirmado una aproximación en clave defensiva, orientada fundamentalmente a preservar un ámbito de actuación propio y diferenciado frente a esta.

---

38 Requejo Pagés, J. L., ob. cit., p. 29.

III. EL TRIBUNAL CONSTITUCIONAL ANTE LA INAPLICACIÓN DE LA LEY POR PARTE DEL PODER JUDICIAL

1. Una cuestión dotada de relevancia constitucional para la jurisdicción ordinaria

Ya desde los inicios de su jurisprudencia en la materia el Tribunal Constitucional asumió una clara posición en este ámbito, afirmando expresamente que “el problema de la acomodación de una norma nacional a otra del Derecho Comunitario europeo” carece de contenido constitucional[39]. Tratándose de una cuestión referida a la selección de la norma aplicable al caso, son los órganos judiciales ordinarios quienes deben asegurar la efectividad del derecho europeo, teniendo en cuenta la primacía que lo caracteriza. Y para el caso de que alguna duda se plantease en el ejercicio de dicha tarea, no le corresponde al TC solventarla, debiendo los jueces acudir a los específicos mecanismos de garantías establecidos por el ordenamiento de la Unión (sic, la cuestión prejudicial o alternativamente, la interpretación conforme). Tutelar la recta aplicación de dicha normativa se presenta como una “cuestión de carácter infraconstitucional”[40] que se sitúa al margen de la facultad enjuiciadora del TC[41]. La consideración preliminar que afirma que el artículo 93 CE no “dota a las normas del Derecho Comu-

---

[39] STC 28/1991, FFJJ 6 y 7.

[40] STC 94/1991, FJ 4.

[41] A este respecto, la STC 213/1994, FJ 3, apostilla que “ni la Constitución ni ninguna ley orgánica han atribuido a este Tribunal competencia para conocer de la adecuación al ordenamiento interno al comunitario, por lo que dicha competencia debe entenderse comprendida dentro de la genérica y privativa del Poder Judicial”.

nitario europeo de rango y fuerza constitucional"[42] se erige en elemento determinante que va a permitir, por una parte, afirmar que el hecho de la integración no ha traído consigo ninguna alteración en su condición de "intérprete supremo de la Constitución (artículo 1.1 LOTC)"[43] y, por otra, identificar el parámetro de control aplicable en la resolución de aquellos litigios en los que la actuación de los poderes públicos españoles se sustenta en previsiones europeas. Llamado a resolver tales casos, el Tribunal circunscribe su radio de acción a las disposiciones contenidas en la Constitución y su normativa de desarrollo, rechazando aplicar las previsiones emanadas por la Unión[44]. Ello es así porque, como afirmó la Declaración 1/1992, "los poderes públicos españoles no están menos sujetos a la Constitución cuando actúan en las relaciones internacionales o supranacionales que al ejercer ad intra sus atribuciones"[45].

Esta actitud elusiva con respecto al impacto que la normativa europea proyecta sobre el ejercicio de la función que corresponde al TC experimenta un significativo cambio, tornándose proactiva, cuando el foco de atención se desplaza hacia la jurisdicción ordinaria. En este sentido, conviene reseñar que la

---

42 Recuérdese que en esta etapa dicho precepto únicamente incorporaba una dimensión "orgánico-procedimental", limitando su función a "regular el modo de celebración de una determinada clase de Tratado internacional" (STC 28/1991, FJ 4). Como ya se ha expuesto anteriormente, será a partir de la Decisión TC 1/2004 cuando adicionalmente se le atribuya una vertiente de índole material.

43 STC 64/1991, FJ 4.

44 Más específicamente, sigue razonando la STC 64/1991, FJ 4, por lo que se refiere a los recursos de amparo se afirma que aun cuando el acto del poder público que se impugna haya sido dictado en ejecución de una norma europea "el único canon admisible" será "el precepto constitucional que proclama el derecho o libertad cuya infracción se denuncia", sin entrar a valorar "si aquel acto es o no regular desde la perspectiva del ordenamiento comunitario europeo".

45 DTC 1/1992, FJ 4.

actividad fiscalizadora que despliega el Alto Tribunal discurre a través de un cauce eminentemente procesal, empleándose un canon de enjuiciamiento integrado por los derechos fundamentales a la tutela judicial efectiva y a un proceso con todas las garantías (artículo 24 CE). Desde tal premisa se concluye que tales derechos resultarán conculcados si en el ejercicio de sus funciones los tribunales de justicia ignoran el sistema de fuentes vigente en nuestro ordenamiento jurídico. Y dado que el mismo está compuesto por normas de derecho europeo que gozan de primacía en su ámbito de aplicación, el juez está obligado a respetarlas, de modo que si éstas resultan indebidamente preteridas se incumple tal deber, lo que trae consigo una lesión de derechos que no se circunscribe "al ámbito de la legalidad ordinaria"[46]. Así pues, aunque el TC sigue resistiéndose a controlar la actuación de la actividad de los jueces ordinarios desde la perspectiva del derecho de la Unión, admite explícitamente que "las quejas planteadas tienen un claro contenido constitucional y forman parte del objeto de protección del recurso de amparo", debiéndose, por lo tanto, pronunciarse sobre las mismas[47]. El esquema valorativo propuesto, por lo demás, circunscribe sus efectos al ámbito estrictamente procesal, lo que permite al Tribunal mantener su aislamiento frente a la normativa europea y seguir esquivando el desarrollo de un control

---

46 STC 145/2012, FFJJ 5 y 7.

47 Ibídem. O para expresarlo con las palabras de Rodríguez-Izquierdo, M. (2016). Pluralidad de jurisdicciones y tutela de derechos: Los efectos de la integración europea sobre la relación entre el juez ordinario y el Tribunal Constitucional. *Revista Española de Derecho Constitucional*, 107, p. 121, "el derecho de la Unión Europea no tiene ni rango ni fuerza constitucional, pero sí llega a poseer una relevancia constitucional en conflictos específicos".

de alcance material encaminado a ofrecer tutela efectiva a los concretos derechos fundamentales proclamados por aquél[48].

Una vez sentado que el parámetro inmediato de control utilizado por el Tribunal se nutre en exclusiva de los preceptos constitucionales, sin embargo, va a establecerse un puente de conexión con el ordenamiento europeo que permitirá la toma en consideración de sus disposiciones de cara a la resolución de los litigios en los que éstas resultan aplicables. El instrumento llamado a actuar como interfaz *interordinamental* es el artículo 10.2 CE, cuyo texto alberga un mandato de interpretación conforme que ha de presidir la actuación de los poderes públicos nacionales en relación con los derechos fundamentales y las libertades públicas reconocidas por la Constitución, debiendo interpretarlos "de conformidad con la Declaración Universal de Derechos Humanos y los tratados y acuerdos internacionales sobre las mismas materias ratificados por España". A través de esta vía mediata queda abierta la puerta para la toma en consideración de la normativa europea que, a estos efectos, se identifica con un tratado internacional. Obrando de este modo, el TC limita sustancialmente la eficacia de aquella en su ámbito jurisdiccional, puesto que le atribuye un carácter indirecto, aclarando con rotundidad que el recurso a la misma no la convierte "en canon autónomo de validez de las normas y actos de los poderes públicos desde la perspectiva de los derechos fundamentales". Antes bien, estamos ante "una

48 De la Quadra-Salcedo Janini, T. (2015). El papel del Tribunal Constitucional y de los tribunales ordinarios en un contexto de tutela multinivel de los derechos fundamentales. *Papeles de derecho europeo e integración regional, WP IDEIR*, 23, p. 15, por su parte, subraya que esta aproximación permite al TC rechazar "el control de la recta aplicación del Derecho de la Unión" y al mismo tiempo llevar a cabo el "control de la recta aplicación de la Constitución por los órganos constitucionales nacionales que proceden al desarrollo normativo del Derecho de la Unión Europea".

fuente interpretativa que contribuye a la mejor identificación del contenido de los derechos cuya tutela se pide a este Tribunal", configurándose como "un elemento más para verificar la constitucionalidad o inconstitucionalidad" de la infracción denunciada"[49]. Es evidente que razonando en estos términos el Alto Tribunal se sitúa al margen de la cesión de soberanía que que caracteriza al derecho de la Unión (artículo 93 CE), para situarse en el de la interpretación conforme que se predica del Derecho internacional (artículo 10.2 CE).

2. Proceso selectivo de la norma aplicable por los tribunales y deber de planteamiento de la cuestión prejudicial

2.1. Aproximación general

La exposición del sustrato de partida acotado por la jurisprudencia constitucional permite, a continuación, encarar el análisis de la que se configura como cuestión esencial, a saber, la determinación de las pautas de conducta que han de seguir los jueces y tribunales cuando se enfrentan a un conflicto entre las normas aplicables para la resolución de una controversia, siendo una nacional y otra de procedencia europea. En el marco de esta aproximación, el TC manifiesta una valoración diversa que conduce a un resultado igualmente dispar, distin-

---

[49] STC 64/1991, FJ 5. Esta misma jurisprudencia es la que se trae a colación en la STC 26/2014, en la que el Tribunal resuelve el recurso de amparo en el Asunto Melloni tras la resolución por la STJUE de 13 de febrero de 2014 de las cuestiones prejudiciales que el mismo TC elevó ante dicho órgano. Un análisis sobre dicha resolución, señalando sus razonamientos constitucionalmente criticables se recoge en Carmona, A. (2019). Los derechos fundamentales en la STC 26/2014: excesos e insuficiencias. En Aragón, M. *et al* (dirs). *La Constitución de los Españoles.* Fundación M. Giménez Abad – Centro de Estudios Políticos y Constitucionales, Madrid, pp. 571-583.

guiendo entre el caso de que la norma que se desplaza en la resolución del litigio suscitado ante la jurisdicción ordinaria sea la europea, dando preferencia a la nacional o viceversa.

En el primer supuesto, esto es, cuando ante la apreciación de un conflicto interpretativo el juez da preferencia a la disposición nacional, resultando inaplicada la procedente de la Unión al margen del recurso a la cuestión prejudicial, el TC adopta una actitud deferente hacia aquel. En efecto, porque si la decisión de no interpelar al Tribunal de Luxemburgo "se funda en una interpretación razonable y motivada" de su régimen jurídico se da por válida la aproximación al derecho europeo realizada por la jurisdicción ordinaria. El TC intervendrá únicamente en la hipótesis de que "la motivación judicial resultara irrazonable, arbitraria o incursa en error patente"[50]. Y es que determinar si la instancia jurisdiccional "interpretó correctamente el Derecho comunitario //…// es una cuestión sobre la que este Tribunal, que no es una tercera instancia, //…//, no puede en efecto pronunciarse"[51].

Por el contrario, el TC adopta una aproximación mucho más incisiva a la hora de articular su potestad de control en aquellos supuestos en los que la norma aplicada sea la europea, desplazando a la interna[52]. En este sentido, adquiere una relevancia indudable determinar si dicha operación requiere o no el planteamiento de cuestión prejudicial ante el TJUE. Para despejar tal incógnita el Tribunal inicialmente consideró que, no tratándose de un órgano judicial de última instancia, la decisión corresponde al órgano judicial "de forma exclusiva e

---

50 STC 27/2013, FJ 7.

51 Ibídem.

52 Arzoz Santisteban, X., ob.cit., p. 360, señala cómo la inaplicación de la ley interna "determina el nivel de control que ejerce el TC sobre la decisión que elude plantear la cuestión prejudicial ante el TJUE".

irreversible"[53]. Asimismo, afirmó que, aunque la no activación de tal mecanismo procesal no genera per se la vulneración del derecho a la tutela judicial efectiva no cabe excluir que, en determinados supuestos, esa falta de planteamiento pueda llevar aparejada la lesión del derecho fundamental aludido[54]. Así sucederá cuando el órgano jurisdiccional sostenga la incompatibilidad entre la normativa nacional y la europea al margen de los criterios interpretativos sentados previamente por el Tribunal de Justicia, percibiendo "una contradicción donde ningún otro órgano judicial la había apreciado"[55]. Para tal caso, el TC considera que no cabe eludir la cuestión prejudicial "conforme a la doctrina del propio Tribunal de Justicia de las CCEE //...// para someter a la consideración del Tribunal de Luxemburgo las causas o motivos por lo que, a su juicio, y fuera de los criterios interpretativos ya sentados previamente, podía ser incompatible un derecho con el otro" (STC 58/2004)[56]. Resulta interesante reseñar cómo en esta misma resolución el

---

53 STC 58/2004, FJ 8.

54 STC 58/2004, FJ 10.

55 Precisamente, para el caso de que exista jurisprudencia del TJUE en las materias concernidas por la actividad judicial interna, el TC ha desgranado un elenco de situaciones con respecto a las que afirma el carácter preceptivo de las resoluciones dictadas por los jueces de Luxemburgo, concluyendo que las decisiones judiciales que "de forma deliberada excluyen la eficacia *ex nunc* de la sentencia dictada por el TJUE en un procedimiento por incumplimiento" resultan irracionales e incurren en arbitrariedad, por lo que vulneran los derechos fundamentales a la tutela judicial efectiva y a un proceso con todas las garantías (STC 145/2012, FJ 2). Más adelante, esta misma sentencia (FJ 7) apuntala la premisa anteriormente expuesta, aseverando que la declaración por el TJUE de que una norma es contraria al Derecho de la Unión "impone a los órganos jurisdiccionales (incluido, desde luego, este Tribunal), la obligación de inaplicarla, extrayendo de esta operación jurídica las consecuencias oportunas".

56 FJ 13.

Tribunal procede a establecer un paralelismo entre la cuestión prejudicial y la de inconstitucionalidad que busca eludir que se produzcan interferencias y solapamientos indeseados entre los respectivos ámbitos de control. Movido por tal intención, viene a afirmarse que "cuando se trata de inaplicar una ley, el planteamiento de la cuestión de inconstitucionalidad, si contradice la Constitución española, o el de la cuestión prejudicial, si es contraria al Derecho comunitario, //…//, debe convertirse en una de las garantías en el derecho al proceso debido frente a inaplicaciones judiciales arbitrarias o insuficientemente fundadas de la ley española basadas en una pretendida inconstitucionalidad de la misma o utilizando como excusa la primacía del derecho comunitario"[57]. Esta argumentación, sin embargo, fue posteriormente rectificada por la STC 78/2010, poniendo de manifiesto de modo expreso tanto la diferencia que existe entre ambos mecanismos como su sometimiento a regímenes jurídicos diversos. Desde tales premisas, en efecto, se aclaró que "la contradicción de la ley con la Constitución plantea un problema de validez que sólo puede resolver este Tribunal, por lo que el juez que inaplica la ley por inconstitucional sin elevar la cuestión vulnera el artículo 24.2 CE. En cambio, la contradicción de la ley con el Derecho europeo plantea un problema de estricta aplicabilidad que debe resolver el juez ordinario"[58]. Consecuentemente, seguía razonando el Alto Tribunal, para dejar de aplicar una norma legal vigente por su contradicción con el derecho europeo el planteamiento de la cuestión prejudicial "sólo resulta preciso, con la perspectiva del artículo 24.2 CE, en caso de que concurran los presupuestos fijados al efecto por el Derecho comunitario, cuya concurrencia corresponde apreciar a los jueces y tribunales de la jurisdicción ordinaria"[59].

---

57 FJ 14.

58 FJ 12.

59 Ibídem.

Con posterioridad, y para cerrar cualquier margen de duda, el TC estableció expresamente la prioridad en el planteamiento de la cuestión prejudicial frente a la cuestión de inconstitucionalidad en relación con aquellos supuestos en los que emergen dudas en el ámbito judicial en torno a la conformidad de la ley española con el derecho de la Unión[60].

2.2 Cuestión prejudicial y órganos judiciales de última instancia

En el recorrido argumental hasta ahora expuesto ha de incorporarse otra pieza esencial, que no es otra que la relativa a la identidad del órgano judicial que manifiesta la duda sobre la aplicabilidad de la norma nacional en el curso de un proceso. Tratándose de un tribunal nacional de última instancia y teniendo presente el tenor literal del artículo 267.3 TFUE, la resolución de la duda en cuestión corresponde al Tribunal de Justicia de la Unión, asumiendo la presentación de la cuestión prejudicial carácter preceptivo. No obstante, ha sido el propio TJUE quien ha identificado determinados supuestos en los que tal obligación se diluye, exonerando a la jurisdicción concernida a activar el reenvío prejudicial. Nos referimos, obviamente, a la sentencia dictada en el Asunto *Ciflit* (1981[61]) en la que se estableció la siguiente doctrina: "un órgano jurisdiccional cuyas decisiones no son susceptibles de ulterior recurso judicial de Derecho interno, cuando se suscita ante él una cuestión de Derecho comunitario, ha de dar cumplimiento a su obligación de someter dicha cuestión al Tribunal de Justicia, *a menos que* haya comprobado que la cuestión suscitada no es pertinente, o que la disposición comunitaria de que se trata fue ya objeto de interpretación por el Tribunal de Justicia, o que la correcta

---

60 Autos TC 168 y 204/2016.

61 Sentencia del Tribunal de Justicia de las Comunidades Europeas, de 6 de octubre de 1981, Asunto *Ciflit,* C-283/81.

aplicación del Derecho comunitario se impone con tal evidencia que no deja lugar a duda razonable alguna; la existencia de tal supuesto debe ser apreciada en función de las características propias del Derecho comunitario, de las dificultades particulares que presenta su interpretación y del riesgo de divergencias de jurisprudencia en el interior de la Comunidad[62]" (la cursiva es nuestra).

Es en el pasaje apenas reproducido donde se establecen los criterios que neutralizan el deber de planteamiento de la cuestión, exonerando consecuentemente a los órganos judiciales de última instancia. Junto con (a) la no pertinencia de la cuestión, por referirse a una norma extraña al proceso y desprovista de relevancia para su resolución, se contempla (b) la existencia de jurisprudencia previa en la misma materia (acto aclarado), así como el supuesto de que (c), en defecto de aquella, la aplicación de la normativa correspondiente tenga lugar al margen de toda duda razonable (acto claro). Así pues, una vez detectada por los órganos jurisdiccionales la concurrencia de alguna de tales circunstancias en el caso pendiente de resolución[63], el tenor literal del artículo 267.3 TFUE se reformula y allí donde inicialmente se contemplaba un sistema configurable en términos de obligación se perfila otro calificable a partir de parámetros de discrecionalidad[64].

---

62 Apartado 21.

63 Broberg, M. y Fenger, N. (2022). If you love somebody set them free: On the Court of Justice's revisión of the acte clair doctrine. *Common Market Law Review,* 59, llevan a cabo un exhaustivo análisis de la jurisprudencia del TJUE en relación con el supuesto del "acto claro" que pone en evidencia un relajamiento progresivo de la doctrina *Cilfit.*

64 Martinico, G. y Pierdominici, L. (2021). Rivedere CILFIT? Riflessioni giuscomparatistiche sulle conclusioni dell'avvocato generale Bobek nella causa Consorzio Italian Management. *Giustizia Insieme, Diritto della Unione Europea,* p. 2.

En relación con la concurrencia de un supuesto de acto aclarado, nuestro TC ha adoptado una clara posición al respecto, afirmando que, cuando el juez ordinario se enfrenta a una cuestión materialmente idéntica a otra que haya sido objeto de decisión prejudicial, la interpretación sostenida por el TJUE "resulta determinante para las partes en litigio"[65]. En efecto, una vez detectada y expuesta la similitud concurrente, sin que sea necesario elevar una nueva cuestión prejudicial, tiene la obligación de inaplicar la disposición nacional, ya sea posterior o anterior a la norma de derecho de la Unión. Lo que no cabe en modo alguno es ignorar tal jurisprudencia, ya que ello conduce a adoptar una solución "arbitraria e irrazonable" en la resolución del caso, lo que genera una vulneración del derecho a la tutela judicial efectiva derivada del desconocimiento del principio de primacía[66], así como de la obligación de preservarla por parte de los jueces domésticos en el ámbito de las competencias cedidas[67].

Una significativa reformulación de esta aproximación ha sido adoptada por el TC a partir de su sentencia 37/2019[68]. Al hilo de la resolución de un recurso de amparo, el Alto Tribunal ha venido a arrogarse la competencia para controlar la motivación esgrimida por el tribunal correspondiente (en este caso, la Sala Tercera del Tribunal Supremo), de no plantear la cuestión prejudicial por considerar que concurría un supuesto de acto aclarado. En su resolución, el TC estimó que la decisión de no aplicar la normativa española, dando preferencia a la europea, generó la lesión de un proceso con todas las garantías por alteración del sistema de fuentes, ya que dicha operación se basó

---

65 STC 232/2015, FJ 3 y 75/2017, FJ 3.

66 STC 232/2015, FJ 5 c).

67 STC 232/2015, FJ 5 b).

68 A una conclusión similar había llegado poco antes la STC 31/2019.

en una percepción errónea de la citada doctrina[69]. El Tribunal Supremo, por su parte, estimó que resultaba pertinente, aplicando una aproximación analógica, puesto que consideró aplicables al litigio suscitado las sentencias del TJUE invocadas, las cuales se referían al sector energético, aunque, ciertamente, no al específico de la electricidad. El TC, sin embargo, procedió a rechazar expresamente tal modus operandi, argumentando la imposibilidad de verificar que la cuestión planteada en el litigio fuera "materialmente idéntica a una que ya fue objeto anteriormente de una decisión de carácter prejudicial en un asunto análogo (Cilfit)"[70]. El argumento determinante esgrimido por el Alto Tribunal es que las resoluciones aludidas por el Tribunal Supremo para fundamentar su decisión (Asuntos *Federutility*[71] y *Anode*[72]) se refieren al sector del gas natural y son resueltas sobre la base de sendas directivas reguladoras del mismo. Por el contrario, el caso que se planteó ante su jurisdicción giraba en torno al ámbito eléctrico (concretamente, se discutía sobre la financiación del bono social en dicho sector energético), cuyo referente normativo europeo es otro. Y, en efecto, así es, ya que las disposiciones tomadas en consideración por el TS aparecen recogidas "en Directivas distintas: la sentencia dictada en el asunto Federutility interpreta la Directiva 2003/55/CE del Parlamento Europeo y del Consejo, de 26 de junio de 2003, sobre normas comunes para el mercado interior del gas natural; y la sentencia recaída en el asunto Anode interpreta la Directiva 2009/73/CE del Parlamento Europeo y del Consejo, de 13 de julio de 2009, sobre normas comunes para el mercado

69 STC 37/2019, FJ 4 b).

70 Ibídem.

71 Sentencia del Tribunal de Justicia (Gran Sala) de 20 de abril de 2010, Asunto *Federutility y otros*, C-265/08.

72 Sentencia del Tribunal de Justicia, de 7 de septiembre de 2016, Asunto *Association nationale des opérateurs détaillants en énergie (ANODE)*, C-121/15.

interior del gas natural. Por el contrario, el precepto que concierne al pleito resuelto por el Tribunal Supremo se encuentra en la Directiva 2009/72/CE"[73]. Asimismo, sigue razonando el TC, "lo resuelto por el Tribunal de Justicia de la Unión Europea en esos supuestos no solo atañe a Directivas distintas sino que, además, incide sobre casos de muy dudosa analogía"[74]. En función de las consideraciones expuestas, concluye el TC defendiendo que las sentencias del TJUE aludidas no permiten concluir que estemos "una cuestión *idéntica* y suscitada en un *caso análogo* al enjuiciado por el Tribunal Supremo, que son los requisitos fijados por el Tribunal de Justicia para apreciar la concurrencia del «acto aclarado» y enervar la obligación que tienen los tribunales nacionales de plantear cuestión prejudicial" (la cursiva es nuestra)[75]. Consecuentemente, la Sala Tercera del Tribunal Supremo estaba obligada al planteamiento de la cuestión prejudicial y al no hacerlo llevó a cabo una "selección arbitraria e irrazonable de la norma aplicable" [76], lo que generó la vulneración del derecho fundamental a la tutela judicial efectiva y a un proceso con las debidas garantías.

Estimado el amparo y devuelto el asunto a la jurisdicción ordinaria, a continuación -y como no podía ser de otro modo-, el Tribunal Supremo cumplió con el deber impuesto por el Constitucional y procedió a elevar cuestión prejudicial al Tribunal de Justicia de la UE. Resuelta por la sentencia dictada en el Asunto *Viesgo Infraestructuras SL y otros* (2021[77]), nos interesa llamar la atención, en primer lugar, sobre los argumentos referidos a la existencia o no de competencia por parte de la ju-

---

73 STC 37/2019, FJ 6.

74 Ibídem.

75 Ibídem.

76 STC 37/2019, FJ 5 c).

77 Sentencia del Tribunal de Justicia (Sala Quinta), de 14 de octubre de 2021, Asunto *Viesgo Infraestructuras SL y otros*, C-683/19.

risdicción europea, la cual resultó abiertamente discutida por las empresas eléctricas afectadas. Estas afirmaron ante el TJUE que la cuestión interpuesta no aparece basada en motivos derivados del derecho de la Unión. Muy al contrario, según tales empresas, el Tribunal Supremo resultó "obligado a presentar las cuestiones prejudiciales en virtud de un procedimiento y de una jurisprudencia nacionales cuando *no albergaba dudas de interpretación* en el asunto" (la cursiva vuelve a ser nuestra)[78]. En esta misma línea, la Sala Tercera del TS puso de manifiesto que "el verdadero motivo de esa anulación (sic, de la sentencia en el recurso de amparo) radica en que el Tribunal Constitucional aplica a las resoluciones de los jueces nacionales un criterio de control distinto y más intenso en materia de aplicación e interpretación del derecho de la Unión cuando éstos dejan sin aplicación una ley nacional por considerarla contraía al Derecho de la Unión, que cuando deciden que la normativa nacional es conforme con ese Derecho"[79]. Ante tal aproximación argumental, sin embargo, el TJUE va a limitarse a recordar que, "en principio, está obligado a pronunciarse" en tanto que las cuestiones prejudiciales planteadas se refieran a la interpretación o la validez de normas de la Unión[80]. En dichos supuestos, sigue razonando la Corte de Luxemburgo, concurre una "presunción de pertinencia" que únicamente resultará desvirtuada, provocando el deber de abstención, "cuando la interpretación solicitada no tenga relación alguna con la realidad o con el objeto del litigio principal, cuando el

---

78 STJUE Asunto *Viesgo*, parágrafo 20. En este sentido, en el parágrafo 34 de sus Conclusiones, presentadas el 15 de abril de 2021, el Abogado General M. Bobek, recuerda que "(E)l Derecho de la Unión no se opone en modo alguno a que un tribunal superior o un tribunal constitucional decidan penalizar el incumplimiento de la obligación de plantear una cuestión prejudicial en virtud del artículo 267 TFUE".

79 Ibídem, parágrafo 21.

80 Ibídem, parágrafo 23

problema sea de naturaleza hipotética o cuando el Tribunal de Justicia no disponga de los elementos de hecho y de Derecho necesarios para dar una respuesta útil a las cuestiones que se le hayan planteado"[81]. Las exigencias indicadas concurren en el asunto incoado[82], poniendo de manifiesto que la petición de decisión prejudicial obedece a "una necesidad objetiva para la resolución del litigio"[83], lo que elimina toda sombra de duda sobre la competencia del TJUE en este caso[84].

Una vez despejada la incógnita preliminar, a continuación, pasarán a abordarse los aspectos sustanciales concurrentes en el asunto, determinándose que, en efecto, la normativa nacional que regula el bono social eléctrico se opone a la regulación que de dicha materia lleva a cabo la Directiva pertinente (sic, la Directiva 2009/72/CE), causando discriminación a las empresas a las que fue aplicada[85]. Detectada la colisión con la concreta nor-

81 Ibídem. Por su parte, el Abogado General M. Bobek, en el parágrafo 31 de sus Conclusiones, recordaba que "una hipotética apreciación sobre la existencia de un acto claro a efectos de exención de la obligación de plantear la remisión, en el sentido de la sentencia Cilfit, no afecta a la admisibilidad de la o las cuestiones prejudiciales".

82 Ibídem, parágrafo 24.

83 Ibídem, parágrafo 25.

84 Finaliza su recorrido argumental el TJUE con una cláusula de cierre de naturaleza general en la que recuerda que "nada impide a un órgano jurisdiccional nacional plantear al Tribunal de Justicia cuestiones prejudiciales cuya respuesta, según una de las partes del litigio principal, no deje lugar a duda razonable alguna. Por lo tanto, aun suponiendo que así fuera, no por ello resultaría inadmisible la petición de decisión prejudicial que contuviese tales cuestiones (véase, en este sentido, la sentencia de 30 de abril de 2020, Overgas Mrezhi y Balgarska gazova asotsiatsia, C 5/19, EU:C:2020:343, apartado 45 y jurisprudencia citada)".

85 Vid el parágrafo 53, en el que se exponen las razones por las que se llega a tal conclusión: "Habida cuenta de las consideraciones anteriores, procede responder a la primera cuestión prejudicial que el

mativa reguladora, el TJUE viene a concluir que la disposición interna ha de quedar desplazada en la práctica, debiendo otorgarse la debida preferencia aplicativa a su referente europeo.

La resolución emanada por el TJUE avala, pues, la interpretación de la doctrina Cilfit sostenida por la STC 37/2019. De este modo, resulta que la aplicación de una norma europea en detrimento de otra de carácter interno por parte del juez ordinario de forma automática, esto es, sin necesidad de elevar cuestión prejudicial por estimar la concurrencia de un supuesto de acto aclarado que trae causa de una jurisprudencia del TJUE emanada en relación a otra regulación similar o asimilable, aparece sometida a una interpretación estricta: queda limitada a aquellos supuestos en que dicha doctrina se refiera un supuesto materialmente idéntico o bien, siendo análogo, requiere la aplicación de la misma normativa europea[86]. Se excluye, de este modo, la posibilidad de considerar su aplicación por analogía a aquellos casos en los que únicamente existe

---

artículo 3, apartado 2, de la Directiva 2009/72 debe interpretarse en el sentido de que se opone a que el coste de una obligación de servicio público, consistente en suministrar electricidad a tarifa reducida a determinados consumidores vulnerables, se haga recaer únicamente en las matrices de los grupos de sociedades o, en su caso, sociedades que desarrollen simultáneamente las actividades de producción, distribución y comercialización de energía eléctrica, ya que este criterio, elegido por el legislador nacional para distinguir entre las sociedades que deben asumir ese coste y aquellas que quedan totalmente eximidas de hacerlo, conduce a una diferencia de trato entre las distintas sociedades que operan en ese mercado que no está justificada de manera objetiva".

86 Arzoz Santisteban, X. ob.cit., p. 315, anticipó el sentido de la resolución emitida por el TJUE, al considerar que la interpretación del TC "se mueve dentro de los términos de la jurisprudencia Cilfit, tal y como fue elaborada por el Tribunal de Justicia".

una relación de mera *similitud material*[87]. En tales supuestos, la cuestión prejudicial se impone con carácter preceptivo, sin que quepa eludirla.

A partir de esta resolución del TJUE es posible concluir que esa actitud de especial deferencia que habitualmente asume el TC con respecto a la normativa interna, cuya preterición aplicativa en beneficio de la europea condiciona al planteamiento de la cuestión prejudicial, se acompaña de un nivel reforzado de cautela. Asimismo, no cabe perder de vista que, en función de la aproximación iusfundamental defendida por nuestro Alto Tribunal en estos supuestos, se confirma la premisa de que cuando un tribunal de última instancia incumple o se aparta de las exigencias de la doctrina Cilfit, ello traerá consigo una vulneración de los derechos a la tutela judicial y al debido proceso.

Antes de concluir con el recorrido propuesto, resulta imprescindible referirnos a una relevante novedad que, en consonancia con esta línea argumental, ha venido de la mano de

---

87 Especialmente significativas a este respecto resultan las afirmaciones del Abogado General M. Bobek recogidas en el parágrafo 27 de sus Conclusiones, señalando que si "el Tribunal Constitucional nacional ante el cual se ha interpuesto un recurso extraordinario empieza a revisar si el tribunal de última instancia ha aplicado correctamente la excepción del «acto claro» de la jurisprudencia CILFIT, lo más probable es que ese propio tribunal de recurso *haya de interpretar el Derecho de la Unión*" (la cursiva es nuestra). En este sentido y para ilustrar la problemática inherente a este modus operandi en el marco de la comprensión que de su actividad sostiene el TC español frente al DUE, el Abogado General lleva a cabo la siguiente reflexión (vid nota 27): "en la comprobación específica de si existía o no un «acto claro» ante un tribunal de última instancia en un caso concreto, no puedo dejar de admirar la capacidad para revisar el fondo de un asunto sin entrar en él e interpretarlo. Es como el sueño de Schrödinger hecho por fin realidad: tener la habilidad de decir con certeza si el gato (de CILFIT) está vivo o muerto sin siquiera tener que abrir la caja (del Derecho de la Unión)".

la Sentencia del TJUE emitida en el Asunto *Consorzio Italian Management* (2021)[88]. En dicha resolución, junto con una importante relectura de la comprensión de la doctrina Cilfit en la parte referida al acto claro[89], se incluye una explícita vinculación entre la decisión de no plantear cuestión prejudicial por un órgano jurisdiccional de última instancia y el derecho fundamental a un proceso justo (recogido en el artículo 47.2 de la Carta de Derechos Fundamentales de la Unión Europea). El principal efecto que se deriva de la afirmación de tal nexo se concreta en la exigencia de un expreso deber de motivación a cargo de la instancia judicial correspondiente, la cual, en "la fundamentación de su resolución *debe poner de manifiesto* bien que la cuestión de Derecho de la Unión que se haya planteado no es pertinente para la solución del litigio, bien que la interpretación de la disposición del Derecho de la Unión de que se trate se basa en la jurisprudencia del Tribunal de Justicia, o bien que, a falta de tal jurisprudencia, la interpretación del Derecho de la Unión se impone al órgano jurisdiccional nacional que resuelve en última instancia con tal evidencia que no deja lugar a ninguna duda razonable" (la cursiva una vez más vuelve a ser nuestra)[90].

Resulta evidente que mediante tal exigencia, hasta ahora no contempladas por el TJUE en su jurisprudencia, viene a incorporarse un fuerte elemento de subjetividad en la naturaleza eminentemente objetiva que caracteriza la cuestión prejudicial[91]. A este respecto, debe ponerse de manifiesto que en el

---

88 Sentencia del Tribunal de Justicia (Gran Sala) de 6 de octubre de 2019, Asunto *Consorzio Italian Management, Catania Multiservizi SpA contro Rete Ferroviaria Italiana SpA,* C-561/19.

89 Vid especialmente los apartados 33 y 42 a 46.

90 Apartado 51.

91 Millet, X. (2022). Cilfit still fits. *European Constitutional Law Review,* 18, p. 547.

Asunto *Consorzio* los jueces del Luxemburgo asumen, al margen de cualquier referencia expresa, la doctrina del Tribunal Europeo de Derechos Humanos que afronta la problemática aludida a la luz del artículo 6.1 del Convenio[92], lo que trae consigo que, a partir de ahora, esta goce de la primacía del Derecho de la Unión[93]. Así pues, como la doctrina se ha encargado de subrayar "estamos ante un paso pequeño, pero potencialmente significativo"[94], ante "otra involuntaria consecuencia de un juicio minimalista con un impacto constitucional de largo alcance"[95], mediante el cual se produce el desplazamiento

---

92 Lacchi, C. (2022). Towards a more protection-orientad approach of the preliminary reference procedure: case note on Consorzio italian management, Catania multiservizi Spa versus Rete Ferroviaria Italiana Spa, C-561/19. *Revista General de Derecho Europeo*, 57, pp. 559-561, analiza en profundidad dicha jurisprudencia, señalando sus hitos fundamentales y prestando un interés específico sobre cómo viene interpretado el referido deber de motivación que pesa sobre los tribunales de última instancia que rehúsan plantear la cuestión prejudicial acogiéndose a la concurrencia de los criterios Cilfit. En este sentido, Rodríguez-Izquierdo, M. (2022). Control judicial de ley y exigencias especiales de motivación. *Teoría y realidad constitucional*, 50, p. 344, llama la atención sobre el carácter genérico e indeterminado que muestra el alcance del deber de motivación en la jurisprudencia del TEDH, subrayando que "su adecuación al Derecho de la Unión no va a ser objeto de control". Consecuentemente, sigue reflexionando la autora, "bastaría la indicación de la excepción a la que se acogen los órganos judiciales del Estado demandado" para que el TEDH estime el cumplimiento de la obligación requerida.

93 Arzoz Santisteban, X. (2022). The constitutional review of national courts' compliance with the obligation to refer preliminary questions after Consorzio Italian Management. *REALaw.blog* p. 3. Disponible en: https://realaw.blog/2022/01/13/916/

94 Maher, I. (2022). The CILFIT criteria clarified and Extended for National Courts of Last Resort under Article 267 TFEU. *European Papers*, vol. 7, 1, (European Forum, 26 May 2022), p. 272. Disponible en: www.europeanpapers.eu,

95 Millet, X., ob.cit., p. 555.

del foco analítico desde la obligación de plantear la cuestión prejudicial al deber judicial de motivar las razones por las que esta no se lleva a cabo amparándose en los criterios Cilfit[96]. Con el consiguiente efecto, ya constatado en el caso de la jurisprudencia del TEDH, de procesualización que experimentan los derechos afectados[97]. No se afirma, pues, la existencia del derecho a que el juez de última instancia plantee la cuestión prejudicial solicitada por las partes sino, antes bien, el derecho a que dicho órgano jurisdiccional motive las causas por las que rechaza hacerlo. Es más, dichas causas deberán ajustarse a los motivos acuñados por la doctrina Cilfit y a la comprensión que de los mismos lleva a cabo el TJUE.

Como contrapunto a la novedad reseñada no cabe perder de vista que el deber de motivación aparece formulado en unos términos eminentemente genéricos y escuetos, sin que venga acompañado de la previsión de un preciso nivel de concreción exigible a los tribunales nacionales y sin que se lleve a cabo consideración alguna en torno a las consecuencias de incumplimiento[98]. Pero aun así, no es posible ignorar que gracias al mismo se producirá un indudable incremento de la transpa-

---

96 Ibídem, p. 547.

97 Lacchi, C., ob.cit., p. 560, se refiere expresamente a este efecto, señalando que “la no motivación de la acción procesal en relación con la tutela de un derecho conlleva la violación del Convenio (artículo 6.1), independientemente de si el derecho material en cuestión ha sido o no violado”.

98 Krommendijk, J. (2022). Cilfit 2.0: will it matter on the ground? Some empirical reflections. *REALaw.blog*, p. 3. Disponible en: https://realaw.blog/2022/01/13/924/, se interroga sobre si la obligación de motivar, según aparece configurada en el Asunto *Consorzio,* traerá consigo “un efecto mensurable sobre los tribunales nacionales”. Como respuesta a tal pregunta, el autor considera que dependerá básicamente de la actitud que al respecto adopten tanto los órganos jurisdiccionales concernidos a la hora de cumplir con su deber, como la Comisión de cara a verificar si y cómo este se ha llevado a cabo.

rencia y la responsabilidad que ha de acompañar la actuación de los órganos judiciales nacionales concernidos[99].

BIBLIOGRAFÍA

Alonso García, R. (2020). El control de convencionalidad: cinco interrogantes. *Revista Española de Derecho Constitucional*, 119.

Álvarez, Rodríguez I. (2020). El decreto legislativo en la encrucijada. *Revista de Derecho Constitucional Europeo*, 34.

Arzoz Santisteban, X. (2015). *La tutela de los derechos fundamentales de la Unión Europea por el Tribunal Constitucional*, INAP, Madrid.

- (2020). *La garantía constitucional del deber de reenvío prejudicial.* Centro de Estudios Políticos y Constitucionales, Madrid.
- (2022). The constitutional review of national courts' compliance with the obligation to refer preliminary questions after Consorzio Italian Management. *REALaw.blog*. Disponible en: https://realaw.blog/2022/01/13/916/

Broberg, M. y Fenger, N. (2022). If you love somebody set them free: On the Court of Justice's revisión of the acte clair doctrine. *Common Market Law Review*, 59.

Carmona Contreras, A. (2019). Los derechos fundamentales en la STC 26/2014: excesos e insuficiencias. En Aragón Reyes, M. *et al* (dirs.., *La Constitución de los Españoles.* Fundación M. Giménez Abad – Centro de Estudios Políticos y Constitucionales, Madrid.

Cruz Villalón, P. (1983). ¿Reserva de Constitución? Comentario al FJ 4 de la STC 76/83, de 5 de agosto, sobre la LOAPA. *Revista Española de Derecho Constitucional*, 9.

- (2006). El Tratado según la Constitución: tres planteamiento. En Carrillo, M.y López Bofill, H. (coords.). *La Constitución Europea. Actas del III Congreso de la Asociación de Constitucionalistas de España.* Tirant Lo Blanch, Valencia.

---

[99] Gentile, G. – Bonelli, M. La jurisprudence des petits pas: C-561/19, Consorzio Italian Management e Catania Multiservizi and Catania Multiservizi. *REALaw.blog*, p. 3. Disponible en: https://realaw.blog/2021/11/26/780/

- (2006). Europeización de la Constitución española: una introducción al problema. En Cruz Villalón, P. (coord.). *Hacia la europeización de la Constitución española. La adaptación de la Constitución española al marco constitucional de la Unión Europea,* Fundación BBVA, Bilbao.

Cruz Villalón, P. y Requejo Pagés, J.L. (2015). La relación entre la cuestión prejudicial y la cuestión de inconstitucionalidad. *Revista de Derecho Comunitario Europeo,* 50.

De la Quadra-Salcedo Janini, T. (2015). El papel del Tribunal Constitucional y de los tribunales ordinarios en un contexto de tutela multinivel de los derechos fundamentales. *Papeles de derecho europeo e integración regional, WP IDEIR,* 23.

De Otto Pardo, I. (1995). *Derecho constitucional. Sistema de fuentes,* Ariel, Barcelona.

Gentile, G. y Bonelli, M. (2022). La jurisprudence des petits pas: C-561/19, Consorzio Italian Management e Catania Multiservizi and Catania Multiservizi. *REALaw.blog* Disponible en: https://realaw.blog/2021/11/26/780/.

Jimena Quesada, L. (2019). La consagración del control de convencionalidad por la Jurisdicción Constitucional en España y su impacto en materia de derechos socio-laborales: Comentario a la STC 140/2018, de 20 de diciembre. *Revista General de Derecho del Trabajo y de la Seguridad Social,* 53.

Krommendijk, J. (2022). Cilfit 2.0: will it matter on the ground? Some empirical reflections. *REALaw.blog* Disponible en: https://realaw.blog/2022/01/13/924/.

Lacchi, C. (2022). Towards a more protection-orientad approach of the preliminary reference procedure: case note on Consorzio italian management, Catania multiservizi Spa versus Rete Ferroviaria Italiana Spa, C-561/19. *Revista General de Derecho Europeo,* 57.

Maher, I. (2022). The CILFIT criteria clarified and Extended for National Courts of Last Resort under Article 267 TFEU. *European Papers,* vol. 7, 1, (European Forum, 26 May 2022). Disponible en: www.europeanpapers.eu.

Martinico, G., Pierdominici, L. (2021). Rivedere CILFIT? Riflessioni giuscomparatistiche sulle conclusioni dell'avvocato generale Bobek nella causa Consorzio Italian Management. *Giustizia Insieme, Diritto della Unione Europea.*

Millet, X. (2022). Cilfit still fits. *European Constitutional Law Review,* 18.

Pérez Luño, A. (2011). *El desbordamiento de las fuentes del derecho.* La Ley, Madrid.

Requejo Pagés, J. L. (2021). La ley desamparada. Consideraciones sobre el juez natural de la ley democrática de los Estados de la Unión Europea. En Plaza, C. (coord.). *Tribunal Constitucional y Tribunal de Justicia de la Unión Europea.* Centro de Estudios Políticos y Constitucionales, Madrid.

Rodríguez-Izquierdo, M. (2016). Pluralidad de jurisdicciones y tutela de derechos: Los efectos de la integración europea sobre la relación entre el juez ordinario y el Tribunal Constitucional. *Revista Española de Derecho Constitucional,* 107.

- (2022). Control judicial de ley y exigencias especiales de motivación. *Teoría y realidad constitucional,* 50.

Ugartemendia Eceizabarrena J.I. (2023). Reflexiones sobre la interpretación de la ley conforme al Derecho de la Unión Europea desde la perspectiva del ordenamiento jurídico español. En Alonso, R. y Ugartemendia, J.I. *La ley ante el control de europeidad y de convencionalidad.* European Inklings (EUi), n. 24/2023, IVAP, Oñati.

Zagrebelsky, G. (2007). *El derecho dúctil. Ley, derechos, justicia.* Trotta, Madrid.

Capítulo Quinto
Sobre tratados internacionales y su aplicabilidad. Apuntes al hilo de la STC 140/2018

ASCENSIÓN ELVIRA PERALES
Universidad Carlos III de Madrid

I. INTRODUCCIÓN

Este trabajo tuvo su origen en algunas reflexiones para un seminario[1] en torno a la STC 140/2018, de 20 de diciembre, consecuencia de un recurso de inconstitucionalidad interpuesto por más de 50 diputados socialistas frente a la L.O. 1/2014,

---

1 Jornada sobre *Solapamiento e interferencias en el control de la ley* celebrada en el Centro de Estudios Políticos y Constitucionales el 11 de octubre de 2019.

de 13 de marzo, es decir, sobre los cambios introducidos en torno a la denominada 'justicia universal', sin embargo, algunos de los problemas planteados en ella poseen mayor alcance.

Al analizar la cuestión, el primer dato que cabe apreciar es que, en el marco de las fuentes del Derecho, los tratados internacionales habían ocupado un lugar secundario, no obviamente desde el punto de vista de la jerarquía, sino por su escasa utilización por los operadores ordinarios del derecho. Esta situación ha cambiado, en parte por su proliferación, en parte porque, debido a ella, son muchas más las materias objeto de tratados de distinta índole; de igual modo porque, en ciertos casos, su alcance trasciende al propio tratado a través de la acción de otras disposiciones de desarrollo o de la actuación de órganos creados a raíz de aquellos.

En otro sentido, no hay que olvidar que en el mundo del Derecho también hay modas y una de ellas tiene mucho que ver con los tratados y así, si hace unos años la moda era el neoconstitucionalismo, después pasó al control de convencionalidad.

La determinación de la norma aplicable y su interpretación en relación con el resto del ordenamiento dificultan la tarea de jueces y tribunales por diversos motivos que se mostrarán a continuación.

II. UNA MULTIPLICIDAD DE FUENTES

Los últimos años vienen marcados por la denominada tutela multinivel de los derechos y, en general, por la multiplicidad de fuentes, hecho que obviamente genera problemas interpretativos; a ello se suma la proliferación de fuentes internas, todo lo cual conlleva, a su vez, que los clásicos criterios de jerarquía, sucesión temporal o competencia se desdibujen. Esta situación dificulta la determinación de la norma o normas aplicables y lograr una interpretación razonable al tener que poner en relación fuentes de distinta procedencia e incidencia[2].

En efecto, en primer lugar, en los ordenamientos estatales, las fuentes internas se han multiplicado, en particular en Estados, como el nuestro, territorialmente compuestos, generando conflictos de competencia, que requieren de su resolución antes de la aplicación de las correspondientes normas al caso concreto, lo que conduce a que un número significativo de cuestiones de inconstitucionalidad respondan a la resolución de conflictos positivos de competencia. De forma paralela, con frecuencia, el legislador tradicional, el parlamento, ha perdido fuerza en favor de la obra legislativa del Ejecutivo, ya sea de manera directa -mediante el uso (y abuso) de Decretos-Leyes o del resto de fuentes que emanan del Gobierno- o indirectamente a través de los proyectos de ley conjuntamente con el peso de la mayoría que apoya al gobierno. A ello se une que se legisla con excesiva profusión y poco cuidado, resultando muchos textos normativos galimatías de difícil comprensión.

En segundo lugar, nos enfrentamos a la complejidad derivada de las fuentes externas, que no solo igualmente han proliferado, sino que incluyen además de los clásicos acuerdos entre Estados, sino otros vinculados a organizaciones internacionales o transnacionales, en los que los tratados originales, a su vez, dan lugar a la producción de nuevas fuentes. La muestra más clara la encontramos en la Unión Europea y el complejo entramado normativo que origina, con fuentes que no siguen los patrones clásicos de los ordenamientos internos y donde el alcance de las obligaciones de ellas emanadas deriva, en buena medida, de las interpretaciones ofrecidas (e impuestas) por el Tribunal de Justicia de la Unión Europea (TJUE).

---

2 Ruggeri, Antonio (2019). Relaciones entre ordenamientos, reconocimiento y tutela de los derechos fundamentales y crisis de la jerarquía de las fuentes. *ReDCE*, 3, enero-junio.

A ese panorama se suma la necesidad de tomar en consideración la jurisprudencia de tribunales internacionales con las dificultades que conlleva conocer sus interpretaciones y aplicarlas en el marco interno, teniendo en cuenta, a su vez, un posible diferente alcance en función de las distintas variables en juego y de la inexistencia de casos idénticos. En esa interrelación resulta patente que la difuminación del criterio de jerarquía plantea problemas incluso cuando existen reglas impuestas ya sea interna o externamente. Ejemplo de lo primero lo tenemos, entre otros, en el lugar atribuido a los acuerdos internacionales y de los segundos, por ejemplo, en la primacía del Derecho de la Unión.

Al observar todo ese mosaico de factores, se hace evidente, pues, que esa complejidad normativa repercute en la consecución de una correcta aplicación del Derecho, puesto que la teoría de las fuentes condiciona la interpretación jurídica, pero en ocasiones, como señala Ruggeri, pueden divergir debido al distinto funcionamiento de una y otra o, en su caso, a los fines que han de cumplir[3].

III. LOS TRATADOS INTERNACIONALES EN LA CONSTITUCIÓN ESPAÑOLA Y SU APLICACIÓN

La Constitución española les dedica varios preceptos a los tratados o acuerdos internacionales, sin perjuicio de que, además

---

[3] Ruggeri, Antonio (2009). Sistema integrato di fonti, tecniche interpretative, tutela dei diritti fondamentali", *Osservatoriosullefonti.it*, fasc. n. 3/2009, p. 18. El autor considera que el sistema de fuentes contempla una visión 'jerárquica', mientras que la de la interpretación respondería a una 'circular'; de igual modo se refiere a una 'jerarquía positiva' frente a otra 'cultural'. El autor desarrolla el mismo tema (con idéntico título pero de forma más amplia) en *Politica del diritto*, Fasc. 1, marzo 2010.

de ellos, haya que tener presentes las disposiciones de Derecho Internacional aplicables, en particular el Convenio de Viena[4].

Nuestro sistema, como es bien sabido, es de tipo monista, por cuanto los tratados una vez ratificados pasan a formar parte del ordenamiento interno y, en consecuencia, resultan aplicables por parte de los diversos operadores jurídicos[5].

La Constitución prevé dos procedimientos distintos para la ratificación de los tratados internacionales:

En uno las Cortes Generales han de prestar su previo consentimiento (art. 94.1 CE) en aquellos tratados sobre las materias que el constituyente consideró más relevantes -entre las que se encuentran los tratados que afecten a los derechos y deberes fundamentales del Título I[6]; si bien puede no resultar fácil interpretar el alcance de los tratados sometidos a esa previa intervención parlamentaria[7].

Conforme al segundo procedimiento (art. 94.2 CE) las dos Cámaras simplemente serán informadas de la conclusión del tratado.

A pesar de esa distinción, la interpretación mayoritaria aboga por un tratamiento igual de los acuerdos internacionales

---

4 Sobre los tratados y su incardinación en nuestro ordenamiento, véanse, entre otras obras del autor, Remiro Brotons, A. (1987). *Derecho Internacional Público II. Derecho de los Tratados.* Tecnos, Madrid. Y (1996). Comentario al artículo 96. En Alzaga Villaamil, O. *Comentarios a la constitución española de 1978*, vol. VII, Edersa, Madrid, p. 623 y ss.

5 Véanse, por ejemplo, Gómez Fernández, I. (2005). *Conflicto y cooperación ente la Constitución española y el Derecho internacional.* Tirant Lo Blanch, Valencia. O, más reciente, Matia Portilla, J. (2018). *Los tratados internacionales y el principio democrático.* Marcial Pons, Madrid.

6 Estos derechos serían todos los del capítulo II del Título I de la Constitución.

7 En este sentido, se observa, por ejemplo, que en el apartado a) del art. 94.1 CE se incluyen los tratados de carácter político ¿Acaso no lo reviste todo tratado?

con independencia de que el procedimiento de ratificación corresponda al párrafo 1º o del párrafo 2º del art. 94 CE, sin embargo, consideramos que la previa intervención de las Cortes debe marcar una diferencia con respecto al resto, en el que se estas simplemente serán 'informadas', pues la intervención activa de las Cortes pone de manifiesto una coparticipación en la manifestación de voluntad por parte del Estado, que queda atenuada en el otro supuesto.

Con todo, se aprecia que las Cortes desempeñan un papel secundario con respecto al Gobierno. Para destacar la intervención de las Cortes, el profesor Matia se ha pronunciado a favor de la aprobación parlamentaria de todos aquellos acuerdos que revistan carácter normativo[8], lo cual, además de resaltar el papel del Parlamento, conferiría una mayor legitimidad democrática al procedimiento.

Por otra parte, a la normativa constitucional sobre los tratados vino a sumarse la Ley 25/2014, de 27 de noviembre, de Tratados y otros acuerdos internacionales, la cual en su artículo 31 establece que: "Las normas jurídicas contenidas en los tratados internacionales válidamente celebrados y publicados oficialmente prevalecerán sobre cualquier otra norma del ordenamiento interno en caso de conflicto con ellas, salvo las normas de rango constitucional". Este precepto resulta, a mi juicio, desafortunado, a la par que innecesario. En primer lugar, parece, como mínimo, discutible que el legislador pueda imponer el valor de las fuentes, cuestión atribuida a la Constitución, norma que determina el ordenamiento jurídico estatal. En segundo lugar, se impone sin ningún tipo de matices, es

---

8 Matia Portilla, ob. cit., p.125. De igual modo, este autor señala otro aspecto que debería dar lugar también a marcar una diferencia en torno al alcance de la aplicación de los tratados, este consiste en que son muchos los tratados que a los que se dota de una aplicación 'anticipada', factor que aumenta el riesgo de inseguridad (p. 81 y ss).

decir con independencia de su procedimiento, contenido o alcance del tipo de tratado, cuando esos factores pueden conllevar diferencias significativas en su aplicación práctica.

Por añadidura, la obligación derivada del citado precepto no se refiere a la interpretación sino a la mera aplicación, si bien esta requiere de una previa labor interpretativa. La imposición sin matices de la prevalencia de los tratados internacionales entraña una indudable dificultad para el aplicador dada la habitual indefinición de los mismos, puesto que habrá de tomarse en consideración, por un lado, si revisten un carácter meramente programático (lo que suele ser habitual e imposibilita o dificulta su aplicación directa por parte del juez) o no; por otro, si son o no *self-executing*, requiriendo de no serlo una previa actividad estatal para permitir su aplicación.

La prevalencia que impone la Ley 25/2014, pues, habrá de tomarse con todas las cautelas, habiendo de proceder, en primer lugar, a analizar el tipo de tratado y sus características, valorando, a su vez, el resto de normas aplicables. Solo a partir de un riguroso análisis cabrá decantarse por una aplicación directa del tratado.

De este modo, el aparente simplismo que aporta el art. 31 de la Ley 25/2014, mal se compadece con la complejidad de la posición de los acuerdos internacionales que refleja, por ejemplo, la interpretación ofrecida por distintos constitucionalistas: así, a modo de ejemplo, Ignacio de Otto cifraba la posición de los tratados en el juego de validez combinado con las reglas acerca de la aplicación y eficacia[9], mientras que Ángel Garrorena trasladaba el criterio aplicable a una cuestión de competencia[10], e

---

9 De Otto Pardo, I. (1987). *Derecho Constitucional. Sistema de fuentes.* Ariel Derecho, Barcelona, pp. 124-126.

10 Garrorena Morales, A. (2017). *Derecho Constitucional. Teoría de la Constitución y sistema de fuentes.* CEPC, Madrid, p. 192.

Ignacio Gutiérrez, por su parte, lo hace al juego entre la fuerza activa y la fuerza pasiva de los tratados frente a las leyes[11].

Esas apreciaciones no son tenidas en cuenta por quienes estiman que todo tratado ha de ser directamente aplicable por los jueces, con independencia de cualquier consideración[12] cuando, de llevarse hasta el extremo esta interpretación, las consecuencias no podrían ser más contrarias al Estado de Derecho. En efecto, pretender extender el control de convencionalidad a cualquier tratado con independencia de su carácter no parece que contribuya a la seguridad jurídica, sino todo lo contrario, pues más allá de las dudas que pudiera suscitar una aplicación concreta, estas tenderían a multiplicarse debido a las discrepancias interpretativas que, sin duda, se producirían entre los distintos órganos jurisdiccionales[13].

En esas modas a la que me refería al inicio, los tratados aparecen como el ideal a seguir y ante los que cualquier disposición interna ha de ceder[14], sin criba alguna, cuando, como acabamos de exponer, no todos los tratados son iguales, ni por contenido, ni por el alcance de sus previsiones.

---

11 Gutiérrez Gutiérrez, I. (2021). El Derecho internacional. En Alguacil González-Aurioles, Jorge y De Diego Arias, Juan (coords.). Marcial Pons, Madrid, pp. 329-330.

12 Entre los constitucionalistas, un autor favorable al control de convencionalidad es Jimena Quesada, L. (2013). *Jurisdicción nacional y control de convencionalidad: a propósito del diálogo judicial global y de la tutela multinivel de los derechos.* Aranzadi, Cizur Menor.

13 Entre otros, se hace eco de ese riesgo, a la vez que subraya la ventaja de un control concentrado de constitucionalidad, Díez-Picazo Giménez, LM. (2023). Variaciones sobre el control de constitucionalidad. *Teoría y realidad constitucional,* 51, p.105.

14 Si bien, en ocasiones, la decantación a favor de los tratados parece oscilar en función de su objeto.

1.Las singulares características del Derecho de la Unión Europea

Cuestión distinta es la que plantea el Derecho de la Unión Europea, pues con respecto al mismo no solo entran en juego los arts. 10.2, 93 o 96 CE sino sus propias reglas -en buena medida, como todos sabemos, creación del TJUE-, en particular la primacía y el efecto directo, con las particularidades propias de la concreta fuente europea aplicable.

A estas circunstancias se suma que en la Unión Europea no están presentes unas simples relaciones interestatales, sino lo que ha venido en denominarse relaciones transnacionales, las cuales supondrían una especie de quimera ente las relaciones internacionales y la federación de Estados.

El hecho de que los criterios de aplicación del Derecho europeo vengan determinados no impide la presencia de fricciones entre este y los ordenamientos nacionales, en particular debido a las reticencias que en ocasiones esgrimen los tribunales constitucionales[15]. Como es sabido, las relaciones entre TJUE y tribunales constitucionales han sufrido vaivenes casi desde los inicios de las Comunidades Europeas[16], habiendo resurgido de forma evidente en los últimos años, como mostraran de manera clara, entre otras, las SSTJUE Taricco 1 y 2[17], en las que subyace la pugna del TJUE por implantar la primacía del Derecho de

15 Sobre el planteamiento de la primacía del Derecho de la Unión por parte de los tribunales constitucionales nacionales, véase Sarmiento Ramírez-Escudero, D. (2022). *El Derecho de la Unión Europea.* Marcial Pons, Madrid, (4° ed.), pp. 386-406.

16 De todos son conocidas las sentencias del Tribunal Constitucional Federal Alemán en los asuntos *Solange (Solange I,* S. de 29 de mayo de 1974 (2 BvL 52/71), y *Solange II,* S. de 22 de octubre de 1986, (2 BvR 197/83).

17 Asunto *Taricco y otros* STJUE de 8 de septiembre de 2015, C-104/14, y Asunto *M.A.S y M.B.* (conocido como *Taricco* 2), STJUE de 5 de diciembre de 2017, C- 42/17. Las tensiones no solo se manifiestan

la Unión Europea, pero a la vez, su propia primacía frente a los órganos internos[18]. En el lado opuesto, los tribunales constitucionales procuran la defensa de la cada vez más maltrecha soberanía nacional y su papel como garantes de la misma[19].

Las soluciones en cada país difieren y, en ocasiones, recuerdan a modelos de control que parecían superados en un afán de buscar interpretaciones generales, como ha sucedido en Italia[20] o en Alemania[21], y de forma menos evidente quizá también en España, pues en ese sentido podrían interpretarse

---

con respecto a los tribunales constitucionales, sino también con respecto a otros tribunales supremos de los Estados.

18 López Escudero, M. (2019). Primacía del Derecho de la Unión Europea y sus límites en la jurisprudencia reciente del TJUE. *Revista de Derecho Comunitario Europeo,* 64, 787-825.

19 Estos problemas los aborda, por ejemplo, Ruggeri, Antonio (2018). Dopo *Taricco*: identità costituzionale e primato della costituzione o della Corte Costituzionale? *Osservatoriosullefonti.it* – Anno XI - Fascicolo 3/2018. Con respecto a Alemania, véase Arzoz Santisteban, X. (2022). *Transformaciones judiciales, Karlsruhe y los derechos fundamentales de la Unión Europea.* CEPC, Madrid. Incluso el Consejo Constitucional francés ha recurrido a la 'identidad nacional' como fórmula para controlar los límites constitucionales frente al Derecho de la Unión, cfr. Burgorgue-Larsen, L. (2022). La identidad constitucional en la jurisprudencia francesa: la historia del vals jurisprudencial hexagonal. *Revista de Derecho Comunitario Europeo,* 72, pp. 411-430.

20 Corte Costituzionale italiana: Sentencia 269/2017, 115/2018, y 20, 63 y 117/2019. Sobre estas cuestiones, véase Martinico, G. y Repetto, G. (2019). Fundamental rights and constitutional duels in Europe: An Italian perspective on case 269/2017 of the Italian Constitutional court and his aftermath. *European Constitutional Law Review,* 15, 731–751.

21 Tribunal Constitucional Federal Alemán: BVerfG, Resoluciones de la Sala 2ª: 17 septiembre 2019, 2 BvE 2/16; 28 de octubre de 2019, 2 BvR 966/19; 7 de noviembre de 2019, 2 BvR 882/2019. Masing, Johannes (2022). Preservación de la identidad constitucional respecto de la UE en la jurisprudencia constitucional alemana. *Revista de Derecho Comunitario Europeo,* 72, pp. 393-410.

la STC 37/2019, de 26 de marzo, y sucesivas[22], en las que el Tribunal Constitucional parece querer poner acotar las facultades del juez ordinario a la hora de interpretar el Derecho de la Unión Europea.

Por lo que respecta a España, el vínculo constitucional con el Derecho europeo es el art. 93 CE y, por consiguiente, de él derivan las reglas que impone la pertenencia a la Unión, aun cuando la materia verse sobre derechos fundamentales. Sin embargo, no hay que olvidar que tales reglas afectan solo cuando se trate de competencias propias de la Unión Europea o de una forma más amplia a sus fines[23], pero no a otros supuestos alejados de ellos, pero en los que sí podría entrar en juego el recurso al art. 10.2 CE. En definitiva, el recurso al art. 10.2 CE es compatible con la aplicación de las obligaciones estrictas derivadas de la pertenencia a la Unión[24].

Sin embargo, cabe apuntar una posibilidad que aún sembraría más dudas: ¿Cómo habría de proceder en caso de confluir una norma interna, una disposición de Derecho derivado de la Unión Europea y otra internacional? La primera respuesta que se nos ocurriría sería la de aplicar aquella norma que otorgue mayor protección si afecta a derechos fundamentales, pero ya sabemos que en la práctica la respuesta no será siempre necesariamente esa al imponerse otros criterios también relevantes

---

22 SSTC 46/2019, de 8 de abril; 53, 54, 57, 58 y 59/2019, todas de 6 de mayo; 65, 66, 67, 68, 69, 70 y 71/2019, todas de 20 de mayo, 77/2019, de 3 de junio, 81 y 84/2019, ambas de 17 de junio.

23 Recordemos el asunto *Akerberg Fransson*, C-617/10, STJUE de 26 de febrero de 2013.

24 En este sentido, merece evocar que el Derecho de la Unión no solo aporta los derechos de la CDFUE o aquellos repartidos en TUE o TFUE, sino que su normativa de desarrollo es fecunda en aspectos relacionados ciertos derechos, como pueda ser diferentes manifestaciones de la igualdad.

para el ordenamiento correspondiente[25] y donde la primacía del Derecho de la Unión siempre estará presente.

IV. EL CONTROL DE CONVENCIONALIDAD

La popularización del control de convencionalidad procede de su difusión en Iberoamérica, el cual, es de todos sabido, se vincula a la obligación impuesta por la Corte Interamericana de Derechos Humanos (Corte IDH) de que cualquier juez haya de comprobar la conformidad de la norma interna aplicable con la jurisprudencia de la Convención Americana de Derechos Humanos (CADH)[26]. La cuestión ha suscitado numerosos comentarios doctrinales[27] y, aunque en buena medida aceptada, no deja de plantear dudas, en particular, por lo

---

25 Baste como ejemplo el conocido asunto *Melloni*: STC 26/2014, de 13 de febrero, tras la respuesta del TJUE a la cuestión prejudicial planteada (STJUE de 26 de febrero de 2013, C-399/11).

26 El Tribunal Constitucional lo recordaba en la Sentencia que 140/2018 (FJ 6). Sobre los antecedentes y evolución del control de convencionalidad, véase González Domínguez, P. (2018). Reflexiones sobre el pasado, presente y futuro de la jurisprudencia de la Corte Interamericana de Derechos Humanos sobre el control de convencionalidad. *Revista del Instituto Interamericano de Derechos Humanos*, pp. 234-269.

27 La bibliografía es ingente, entre otros muchos y por contener diversas opiniones: Ferrer MacGregor, E. (2014). Control de convencionalidad (sede interna). En Ferrer MacGregor, E. y otros (coord.), *Diccionario de Derecho Procesal Constitucional y Convencional*. Tomo I, Poder Judicial de la Federación, Consejo de la Judicatura Federal, UNAM, Instituto de Investigaciones Jurídicas, México, o el monográfico de la *Revista del Instituto Interamericano de Derechos Humanos*, 64, julio-diciembre 2016.

que se refiere a las necesarias adaptaciones al sistema jurídico de cada Estado y a su alcance[28].

Sin embargo, lo que interesa destacar aquí son las diferencias existentes entre la realidad de los Estados firmantes de la Convención americana y los del CEDH. En el primer caso, existen muchos rasgos comunes entre los distintos Estados que conforman la región, entre ellos, que solo de manera muy reciente y, en bastantes casos, tras salir de periodos dictatoriales, se ha procedido a una defensa de los derechos que conviene afianzar y donde resulta preciso implicar a todos los operadores jurídicos para evitar que la normativa o práctica interna convierta en papel mojado las garantías ofrecidas por la Convención y la Corte. Las exigencias de la Corte IDH se ven asimismo favorecidas por la aceptación en buena parte de esos Estados de un control (al menos parcialmente) difuso de constitucionalidad.

Un dato menor, aunque de incidencia práctica en la asunción de esa doctrina, radica en que el número de resoluciones de la Corte IDH es reducido, lo que facilita el conocimiento de las mismas por parte de los operadores jurídicos, en particular por los jueces. A pesar de ello, diferentes voces se muestran favorables a una atenuación de los efectos de ese control para lograr no solo una mejor adaptación a las circunstancias de cada país, sino también para permitir una mayor adaptación de la CADH a las circunstancias de cada caso sin la contención

---

28 Al respecto puede verse, por ejemplo, Henríquez Viñas, M. (2014). La polisemia del control de convencionalidad interno. *International Law,* 01 June, Issue 24, pp.113-141. Por otra parte, conviene no olvidar el riesgo (comprobado) de que los Estados decidan abandonar el sistema cuando sienten que la presión de la CIDH perturba en demasía su ordenamiento.

que impone el carácter generalizador del control de convencionalidad llevado a sus extremos[29].

Frente a ese panorama iberoamericano, es preciso efectuar algunas precisiones frente a un eventual control de constitucionalidad en relación con las sentencias del Tribunal Europeo de Derechos Humanos (TEDH), debido a las mucho más acusadas diferencias tanto políticas como sociales entre los Estados firmantes del CEDH, donde se encuentran países de larga tradición en la defensa de los derechos, frente a otros en los que las violaciones de derechos cuantitativamente inundan la actividad del TEDH. Por añadidura, concurren sistemas jurídicos de muy distinto tipo, lo que con frecuencia hace que se precisen matizaciones, más allá del 'margen de apreciación', expresión a la que recurre el TEDH cuando la imposición de un mismo criterio pudiera resultar controvertida por diferentes motivos.

A ello se une el factor ya citado -de menor calado, pero no por ello menos relevante- el número de sentencias del TEDH es abrumador lo que dificulta su conocimiento, incluso a pesar de los esfuerzos de la institución por facilitar la tarea, destacando los casos relevantes, y del propio eco que suelen lograr los casos más significativos.

Sin embargo, esos matices no deben llevar a pensar en una despreocupación de los diferentes operadores jurídicos hacia la doctrina del TEDH (más allá de la ejecución de las sentencias condenatorias), por el contrario, los Estados (al menos los más caracterizados por el respeto a los derechos), con independencia de su obligado cumplimiento, buscan ajustar su legislación y jurisprudencia a la doctrina del TEDH, no solo en

---

[29] González Domínguez, P. (2018). Reflexiones sobre el pasado, presente y futuro de la jurisprudencia de la Corte Interamericana de Derechos Humanos sobre el control de convencionalidad. *Revista del Instituto Interamericano de Derechos Humanos*, vol. 68, pp. 320-322.

aras de evitar nuevas condenas, sino como respeto a la "expresión de una cultura jurídica común a nivel europeo"[30].

Posiblemente por esas razones, en Europa no se ha impuesto (al menos de momento) una obligación de control de convencionalidad como el americano, incluso el TEDH recurre al citado 'margen de apreciación' de los Estados, principalmente en asuntos que generan controversia, pero también para dar cabida a ciertas diferencias nacionales. A ello se une que, en algunos casos, el Tribunal de Estrasburgo se permite dictar sentencias de distinto signo para asuntos similares en función de la realidad social del Estado afectado y del conjunto de bienes que es preciso proteger en cada caso[31].

Todos esos matices, sin embargo, no empecen el papel determinante que el CEDH y el TEDH quieren representar como garantes del 'orden público europeo' y, como medio de evitar no solo posibles violaciones, sino de consolidar una doctrina común. En este sentido, el protocolo núm. 16 al CEDH se presenta como el instrumento para abrir la posibilidad de que los tribunales superiores de los Estados puedan solicitar un dictamen al TEDH, facilitando así la interrelación entre este y los tribunales internos y con ello una interpretación común sin necesidad de recurrir a otros imperativos.

En consecuencia, las semejanzas entre la CIDH y el TEDH son solo eso, no identidad.

Por añadidura, y reduciéndolo al ámbito de los derechos, la exigencia de control de convencionalidad no se limita a los convenios regionales de derechos, sino que se extiende a cualquier

---

30 STC 184/2021, de 28 de octubre.

31 Asuntos sobre prohibición de partidos políticos o sobre determinadas manifestaciones de la libertad religiosa son buena prueba de ello. El TEDH acoge así la flexibilidad que algunos invocan para las resoluciones de la CIDH.

tratado internacional, de modo que frente a la voluntad inicial de lograr una protección efectiva para determinados derechos, buscando evitar las reticencias internas, y una interpretación común a todos los Estados firmantes, al extenderlo a cualquier tipo de tratado conduce a otorgar a los jueces una capacidad de control que puede conllevar bastantes riesgos. En efecto, de acuerdo con las consideraciones vertidas anteriormente, cabe apreciar que una asunción sin matices del control de convencionalidad puede conducir a una disparidad de criterios y, en consecuencia, a lo contrario de lo que supuestamente se quiere conseguir, esto es, a la indefensión de los afectados.

1. Aplicabilidad por el juez de los tratados

En línea con lo anterior, si bien el art. 31 de la Ley 25/2014, de 27 de noviembre, de Tratados y otros acuerdos internacionales ha conducido a imponer la prevalencia de los tratados sobre el ordenamiento interno sin ninguna otra consideración, en realidad habrán de cumplirse unos requisitos previos para que dicha prevalencia se imponga de manera absoluta: han de ser directamente aplicables y o bien no existir norma interna aplicable o bien existir con una disposición interna contraria, supuesto que suele conllevar mayores complicaciones. Estas condiciones a su vez implican lo siguiente:

a) El juez en todo caso ha de determinar cuál es la norma aplicable, pudiendo concurrir dos o más fuentes de distinta procedencia y carácter.

b) Si una de las disposiciones aplicables es un acuerdo internacional válidamente ratificado por España, el juez ha de tomar en consideración si el tratado es aplicable personal, territorial y temporalmente, pero también su grado de aplicabilidad directa.

c) Tampoco cabe olvidar que el juez deberá comprobar si el tratado es conforme o no con la Constitución y, en caso de duda, deberá plantear la cuestión al Tribunal Constitucional. Es decir, la cuestión se planteará con respecto al tratado en sí, no a la contradicción entre el tratado y otra disposición infraconstitucional. Es verdad que en el supuesto de que el Tribunal Constitucional determine la inconstitucionalidad del tratado, el alcance de la sentencia será diferente al de otro tipo de normas por cuanto no podrá declarar su nulidad, sino que semejante fallo habría de dar lugar a una reforma de la Constitución o a que el Gobierno diera los pasos pertinentes -de acuerdo con el Derecho internacional- para denunciar el Tratado.

e) Solo si no se produce la inconstitucionalidad mencionada en el apartado anterior y se reúnen todas esas condiciones citadas en los párrafos previos y la norma interna no admite una interpretación conforme a la norma internacional, y, en consecuencia) si resulta claramente contraria se producirá el desplazamiento (no aplicación) de la disposición interna.

f) En consecuencia, el juez responderá a una cuestión de aplicación de normas y, por tanto, le corresponderá la adopción de la respuesta adecuada, pudiendo en caso de error en la apreciación dar lugar a los recursos pertinentes ante los órganos jurisdiccionales competentes y, en su caso, a un recurso de amparo ante el Tribunal Constitucional por vulneración del art. 24 CE.

En esta línea, aquellos casos en los que se requiera alguna actividad por parte del Estado –procedimental o prestacional-difícilmente podrá efectuarse una aplicación directa por parte del juez, pues supondría suplantar la voluntad del legislador[32].

[32] Si la crítica a las sentencias de los tribunales constitucionales de carácter aditivo ha sido común, más criticables aún resultarían aquellas resoluciones procedentes de los tribunales ordinarios.

El caso de la justicia universal sería uno de ellos, puesto que requiere de su traslación procedimental, sin cuya mediación no puede hacerse posible. Por otra parte, de existir una obligación absoluta de cumplimiento, el correspondiente incumplimiento se imputará al Estado, el cual deberá denunciar el tratado o atenerse a las implicaciones de carácter internacional previstas.

A la vista de lo anterior, todo lleva a pensar que los supuestos en los que una disposición de un tratado internacional dé lugar a la inaplicación de una norma interna serán los menos. Por añadidura, como resalta Díez-Picazo, "la inaplicación de la norma legal, en el caso concreto, por los tribunales ordinarios no es una alternativa al control concentrado de constitucionalidad de las leyes cuando sobre el tema de que se trate hay algún precepto constitucional relevante"[33].

Cuestión distinta es la posibilidad de abrir la vía a un control mediato de constitucionalidad de las disposiciones con rango de ley al amparo del art. 96 CE, posibilidad que parece haberse cerrado con la STC 140/2018, frente a la opción contraria que en algún momento llegó a plantearse en el seno del propio Tribunal Constitucional como evidenció el voto particular que formuló el magistrado Sr. Xiol a la STC 270/2015, quien, tras resaltar los supuestos en los que el Tribunal lleva a cabo un control mediato de constitucionalidad, manifestaba: "no deja de resultar paradójico que en el contexto de una creciente propensión al control abstracto de normas con fundamento en razones de seguridad jurídica, el único control abstracto que quede ayuno de cualquier vía de planteamiento sea el control de convencionalidad de las normas con rango de ley que, si no puede ser ejercido por la jurisdicción ordinaria, tampoco este Tribunal está posibilitando que se ejerza a través del recurso de

---

[33] Díez-Picazo Giménez, LM. (2023). Variaciones sobre el control de constitucionalidad. *Teoría y realidad constitucional*, 51, p. 104.

inconstitucionalidad o la cuestión de inconstitucionalidad por la vía de la invocación de los arts. 9.1 o 96 CE"[34].

Un control mediato fue la solución adoptada por la Corte Constitucional italiana o posteriormente por el Consejo constitucional francés[35], y la seguridad jurídica abogaría por la apertura de esa vía, pero, al haber sido rechazada esta opción por el pleno del Tribunal[36], la asunción de ese tipo de control de constitucionalidad requeriría de un cambio, normativo (preferentemente) o de doctrina.

Aquí también hay que distinguir el supuesto de aplicación del Derecho de la Unión Europea, pues -con independencia la imposición del principio de primacía- siempre cabe el recurso a la cuestión prejudicial, la cual, si bien originalmente está destinada a interpretar el Derecho de la Unión Europea, como es sabido, ha servido al TJUE para enjuiciar la validez de las disposiciones internas o para canalizar su interpretación a la luz de aquel y, sin perjuicio de que la opinión del TJUE para lograr un pleno alcance habría de ser corroborada por los órganos internos competentes, facilita la tarea del órgano jurisdiccional interno.

---

34 Llama la atención que en esta ocasión este magistrado no formulara un voto particular en similar sentido.

35 Inicialmente el Consejo Constitucional había negado esa posibilidad (*Décision n° 74-54 DC du 15 janvier 1975*), pero fue posteriormente admitida, tras la introducción de la cuestión prioritaria de constitucionalidad. A modo de ejemplo véase *Décision n° 2020-858/859 QPC du 2 octobre 2020.*

36 Así ha seguido planteándolo en otras resoluciones, entre otras, STC 15/2021, de 28 de enero. Cabe plantear la hipótesis de una cuestión de inconstitucionalidad frente a un acuerdo internacional en la que el TC, rechazando la inconstitucionalidad, apuntara a la contradicción con el tratado de la normativa interna. ¿Abriría la puerta a plantear un control de constitucionalidad indirecto?

V. EL ALCANCE DEL ART. 10.2 CE

Si con respecto a los tratados como fuente del Derecho los preceptos de referencia son los arts. 93 a 96 CE, el art. 10.2 CE está llamado a fijar un criterio interpretativo, de manera que la Constitución española suma una nota más al imponer la obligación de interpretar los derechos contenidos en ella de conformidad con los acuerdos internacionales sobre la materia ratificados por España. El constituyente buscaba así una referencia externa en la protección de los derechos dada la inexistente práctica previa sobre la materia en España.

El art. 10.2 CE y el art. 96 CE plantean, pues, imposiciones de distintos signo y alcance, por lo que en cada caso habrá que dilucidar cuándo procede la aplicación de uno u otro, sin perjuicio de que puedan concurrir ambos conjuntamente: de este modo, a las consideraciones anteriores sobre la aplicabilidad de los tratados derivada del art. 96 CE, habrá que sumar el requisito previo de comprobar si el acuerdo en cuestión versa sobre derechos, en cuyo caso será de aplicación el art. 10.2 CE. De acuerdo con lo manifestado anteriormente, habrá de procederse a una interpretación conforme, de manera similar a la predicable con respecto al Derecho de la Unión Europea y solo cuando exista una contradicción insalvable procedería la inaplicación de la norma interna. Esta imposición por la propia Constitución de una interpretación *ad extra* en ciertos casos supone un añadido a las tradicionales reglas de la interpretación. El art. 10.2 CE, en consecuencia, estaba encaminado a servir de guía a los operadores jurídicos, pero no se tuvo en cuenta una 'confluencia' como la acaecida en los últimos años, que en ocasiones ha llevado a otorgar un alcance desmedido al precepto, ignorando su literalidad, puesto que la obligación impuesta por el art. 10.2 CE no debe conducir a otorgar a los tratados un papel que el propio precepto no impone. De este modo, diferentes autores han buscado depurar su significado: así, Sáiz Arnáiz afirmaba que "[l]os tratados a los que remite el art. 10.2 CE no serán nunca, por sí mismos, medida de la validez de la actuación de los poderes públicos"[37]; o, en la misma línea argumentativa, para Canosa el art. 10.2 CE "al ser un criterio interpretativo de normas nacionales, no justificaría la inaplicación"[38]. Igual interpretación ha seguido el Tribunal Constitucional, por ejemplo, en la STC 140/2018: "el artículo 10.2 CE no es canon autónomo de constitucionalidad, sino que se limita a definir una pauta hermenéutica obligatoria destinada al Tribunal Constitucional y al resto de intérpretes y aplicadores del título I de la Constitución" (FJ 5°)[39]. No obstante, a la vez, hay que puntualizar que semejantes interpretaciones hay que entenderlas referidas solo al alcance el art. 10.2 CE y no a otros efectos aplicativos de los tratados internacionales, para los que concurriría lo señalado en los epígrafes anteriores.

Con respecto a ese alcance del art. 10.2 CE, conviene precisar algunos extremos que en ocasiones tienden a desdibujarse:

En primer lugar, la obligación se predica únicamente de tratados caracterizados por razón de la materia[40].

---

37 Sáiz Arnáiz, A. (1999). *La apertura al derecho internacional y europeo de los derechos humanos. El artículo 10.2 de la Constitución Española.* CGPJ, Madrid, pp. 271 y 277.

38 Canosa Usera, R. (2015). *El control de convencionalidad.* Civitas-Thomson Reuters, Cizur Menor, p. 111. Resultan de interés las páginas inmediatamente anteriores y posteriores en las que se refieren a los supuestos de discrepancias entre jueces por apreciación o no de un control de convencionalidad.

39 En similar sentido, entre otras, STC 118/2019, de 16 de octubre: "los tratados internacionales no integran el canon de constitucionalidad bajo el que hayan de examinarse las leyes internas, al margen de su valor hermenéutico *ex* art. 10.2 CE en el caso de los textos internacionales sobre derechos humanos" (FJ 6).

40 Este aspecto lo resaltaba el libro que se ha convertido en un clásico en la materia: Sáiz Arnáiz, A. ob. cit., p. 270.

En segundo lugar, la obligación afecta solo a la interpretación de los derechos contenidos en la Constitución, esto es, no impone la asunción como derechos fundamentales de derechos recogidos en tratados ni, en consecuencia, la creación de nuevos derechos.

No obstante, frente a esas notas limitativas, hay que tener presente, en tercer lugar, (como se despende ya de lo manifestado en el apartado anterior) que, aun cuando la Constitución se refiere solo a tratados o acuerdos internacionales, pronto se estimó (como resulta lógico) que había que extenderla también a la interpretación que de los mismos efectuaran los tribunales creados en su defensa y para velar por su eficacia. De este modo, habitualmente es esa jurisprudencia la que aporta más matices (y dudas) interpretativos que los propios acuerdos, pues, al menos en los textos clásicos, como acontece con el CEDH, el elenco de derechos y su configuración suelen presentarse de forma más sucinta que en nuestra Constitución.

Así mismo, una cosa es admitir que es posible dotar de contenido a un derecho en virtud de una norma internacional, y otra distinta modificar el significado de un derecho o integrar un nuevo contenido, en cuyo caso el límite tendría que venir dado por el *nomen iuris*, velando que la interpretación jurídica resulte rigurosa y no una mera invocación del art. 10.2 CE . De hecho, por ese motivo, con frecuencia ha sido objeto de controversia el alcance de la obligación derivada del art. 10.2 CE en relación con la doctrina jurisprudencial del TEDH, incluso en el seno del propio Tribunal Constitucional, como bien ejemplificaban los votos particulares a la STC 150/2011[41].

---

41 La cuestión que se planteaba era, si de acuerdo con la doctrina del TEDH, la protección frente a agresiones medioambientales se podría inscribir en la protección del derecho a la intimidad y la inviolabilidad del domicilio de nuestro art. 181 y 2 CE. Las dos posturas estuvieron defendidas por los magistrados Sres. Aragón – en contra- y Ortega- a favor.

Con todo, más allá de la adopción de una postura más o menos favorables a extender el alcance de la imposición del art. 10.2 CE[42], resulta difícil precisar la línea divisoria entre interpretación (obligada por el art. 10.2 CE) y creación (sin apoyo constitucional), en particular cuando se plantea la cuestión de si la norma internacional puede integrar o no el contenido propio del derecho[43] y con qué alcance[44]. La cuestión no es meramente doctrinal, puesto que puede comprobarse cómo el Tribunal Constitucional se ha servido de disposiciones internacionales para integrar derechos, como bien muestra la STC 254/93, en la que recurrió al Convenio Europeo para la protección de datos personales para dotar de un contenido

---

42 Elvira Perales, A. (2019). ¿Lista cerrada de derechos fundamentales en la Constitución Española? En Chueca Rodríguez, Ricardo (dir.). *Las fronteras de los derechos fundamentales en la constitución normativa.* CEPC, Madrid, pp. 129-184.

43 De Otto Pardo, I. (1988). La regulación del ejercicio de los derechos fundamentales y libertades. La garantía de su contenido esencial en el art. 53.1 de la Constitución. En Martín-Retortillo L. y De Otto, I. *Derechos fundamentales y Constitución,* Civitas, Madrid, p. 95 y ss.; referido a la protección de datos, Villaverde Menéndez, I. (1994). Protección de datos personales, derecho a ser informado y autodeterminación informativa del individuo. A propósito, STC 254/1993. *REDC,* 41, p. 192 y ss.

44 El clásico artículo de Rubio Llorente sobre los derechos fundamentales parece abrir la vía de la creación, pero advierte sobre las cautelas que será preciso observar. Rubio Llorente, F. (1997). Los derechos fundamentales. *Claves de la Razón práctica,* 75, pp. 2-10. De manera más clara, se aprecia en (2012). *La Forma del poder. Estudios sobre la Constitución.* CEPC, Madrid, vol.º III., pp. 1002-1004 y, en similar sentido, Díez-Picazo, LM. (2021). *Sistema de derechos fundamentales.* Tirant lo blanch, Valencia, pp. 156-158. Sin embargo, considero que, por un lado, hay que distinguir las obligaciones que se derivan para el legislador y las del juez; por otro, que hay que distinguir la integración (en general, admisible), de la creación al margen del texto constitucional.

propio al art. 18.4 CE, lo que propició que sentencias posteriores convirtieran el derecho a la protección de datos en un derecho autónomo.

Igualmente, desde un punto de vista práctico, la obligación del art. 10.2 CE parecía llamada, entre otros fines, a facilitar la labor hermenéutica del juez, pero lo cierto es que en ocasiones la dificulta, tanto al juez ordinario como al constitucional, pues no siempre será tarea fácil interpretar las disposiciones internacionales, dificultad que en algunos casos clarifica la jurisprudencia del correspondiente tribunal internacional, pero en otros aún puede complicarla más ante la inexistencia de una completa identidad de los derechos protegidos y, en consecuencia, de su alcance.

Por último, se observa en los últimos años una tendencia a procurar ubicar todo tratado en el marco del art. 10.2 CE -como subraya el voto particular del magistrado Sr. Narváez a la STC 140/2018-, cuando hace referencia exclusivamente a los tratados relacionados con los derechos fundamentales; en consecuencia, descartada esa conexión, no resultaría aplicable el imperativo hermenéutico exigido, sino las reglas generales de aplicación de los tratados derivadas del art. 96 CE.

VI. LA 'JUSTICIA UNIVERSAL' Y EL ART. 10.2 CE.

La STC 140/2018, de 20 de diciembre, resolvió el recurso de inconstitucionalidad frente a la Ley Orgánica 1/2014, en el que los recurrentes argumentaban (principalmente) la vulneración del art. 96 CE y 10 CE, así como de los arts. 9.3, 24.1 CE, revistiendo especial relevancia la supuesta vulneración del art. 10.2 CE. Pues bien, de acuerdo con lo anteriormente expuesto, dado que la obligación del art. 10.2 CE se impone a los tratados que versan sobre derechos y no a otros, de ahí se derivaría que acuerdos sobre la denominada justicia universal, quedarían fuera de su marco, puesto que afectan a cuestiones de carácter procedimental y solo de manera mediata a la reparación de graves vulneraciones de derechos ya acaecidas en otros territorios.

Esta argumentación apoya nuestro convencimiento de que querer incluir la denominada justicia universal en el marco del alcance del art. 10. 2 CE resulta a todas luces excesivo. A ello se suma que el derecho a la tutela judicial es un derecho de configuración legal, de modo que su contenido vendrá determinado por la intermediación necesaria del legislador, como también en tantas ocasiones ha manifestado el Tribunal Constitucional[45], para lo que cuenta con un amplio margen. Esa facultad se muestra especialmente clara en el caso de la posibilidad de acceso a la justicia universal, al no vincularse con los aspectos clásicos de acceso a la jurisdicción y no existir una imposición absoluta (ni clara) por parte del ordenamiento internacional. Solo cuando se vea afectado el contenido esencial del derecho podría arribarse a un juicio de inconstitucionalidad, si bien tal juicio resultaría especialmente complicado en un derecho como el aquí tratado.

La justicia universal constituye una excepción al principio de territorialidad y como tal excepción deberá aplicarse con cautela por los riesgos a los que puede conllevar. Una 'justicia universal' con carácter omnicomprensivo no es más que un *desideratum* al igual que lo era el precepto de la Constitución de Cádiz que predicaba en su art. 6º la obligación de que los españoles fueran justos y benéficos.

No obstante, es evidente que hay delitos que requieren ser perseguibles universalmente, unos por su carácter especial-

---

45 Entre ellas en la STC 237/2005, de 26 de septiembre, con frecuencia citada en apoyo de las tesis más favorables a acoger la justicia universal, en la cual si bien se amparó a la recurrente fue debido a la interpretación excesivamente rigorista que conforme a la legislación vigente en aquel momento había efectuado el Tribunal Supremo.

mente execrable -caso, entre otros, del delito de genocidio-, otros porque, más allá de su peligrosidad, suelen desarrollarse internacionalmente -como el tráfico de drogas. En el caso de los primeros (de no ser juzgados en el lugar de los hechos) la mejor opción es que sean juzgados por instancias supranacionales como el Tribunal Penal Internacional, pues solo así se podrá disponer de los medios necesarios para poder cumplir con las garantías exigibles para un juicio justo[46]. Los segundos podrán ser juzgados por cualquiera de los Estados implicados, buscando la mayor eficacia en la persecución del delito. Otras pretensiones, aún bien intencionadas, con frecuencia, corren el riesgo de resultar demagógicas. En realidad, el concepto maximalista de 'justicia universal' se enmarca en el deseo de querer transformar todo en derecho fundamental, lo que provoca la desvalorización en lugar de a una mayor garantía de los derechos[47]. Como señala Pérez Cepeda, el ejercicio de la competencia universal "se hace depender de dos factores: en primer lugar, de la existencia de otro Estado con mejor título de jurisdicción o de un tribunal internacional penal que reclamen su competencia y, en segundo lugar, de la existencia y, en su caso, de la idoneidad de un tratado de extradición o entrega que posibilite el enjuiciamiento en el Estado requiriente"[48].

De igual modo, hay que tener presente que la incorporación de la justicia universal a los Estados no ha seguido un único patrón, sino que ha revestido diferentes modelos, de los más comprensivos a los más restringidos, dejando así margen

---

46 Fundamentalmente, por ejemplo, la posibilidad de recabar pruebas o de contar con testigos.

47 Este argumento se desarrolla en Elvira Perales, A. ob. cit., en particular, pp. 172-179.

48 Pérez Cepeda, A.I. (2012). Principio de Justicia penal universal versus principio de Jurisdicción penal internacional. En Pérez Cepeda, A. I., *El Principio de Justicia Universal: Fundamentos y límites*. Tirant lo blanch, Valencia, pp. 72-73.

al legislador para delimitar su alcance. El legislador español ha transitado de un modelo más generoso a otros más restrictivos[49] a lo largo de las distintas modificaciones sufridas, tendentes, es cierto, a acotar las posibilidades de acción en favor de esa justicia universal. Los recortes que se han ido imponiendo han estado marcados de manera significativa por la generosidad de la legislación española en admitir la acción popular[50], lo cual abría la vía para un uso de la justicia universal que, en ocasiones, podría llegar a resultar abusivo. Junto a ello, aunque muy ligado a ese hecho, las modificaciones permiten unas mayores posibilidades de ajuste a los distintos requisitos incluidos en el derecho a la tutela judicial efectiva, si bien, como han apuntado distintos autores, la redacción normativa no ha sido la más afortunada, lo que ha incrementado las críticas y dificultado la interpretación por parte de los jueces[51].

De esas modificaciones, la obrada por la L.O. 1/2014, de 13 de marzo[52], dio lugar a la ya citada STC 140/2018. Y como bien expresa esta sentencia, en la Constitución no hay ningún precepto que mencione la justicia universal, por lo que ninguna inconstitucionalidad cabe invocar, salvo que se vea afectado alguno de los derechos proclamados.

---

[49] Vázquez Rodríguez, B. (2019). La jurisdicción universal en España a la luz de la STC 140/2018 de 20 de diciembre de 2018: la regresividad escapa al control de constitucionalidad. *Revista electrónica de Estudios Internacionales,* 37, p. 3. Este trabajo recoge una copiosa bibliografía sobre la materia.

[50] De hecho, la última reforma elimina la acción popular para este tipo de delitos.

[51] Distintos autores lo ponían de relieve en Pérez Cepeda, A.I. ob. cit.

[52] De esta modificación ha llegado a decirse que desaparece la justicia universal. En este sentido, Hellman Moreno, J. (2022). *El principio de justicia universal en la persecución e investigación de crímenes internacionales.* Bosch Ed., Barcelona, p. 98 y ss.

En ese sentido, habrá que acudir a comprobar si la aplicación de normas ha sido correcta y si el juicio ha sido conforme a los imperativos del art. 24 CE, pues "[l]a erradicación de la impunidad a la que tiende el principio de justicia universal no puede perder nunca el horizonte o mensaje de justicia que deben procurar los Estados donde se ejecutaron esos crímenes procurando que el enjuiciamiento sea en el lugar de comisión"[53].

Como resaltaba el FJ 7 de la STC la 140/2018, "la arbitrariedad denunciada ha de ser el resultado bien de una discriminación normativa, bien de la carencia absoluta de explicación racional de la medida adoptada", circunstancia no apreciada por el Tribunal Constitucional[54]. A ello se une que los cambios normativos siempre suponen alteración de la situación anterior, de modo que, de considerar que cualquier cambio implica una vulneración de la seguridad jurídica estaríamos abocados a la petrificación del ordenamiento[55], haciéndolo, en conse-

---

53 Ollé Sesé, M. y Lamarca Pérez, C. (2012). Análisis de la regulación actual del principio de justicia universal y propuestas de *lege ferenda*. En Pérez Cepeda, A.I. ob. cit., p. 667. Como señalan los mismos autores, habrá de tenerse en cuenta la naturaleza del crimen internacional, distinguiendo entre los de primer y segundo grado, lo que, a su vez, podrá condicionar los requisitos para su persecución universal.

54 Ese criterio lo ha mantenido después, por ejemplo, en la STC 120/2021, de 31 de mayo.

55 "Ni el principio de exclusividad de jueces y magistrados en el ejercicio de la actividad jurisdiccional (art. 117.3) ni el derecho a la tutela judicial efectiva (art. 24.1 CE) ni tampoco el principio de separación de poderes impide que el legislador pueda dictar una regulación general que pueda tener incidencia en los procesos en curso. Como ha declarado el tribunal, no puede compartirse una interpretación del alcance de dicho principio que llegue al extremo de consagrar una auténtica cristalización del ordenamiento resultante de la labor interpretativa llevada a cabo por los jueces y magistrados en el desempeño de sus funciones jurisdiccionales" (STC 149/2020, de 22 de octubre, invocando otras anteriores como la 140/2018).

cuencia, impermeable a los cambios políticos o sociales. El control de constitucionalidad no puede privar al legislador democrático de innovar el ordenamiento y, además, en caso de duda, el controlador ha de ser deferente con la tarea del legislador.

VII. EL PAPEL DE LA JURISDICCIÓN ORDINARIA

Otra conclusión de la citada Sentencia radica en la aseveración de que las cuestiones de mera aplicabilidad han de quedar en manos de la jurisdicción ordinaria, siempre en el marco de sus competencias y del Derecho procesal aplicable[56].

El acceso al Tribunal Constitucional por contradicción entre una ley interna y un acuerdo internacional parece, pues, que solo se abriría en aquellos supuestos en los que fuera posible esgrimir otro tipo de inconstitucionalidad -como argumenta Alonso García[57]-, lo que quizá resultara más fácil cuando se dudara de si la disposición internacional integraba o no un derecho fundamental[58]. Así, incluso en los casos en los que el Tribunal Constitucional considerara que no se daban las circunstancias para declarar la inconstitucionalidad de la norma interna, siempre podría optar por una sentencia interpretativa y, de esta forma, facilitar la tarea de los jueces ordinarios, a la vez que acabar con resoluciones de distinto signo por parte de estos. Sin olvidar la posibilidad de que el Alto Tribunal pueda revisar la selección de la ley aplicable efectuada por el juez or-

---

56 En ese sentido se expresaba Ferrer MacGregor, E. (2014). Control de convencionalidad (sede interna). En Ferrer MacGregor, E. y otros (coord.). *Diccionario de Derecho Procesal Constitucional y Convencional.* Tomo I, Poder Judicial de la Federación, Consejo de la Judicatura Federal, UNAM, Instituto de Investigaciones Jurídicas, México, p. 233.

57 Alonso García, R. (2020). El control de convencionalidad: cinco interrogantes. *REDC*, 119, en particular, p. 43 y ss.

58 En ese sentido, STC 236/2007, de 7 de noviembre.

dinario, lo que cabe interpretar como "una suerte de control de convencionalidad a través de la concesión de un amparo por violación del art. 24.1 CE"[59].

En su caso, se abriría la puerta para que los afectados pudieran elevar los recursos pertinentes y, eventualmente, presentar un recurso de amparo por vulneración del derecho a la tutela judicial efectiva o de algún otro derecho fundamental que pudiera entenderse conculcado.

Con todo, hay que tener presente que la inaplicación de una ley no es igual a nulidad y que esa misma ley puede ser plenamente aplicable en otros casos, al igual que sucede con el Derecho de la Unión Europea, en los que la norma interna será aplicable cuando el caso no implique concurrencia con el Derecho Europeo, o también en los conflictos entre normas estatales y normas de las Comunidades Autónomas, en los que las disposiciones estatales pueden resultar inaplicables en unas Comunidades y no en otras en función del reparto competencial establecido. Como recuerda el propio Tribunal Constitucional: "la constatación de un eventual desajuste entre un convenio internacional y una norma interna con rango de ley no supone un juicio sobre la validez de la norma interna, sino sobre su mera aplicabilidad" (FJ 6, STC 140/2018).

Con respecto a la justicia universal, merece recordar que la regulación actual no impide de forma absoluta el acceso a la jurisdicción, sino que altera la vía de acceso (querella y no denuncia para las víctimas), ni impide una denuncia ante la fiscalía a partir de la cual esta decidirá si procede el incoar el inicio de un procedimiento, como se recuerda en el FJ 8 de la STC 140/2018.

---

[59] Fontecha Marón, M. (2019). El control de convencionalidad por los jueces y tribunales españoles. A propósito de la STC 140/2018, de 20 de diciembre. *Anuario Iberoamericano de Justicia Constitucional*, 23 (2), p. 448.

En ese caso, además, difícilmente se alcanza que a partir de los argumentos vertidos por el Tribunal Constitucional pueda considerarse con posterioridad por un juez que proceda la inaplicación de una norma interna en aplicación de un tratado internacional, a pesar de la puerta abierta que sigue dejando el Fundamento Jurídico 7º, pues en este supuesto no se trataría solo de desplazar una disposición interna y aplicar una internacional, sino que precisaría también establecer los instrumentos procesales pertinentes, lo que supondría un paso más en la postergación del ordenamiento interno[60].

Con todo, hasta el presente los asuntos en los que el Tribunal Constitucional se ha pronunciado sobre este tipo de supuestos han sido recursos de inconstitucionalidad o recursos de amparo en los que la cuestión podía reconducirse a la aplicación por parte del juez o en los que se consideró que la interpretación por parte del juez no era razonable, pero habrá que esperar a comprobar si mantiene esa postura cuando se plantee un caso de clara contradicción o si empiezan proliferar recursos propiciados por interpretaciones judiciales excesivamente entusiastas con el control de convencionalidad.

---

60 El propio Tribunal Constitucional ha marcado la diferencia: si en las SSTC 237/2005, de 26 de septiembre, y 227/2007, de 22 de octubre, -resultado de sendos recursos de amparo- apreció una vulneración del derecho a la tutela judicial por una aplicación rigorista de las normas procedimentales de acceso a los recursos, por el contrario, las posteriores a la STC 140/2018 (23/2019, de 25 de febrero; 35 y 36/209, ambas de 25 de marzo; y 80/2019, de 17 de junio) han resultado desestimatorias por aplicación de la sentencia comentada, objeto esta, a diferencia de las anteriores de un juicio de constitucionalidad sobre la ley interna aplicable.

VIII. A MODO DE CONCLUSIÓN

La multiplicidad de fuentes, la importancia que han adquirido los tratados internacionales y la regla del art. 10.2 CE hacen preciso un esfuerzo a la hora de determinar la norma aplicable y su interpretación, sin embargo, es precisa una llamada a la cautela a la hora de aplicar directamente acuerdos internacionales, en particular cuando esto implique inaplicación de disposiciones internas con rango de ley.

Por lo que respecta a la justicia universal, su regulación sería perfectible, pero cualquier reforma debería buscar el máximo equilibrio entre un mejor logro del fin perseguido con el máximo respeto de los diferentes derechos ínsitos en la garantía de la tutela judicial efectiva (sin olvidar, guste o no, los compromisos diplomáticos del Estado).

Para terminar, recurro de nuevo a palabras de Ruggeri: "la primacía, como se ha visto, se encuentra en el plano cultural, no en el positivo y, mucho menos, en un orden de carácter formal-abstracto; se construye día a día, con no poco esfuerzo, y a veces con verdadero sufrimiento, con el apoyo del conjunto de todos los operadores para que se entreguen, de acuerdo con las circunstancias, al servicio del ser humano, de sus derechos, de su dignidad"[61].

BIBLIOGRAFÍA

Alonso García, R. (2020). El control de convencionalidad: cinco interrogantes. *REDC*, 119, 13-51.

Arzoz Santisteban, X. (2022). *Transformaciones judiciales, Karlsruhe y los derechos fundamentales de la Unión Europea*. CEPC, Madrid.

---

61 Ruggeri, Antoni (2019). Relaciones entre ordenamientos, reconocimiento y tutela de los derechos fundamentales y crisis de la jerarquía de las fuentes. *ReDCE*, 3, enero-junio.

Burgorgue-Larsen, L. (2022). La identidad constitucional en la jurisprudencia francesa: la historia del vals jurisprudencial hexagonal. *Revista de Derecho Comunitario Europeo*, 72, 411-430.

Canosa Usera, R. (2015). *El control de convencionalidad.* Civitas-Thomson Reuters, Cizur Menor.

De Otto Pardo, I. (1987). *Derecho Constitucional. Sistema de fuentes.* Ariel Derecho, Barcelona.

De Otto Pardo, Ignacio (1988). La regulación del ejercicio de los derechos fundamentales y libertades. La garantía de su contenido esencial en el art. 53.1 de la Constitución. En Martín-Retortillo L. y De Otto, I. *Derechos fundamentales y Constitución*", Civitas, Madrid.

Díez-Picazo, LM. (2021). *Sistema de derechos fundamentales.* Tirant lo blanch, Valencia.

Díez-Picazo Giménez, LM. (2023). Variaciones sobre el control de constitucionalidad. *Teoría y realidad constitucional*, 51, 89-107.

Elvira Perales, A. (2019). ¿Lista cerrada de derechos fundamentales en la Constitución Española? En Chueca Rodríguez, R. (dir.). *Las fronteras de los derechos fundamentales en la constitución normativa.* CEPC, Madrid.

Ferrer MacGregor, E. (2014). Control de convencionalidad (sede interna). En Ferrer MacGregor, E. y otros (coord.). *Diccionario de Derecho Procesal Constitucional y Convencional.* Tomo I, Poder Judicial de la Federación, Consejo de la Judicatura Federal, UNAM, Instituto de Investigaciones Jurídicas, México.

Ferrer MacGregor, E. y Silva García, F. (2016). *Derechos fundamentales, bloque de constitucionalidad de derechos, diálogo interjurisdiccional y control de convencionalidad.* UBIJUS, México, D.F., 2014, monográfico de la *Revista del Instituto Interamericano de Derechos Humanos*, 64, julio diciembre.

Fontecha Marón, M. (2019). El control de convencionalidad por los jueces y tribunales españoles. A propósito de la STC 140/2018, de 20 de diciembre. *Anuario Iberoamericano de Justicia Constitucional*, 23 (2), 439-458.

Garrorena Morales, A. (2017). *Derecho Constitucional. Teoría de la Constitución y sistema de fuentes.* CEPC, Madrid, (3ª ed.).

Gómez Fernández, I. (2005). *Conflicto y cooperación ente la Constitución española y el Derecho internacional.* Tirant Lo Blanch, Valencia.

González Domínguez, P. (2018). Reflexiones sobre el pasado, presente y futuro de la jurisprudencia de la Corte Interamericana de Derechos Humanos sobre el control de convencionalidad. *Revista del Instituto Interamericano de Derechos Humanos*, vol. 68, 234-269.

Gutiérrez Gutiérrez, I. (2021). El Derecho internacional. En Alguacil González-Aurioles, Jorge y De Diego Arias, Juan (coords.). Marcial Pons, Madrid.

Hellman Moreno, J. (2022). *El principio de justicia universal en la persecución e investigación de crímenes internacionales.* Bosch Ed., Barcelona.

Henríquez Viñas, M. (2014). La polisemia del control de convencionalidad interno. *International Law,* 01 June, 24, 113-141.

Jimena Quesada, L. (2013). *Jurisdicción nacional y control de convencionalidad: a propósito del diálogo judicial global y de la tutela multinivel de los derechos.* Aranzadi, Cizur Menor.

López Escudero, M. (2019). Primacía del Derecho de la Unión Europea y sus límites en la jurisprudencia reciente del TJUE. *Revista de Derecho Comunitario Europeo,* 64, 787-825.

Masing, Johannes (2022). Preservación de la identidad constitucional respecto de la UE en la jurisprudencia constitucional alemana. *Revista de Derecho Comunitario Europeo,* 72, 393-410.

Martinico, G. y Repetto, G. (2019). Fundamental rights and constitutional duels in Europe: An Italian perspective on case 269/2017 of the Italian Constitutional court and his aftermath. *European Constitutional Law Review,* 15, 731–751.

Marullo, Maria Chiara. (2019). La jurisdicción universal española en la STC 140/2018, de 20 de diciembre. *Revista Española de Derecho Internacional,* vol. 71, 2, 311-317.

Matia Portilla, J. (2018). *Los tratados internacionales y el principio democrático.* Marcial Pons, Madrid.

Ollé Sesé, M. y Lamarca Pérez, C. (2012). Análisis de la regulación actual del principio de justicia universal y propuestas de *lege ferenda.* En Pérez Cepeda, A.I. *El Principio de Justicia Universal: Fundamentos y límites.* Tirant lo blanch, Valencia.

Pérez Cepeda, A.I. (2012). Principio de Justicia penal universal versus principio de Jurisdicción penal internacional. En Pérez Cepeda, A.I. *El Principio de Justicia Universal: Fundamentos y límites.* Tirant lo blanch, Valencia.

Remiro Brotons, A. (1987). *Derecho Internacional Público II. Derecho de los Tratados.* Tecnos, Madrid.

- Comentario al artículo 96" en Alzaga Villaamil, O. *Comentarios a la constitución española de 1978,* vol. VII, Edersa, Madrid.

Rubio Llorente, F. (1997). Los derechos fundamentales. *Claves de la Razón práctica,* 75, pp. 2-10.

- (2012). *La Forma del poder. Estudios sobre la Constitución*. CEPC, Madrid, vol. III.

Ruggeri, Antonio (2009). Sistema integrato di fonti, tecniche interpretative, tutela dei diritti fondamentali", *Osservatoriosullefonti.it*, fasc. n. 3/2009.

- (2010). Sistema integrato di fonti, tecniche interpretative, tutela dei diritti fondamentali. *Politica del diritto*, Fasc. 1, marzo. (2018).

- (2018). Dopo *Taricco*: identità costituzionale e primato della costituzione o della Corte Costituzionale? *Osservatoriosullefonti.it* – Anno XI - Fascicolo 3/2018.

- (2019). Relaciones entre ordenamientos, reconocimiento y tutela de los derechos fundamentales y crisis de la jerarquía de las fuentes", en ReDCE, 3, enero-junio.

Sáiz Arnáiz, A. (1999). *La apertura al derecho internacional y europeo de los derechos humanos. El artículo 10.2 de la Constitución Española*. CGPJ, Madrid.

Sarmiento Ramírez-Escudero, D. (2022). *El Derecho de la Unión Europea*. Marcial Pons, Madrid, (4° ed.).

VV.AA. (2018). *Teoría y realidad constitucional*, n° 42. Monográfico. Tribunal europeo de Derechos Humanos, 5-110.

VV.AA. (2016). *Revista del Instituto Interamericano de Derechos Humanos*, 64, julio-diciembre, monográfico.

Vázquez Rodríguez, B. (2019). La jurisdicción universal en España a la luz de la STC 140/2018 de 20 de diciembre de 2018: la regresividad escapa al control de constitucionalidad. *Revista electrónica de Estudios Internacionales*, 37.

Villaverde Menéndez, I. (1994). Protección de datos personales, derecho a ser informado y autodeterminación informativa del individuo. A propósito, STC 254/1993. *REDC*, 41.

Capítulo Sexto
El Convenio como Constitución total. El desplazamiento de la justicia constitucional por la convencional. A propósito del protocolo XVI al CEDH

FERNANDO ÁLVAREZ-OSSORIO MICHEO
Universidad de Sevilla

I. FINALIDAD DEL PROTOCOLO XVI AL CEDH: QUIEN HABLA MANDA, PERO QUIENES HABLAN SE ENTIENDEN. LA SUBSIDIARIEDAD COMO PILAR DEL SISTEMA DE COLECTIVO DE GARANTÍAS

Hay una cierta unanimidad sospechosa en la valoración de la nueva competencia que el Prot. XVI al CEDH atribuye al Tribunal Europeo de Derechos Humanos (en adelante, TEDH).

Sospechosa en tanto se predica con cierta superficialidad como una nueva posibilidad para afirmar lo convencional, pero sin que el argumento descienda a mayores profundidades. De hecho, se suelen omitir cualquier tipo de reservas u observaciones críticas respecto de cómo queda, a consecuencia del citado Protocolo, el entero sistema de protección colectiva de derechos y libertades y, de forma señalada, se evita hablar sobre cómo de afectada resulta la justicia constitucional dispensada en el seno de los Estados parte en el Convenio y, por extensión, sobre el valor de las Constituciones y, concretamente, de los derechos fundamentales que en estas se reconocen.

Con el Prot. XVI se abre la posibilidad para que los altos tribunales de los Estados que ratifiquen el citado Protocolo (facultativo) puedan solicitar del TEDH una opinión consultiva, en el curso de un proceso, respecto de una cuestión de principio relativa a la interpretación o aplicación de los derechos y libertades convencionalmente garantizados. Los requisitos para solicitar la opinión consultiva son tres: el primero, que el tribunal que la inste haya sido autorizado y señalado expresamente en el instrumento de ratificación; el segundo, la obligatoriedad de que la duda y consulta nazcan en el seno de un proceso que se está sustanciado ante ese mismo tribunal y, el tercero, el que sería requisito de perfil cualitativo, que la opinión que se requiere del Tribunal europeo sea relevante para la resolución del caso que ante el juez *ad quo* se está sustanciando (juicio de relevancia).

Caso de que el colegio de cinco jueces del TEDH admita la demanda a trámite (la inadmisión ha de ser motivada), el TEDH, reunido en Gran Sala, dictará una opinión consultiva, de naturaleza no vinculante, en la que tratará de responder a las cuestiones de principio planteadas, absteniéndose en todo caso de resolver el caso concreto o de dar mayor o menor razón a las interpretaciones que sobre dichas cuestiones planteadas puedan tener las partes en el proceso *ad quo.* De tal forma que, a la vista de la opinión consultiva emitida, corresponderá resolver al tribunal del que parte la consulta lo que a su juicio proceda con plena y entera capacidad, incluso concediéndosele la posibilidad de apartarse de los razonamientos ofrecidos por el Tribunal de Estrasburgo, un supuesto que en hipótesis pudiera bien darse. En cualquier caso, adelantaremos que el recurso individual del art. 34 CEDH permanece a disposición de las partes en el proceso, pues la demanda de opinión consultiva no enerva el derecho de las personas dependientes de las jurisdicciones de los Estados miembros a plantear un recurso individual, aunque sin duda el planteamiento de la demanda de opinión consultiva y su recta aplicación al caso concreto pueda disuadir a las partes de buscar el amparo ante el Tribunal europeo.

Esta nueva competencia del TEDH, que solo es operativa para los Estados parte que hayan ratificado el mencionado Protocolo[1], ha querido ser justificada desde esa expresión tan abierta, vaga e imprecisa como es la del diálogo jurisdiccional. Según los autores del Protocolo XVI, una vez abierta la vía de las demandas de opinión consultiva al TEDH, los tribunales nacionales tendrán la posibilidad, mientras resuelven un caso concreto, de disponer de una opinión de peso para poder enjuiciar el caso que les ocupa y hacerlo, además, con la fuerza y legitimidad que les ofrece la cobertura de las consideraciones emitidas por quien es el máximo interprete –auténtico- del CEDH. Es también cierto, como afirman insistentemente los progenitores del Protocolo XVI, que esta nueva vía de comunicación permitirá una mayor penetración de los postulados del Convenio en los ordenamientos internos, máxime si se tiene presente que las opiniones consultivas, queriendo serlo sobre

---

1 Hasta el 19 de junio de 2023, el Prot. XVI CEDH cuenta con 19 ratificaciones. Entró en vigor el 1 de agosto de 2018, tras alcanzarse las primeras diez ratificaciones. España no lo tiene ni firmado ni ratificado, como tampoco lo han hecho Alemania, Austria, Irlanda, Italia (firmado en 2013), Polonia, Portugal, República Checa, Reino Unido, Suecia y Suiza, entre otros.

cuestiones de principio, tienen como aspiración el llevar los efectos de la opiniones más allá del caso concreto (fuerza de cosa interpretada)[2].

Hay sin embargo en el fondo de esta nueva función consultiva, que no jurisdiccional, una pretensión que no se esconde: la de primar la constitucionalidad convencional por encima de otros *cosas* asimismo constitucionales. Pero en un sistema colectivo de protección de derechos y libertades estas *cosas* también deberían tener “son mot à dire” y, además, garantizar de algún modo que así pueda suceder.

---

2 Entre la bibliografía utilizada para la realización de este trabajo destacaremos: López Castillo, A. y Polakiewicz, J. (2019). De la cuestión prejudicial de convencionalidad en marcha. *Teoría y Realidad Constitucional*, UNED, 44, pp. 485-500; Tomás Mallén, B. (2022). La efectividad del Protocolo nº16 al Convenio Europeo de Derechos Humanos y su potencial impacto constitucional en España. *Estudios de Deusto*, vol. 70/1, pp. 387-420; Cacho Sánchez, Y. (2019). El potencial desarrollo del nuevo procedimiento consultivo ante el TEDH: Fortalezas, debilidades, oportunidades y amenazas. *Revista Española de Derecho Internacional*, vol. 71/2, pp. 171-194; Paprocka, A y Ziolkowski, M. (2015). Advisory Opinions under Protocol No. 16 to the ECHR. *European Constitutional Law Review*, vol. 11/2, pp. 274-292; López Guerra, L. M. (2014). Los protocolos de reforma núm. 15 y 16 al CEDH. *Revista Española de Derecho Europeo*, 49, pp. 11-29; Runavot, M. C. (2014). Le Protocole nº 16 à la Convention europeénne: réflexions sur une nouvelle espèce du genre. *Revue générale de droit international public*, vol. 118/1, pp. 71-93; Ruiz Ruiz, J. J. (2018). El refuerzo del diálogo entre tribunales y la triple prejudicialidad en la protección de los derechos fundamentales: en torno al Protocolo nº 16 al CEDH. *Teoría y Realidad Constitucional*, UNED, 42, pp. 453-482; Sevilla Duro, M. A. (2020). El Protocolo nº 16 del CEDH: El diálogo entre tribunales para la configuración de un espacio europeo de derechos. *Anales de Derecho/especial: el TEDH en su sesenta aniversario*, Universidad de Murcia, pp. 1-24; Matia Portilla, F. J. (2021). De la doble a la triple prejudicialidad. ¿Es posible ordenar lo complejo? *Revista Española de Derecho Constitucional*, 121, pp. 13-44.

Detrás del número quince viene indefectiblemente el dieciséis y en el caso del Convenio Europeo de Derechos Humanos así se cumple. Los Protocolos al CEDH nº 15 y nº 16 vienen de la mano, casi sin solución de continuidad, al punto de conformar un binomio que obliga a leerlos en paralelo. En efecto, ambos Protocolos fueron adoptados en el año 2013, con la diferencia de que el primero de ellos, al ser Protocolo de enmienda, requería de la ratificación de todos los Estados parte para su entrada en vigor. Una ratificación unánime que se alcanzó el primero de agosto del año 21, mientras que por su parte, el Prot. XVI CEDH, facultativo, lo hizo tres años antes, tras reunirse las diez ratificaciones que exigidas. El peso y la influencia de uno y otro Protocolo debe medirse también desde esta necesidad de consenso para su activar su virtualidad.

Pues bien, el Prot. XV CEDH, entre otras cosas, incorpora en el Preámbulo del CEDH un nuevo considerando que conviene reproducir aquí por su interés:

> "Affirmant qu'il incombe au premier chef aux Hautes Parties contractantes, conformément au principe de subsidiarité, de garantir le respect des droits et libertés définis dans la présente Convention et ses protocoles, et que, ce faisant, elles jouissent d'une marge d'appréciation, sous le contrôle de la Cour européenne des Droits de l'Homme instituée par la présente Convention".

Sabiendo que es esta una forma de verlo, puede haber otras visiones, interprétese este considerando como un ajuste de cuentas[3] de los Estados contra un Tribunal Europeo de De-

[3] Ajuste de cuentas que queda patente en las consideraciones que el propio TEDH hace cuando informa el mencionado Prot. XV (Informe adoptado el 6 de febrero de 2013 y que está disponible en la web del Tribunal): "Cette disposition ajouterait un nouveau considérant à la fin du préambule de la Convention. *La Cour avait communiqué au CDDH, en novembre 2012, un commentaire dans lequel elle exprimait des réserves sur le libellé prévu pour cette disposition, sa principale préoccupation*

rechos Humanos acusado no pocas veces de ignorar la naturaleza subsidiaria del Convenio y de corregir en demasiadas ocasiones la interpretación estatal de los derechos y libertades realizada a través de sus jurisdicciones competentes[4]. Es en este sentido por lo que se afirma en ocasiones que el Tribunal Europeo de Derechos Humanos no debería ser una cuarta instancia, sino un Tribunal que actúe por defecto, es decir, que su intervención solo resultará conveniente y adecuada en aquellos supuestos en que las instancias llamadas a proteger los derechos y libertades dentro del orden jurisdiccional estatal han incumplido manifiestamente la función que le es propia, la de asegurar derechos. El activismo judicial es una tentación a la que el TEDH debe ser resistente, y acaso debe ser así, entre otras razones, por la sencilla razón de que no todo es Convenio. Hay más *cosas.*

La subsidiariedad es un principio de orden formal y material que preside las relaciones entre los jueces estatales y la jurisdicción internacional. Formal en cuanto dispone que para acudir a la instancia internacional deben haberse agotado previamente todas las vías procesales adecuadas para la protección

---

étant que la formulation choisie, qu'elle estimait incomplète, risquait de faire naître une incertitude s'agissant de l'intention des auteurs. Si le texte en lui-même n'a pas été modifié, l'intention des auteurs a, quant à elle, été précisée : le rapport explicatif indique à présent que ce considérant « est destiné à … rester cohérent avec la doctrine de la marge d'appréciation telle que développée par la Cour dans sa jurisprudence ». Cette explication de l'intention des auteurs correspond à la proposition, faite par la Cour à la fin de son commentaire, que le texte soit plus précis", cursiva nuestra.

4 Ponemos sobre la mesa los ejemplos de las sentencias del TEDH en el caso de Carolina Von Hannover contra Alemania (serie que se inaugura con la STEDH Von Hannover c. Alemania, demanda nº 59320/00, de 28 de julio de 2005) y los casos sobre el derecho de sufragio activo de los reclusos en el caso del Reino Unido (caso Hirst c. Reino Unido nº2, demanda nº 74025/01, de 6 de octubre de 2005).

interna de los derechos (vías que, por otra parte, han de existir y ser accesibles para toda persona dependiente de la jurisdicción de los Estados –art. 13 CEDH-)[5]. Y es un principio material en cuanto que lo que interesa es que los derechos y libertades se protejan de forma real y efectiva, con independencia del título jurídico con el que estos se revistan.

Nada del principio de subsidiariedad debe llevarnos a pensar en una compartición estanca entre el espacio estatal de los derechos y el espacio internacional de los mismos. La subsidiariedad bien mirada es precisamente la mejor fuente de *diálogo* entre jurisdicciones si se sigue el orden natural de las cosas, pues cada tribunal que intervenga en un proceso que acabe ante el TEDH habrá actuado como tribunal en el sentido fuerte del término, juzgando y haciendo ejecutar lo juzgado. Y en cada uno de sus actos jurisdiccionales, cada tribunal y cada juez habrán tenido que dar las razones para acoger o no la pretensión de protección de los derechos y libertades invocada y, finalmente, en este quehacer, cada tribunal habrá debido sustentar su respuesta desde el derecho al que se deben en exclusiva, que será muy posiblemente múltiple si hablamos de los tribunales nacionales y único si lo observamos desde la perspectiva del TEDH. En cualquier caso, todos ellos habrán tenido que “decir derecho” respecto de los derechos y libertades invocados. Unos derechos y libertades que no tienen porque ser necesariamente los encuadrados en el Convenio, a su imagen y semejanza queremos decir, sino ámbitos de libertad que han podido ser reconocidos en las Constituciones nacionales (en muchos casos con anterioridad al propio Convenio y en otros incluso posteriormente) y desde ahí servir con la mayor

---

5 Vid., art. 35.1 CEDH: “La Cour ne peut être saisie qu’après l’épuisement des voies de recours internes, tel qu’il est entendu selon les principes de droit international généralement reconnus, et dans un délai de quatre mois à partir de la date de la décision interne définitive”.

de las eficacias a la obligación de resultado que el Convenio como tratado internacional impone. Hay en nuestra proposición, no lo negamos, mucho de una concepción ius natural de los derechos y libertades.

Y con este ir sumando sustratos es como los derechos y libertades del conjunto del sistema convencional, que abarca tanto lo estatal (con sus muy distintas singularidades) y lo puramente convencional, van adquiriendo forma y contenido común, la expresión europea de los derechos y libertades. Este encaje de ordenamientos y jurisdicciones permitirá en consecuencia que determinados ámbitos de los derechos y libertades, allí donde sea posible, queden abiertos a las singularidades estatales, de ahí que la subsidiariedad lleve siempre de su mano al denominado "margen de apreciación" estatal. Igualmente, de este sumatorio se podrá colegir, y de hecho se hace, que los Estados ofrezcan una interpretación más amplia de los ámbitos cubiertos por los derechos y libertades que la que se haya declarado convencionalmente. Asimismo, y como principio de cierre del complejo sistema, el contenido del derecho o libertad fijado por el TEDH funcionará como límite último para todas las jurisdicciones llamadas a protegerlos (contenido mínimo al que preferiríamos se le denominase contenido común, por ser ésta a nuestro entender una expresión más exacta). Por último, la configuración nunca terminada de los derechos y libertades convencional y constitucionalmente protegidos se precipita desde todas estas fuentes, pues su destilado se obtiene a partir de la multitud de afluentes que integran la bañada cuenca.

El Convenio ni desplaza ni pretender desplazar a las Constituciones, al contrario, las hace suyas. Alguna vez hemos dicho, aquí volveremos a insistir, que de la misma forma que los derechos fundamentales reclaman derechos humanos para dotarse de una mayor protección, los derechos humanos reclaman de derechos fundamentales como mejor fórmula de su actualización y virtualidad. Todo esto está implícito en el art. 1 CEDH: "Las Altas Partes Contratantes reconocen (*shall secure* en la versión inglesa) a toda persona dependiente de su jurisdicción los derechos y libertades definidos... en el presente Convenio".

El Convenio tiene un carácter finalista, como hemos dicho antes, y por lo tanto no pretende el desplazamiento del derecho estatal de los derechos a favor del orden convencional de los mismos. Aparentemente esto parece complicar las cosas, pues el juez estatal habrá de servir a dos señores: Constitución y Convenio. Sin embargo, es la propia idea de la subsidiariedad la que invita a interpretar ambos sistemas coordinadamente. Por pura lógica hermenéutica el derecho constitucional de los derechos ha de interpretarse de conformidad con el orden convencional de los mismos, pero sin que deba perderse de vista que, al interpretar los derechos constitucionales, se está coadyuvando a la conformación de un *corpus jurídico* valiosísimo para delimitar el contenido común de los derechos convencionales. Las materias referidas a derechos y libertades de las que pueda conocer un juez nacional no caen pues dentro de uno u otro orden normativo dependiendo de no sabemos exactamente qué. En este sentido, el juez de los derechos es juez de un ordenamiento compuesto que, como tal, ha de ser interpretado de forma coherente. Un principio funcionalista de naturaleza cuasi *ius* natural de los derechos debe presidir esta operación de interpretación jurídica. Los derechos fundamentales y los derechos humanos están orientados a garantizar la misma dignidad de la persona, eso es todo.

Es por eso que resulta altamente improcedente la comparación del sistema jurídico convencional y constitucional con el ordenamiento jurídico autónomo que resulta de la integración de algunos Estados en la Unión Europea[6]. En este último el principio de subsidiariedad juega un papel muy distinto (solo en el marco del ejercicio de las competencias atribuidas por

---

6 Como tampoco fue procedente la comparación entre la convencionalidad y primacía en la STC 140/2018, FJ 6.

los Estados a la Unión), prevaleciendo a los efectos que aquí interesan los principios de primacía y uniformidad. El efecto de estos dos principios sí producen, y además de forma tajante, un desplazamiento de los derechos fundamentales de las Constituciones nacionales en favor de los propios derechos de la Unión Europea, reconocidos en una Carta propia, la CDFUE, y a la que se dotó del mismo valor que a los Tratados. Así pues, cuando entre a jugar el derecho de la Unión, el juez nacional queda al servicio de este único paradigma, debiendo excluir de su interpretación jurídica cualquier tipo de resistencia que pueda nacer de la interpretación de los derechos y libertades reconocidos en su Constitución nacional. Cosa distinta es que la propia Carta reconozca a las tradiciones constitucionales comunes como principios de su propio derecho o que exija, asimismo, que los derechos de la Carta deben ser interpretados de conformidad con el contenido declarado por el TEDH respecto de sus derechos convencionales, pero todo esto se hace desde la propia autonomía del derecho de la Unión, por más que pueda ser admitido que esta deferencia está pensada para evitar cualquier tipo de socavamiento de sus principios estructurales: primacía y uniformidad (la saga Solange I y II del TCF alemán y la de Bosphorus, Michaud y Avotins del TEDH, son afirmaciones de la autonomía del derecho de la Unión para gestionar con exclusividad –relativa- la garantía de los derechos y libertades en su ordenamiento)[7].

---

[7] Resulta en este sentido revelador el cambio de la jurisprudencia del Tribunal Constitucional alemán a partir de la primera de las sentencias denominadas de “derecho al olvido”. La CDFUE será el paradigma desde el que el TCF alemán resolverá los casos que caigan dentro del radio del derecho de la Unión Europea, con desplazamiento absoluto de la Constitución alemana y sus derechos fundamentales (o por ser precisos, manteniéndola en una posición de reserva). Sobre este particular, véase, Cruz Villalón, P. (2022). De la persistencia de un viejo dictum: la STC 89/2022, en contexto. En Fromage, D. *Jacques Ziller a European Scholar*, EUI, pp. 230-241.

El sistema colectivo de protección de derechos integrado por el Convenio y las Constituciones nacionales no se funda ni en la primacía (en el sentido de un Convenio que desplace a la Constituciones), ni en la uniformidad (pues la existencia del margen de apreciación esta convencionalmente reconocida, ahora en el Preámbulo del propio Convenio). Su pilar estructural es la subsidiariedad, pero con un significado distinto del que habitualmente se le atribuye, es decir, como un principio dispuesto para ordenación del ejercicio de competencias compartidas. Aquí la subsidiariedad es ante todo principio de orden en la defensa y garantía de los derechos, un principio que funciona además de forma porosa, pues permite que en cada estadio procesal de la garantía se puedan ir sumando distintos parámetros de enjuiciamiento que el operador jurídico tendrá necesariamente que armonizar. En este sentido, el principio de la subsidiariedad es más rico, por plural y creativo, dado que los derechos no son nunca cosas terminadas, sino requeridas siempre de actualización desde la inmediatez en la que se aplican. Pero sin duda la subsidiariedad entendida como proceso tiene un punto y final como exige una elemental garantía de seguridad jurídica. Así pues, lo estrictamente convencional, en lo que tiene de común para el conjunto del sistema, para todas sus piezas, es un límite que habrá de ser tenido en cuenta por los jueces y tribunales. En resumen, la subsidiariedad ha de ser entendida tanto por lo que tiene de pluralidad, pues opera sobre ordenes jurídicos encarados todos ellos a la garantía de la dignidad de las personas, como por lo que tiene de uniformidad, en el sentido de que ese espacio compartido, salvando las diferencias, debe estar presidido por una idea común de dignidad expresada a través de una interpretación comparti-

---

Asimismo, del mismo autor: Cruz Villalón, P. (2021). ¿Una forma de cooperación judicial no reclamada? Sobre la extensión del amparo a la Carta de Derechos Fundamentales de la UE. *Anuario Iberoamericano de Justicia Constitucional*, Vol. 25, 1, pp. 57-85.

da de los derechos y libertades. La subsidiariedad es asimismo prioridad, pues para que los derechos sean reales y efectivos es al juez predeterminado por ley, al juez estatal, al que corresponde desde el ordenamiento compuesto, sin preterición de ninguno de ellos, hacer efectivos a los mismos.

La línea divisoria entre los derechos humanos y los derechos fundamentales se diluye. El Convenio ordena que los derechos se aseguren en el interior de las fronteras del Estado parte sin importar la forma que estos adopten, es decir, de cuál sea el ropaje jurídico con el que se los revista. Los derechos humanos, ya lo hemos dicho, encuentran en los derechos fundamentales un buen molde desde el que hacerse presentes y alcanzar su máxima virtualidad. Dejo aquí a un lado lo dispuesto en el art. 10.2 CE, pues no es por ese mandato interpretativo de naturaleza constitucional por el que los derechos humanos y los derechos fundamentales deben funcionar en la misma longitud de onda. Ambos paradigmas son expresión de una misma dignidad y es esta última la que debe ser objeto de protección a la largo del entero *iter* procesal de garantías.

Sin embargo, la consecuencia más inmediata del principio de subsidiariedad es la apertura a la que obliga en la interpretación de los derechos para dar entrada a elementos que, sin ser en ningún caso extra sistémicos, si pueden definirse como particularidades o hechos diferenciales de cada Estado parte en el sistema convencional. La interpretación de los derechos en su fase estatal no puede ignorar ingredientes como el principio democrático o, más sencillamente, la misma realidad social, económica y cultural sobre la que deben operar esos mismos derechos. De igual forma, es al juez estatal, por su inmediatez, al que corresponde fijar los hechos probados, seleccionar la ley aplicable e interpretarla de conformidad con su propio ordenamiento jurídico. Pero sin duda, y esto es quizás lo más destacable, el juez nacional no puede desplazar ni de manera absoluta ni relativa a la Constitución de cuya imperatividad proviene su propia legitimación.

En cambio, la garantía de los derecho en su última fase, la que se dispensa más allá de la frontera de los Estados y que es la fuente principal del mecanismo colectivo de protección de derechos, arma el contenido de los derechos y libertades teniendo presente estas distintas realidades estatales. Es esta diversidad la que le facilita la operación de delimitación del que será contenido común de los derechos humanos, esa suerte de común denominador que sólo puede ser alcanzada si las jurisdicciones estatales han podido expresarse desde la complejidad de sus ordenamientos internos.

Por todas estas razones puede decirse que la subsidiariedad y el margen de apreciación estatal caminan de la mano[8]. Pero sin que en ningún caso la última ellas pueda ser interpretada como un *contralímite* para el Tribunal externo que deba fijar el contenido común de los derechos. La realización de los derechos humanos, es decir, que estos sean reales y efectivos, no puede quedar al albur de la declaración de una singularidad por parte del Estado demandado. Es al TEDH a quien corresponderá en su caso declararla a la vista de los elementos que conforman el mapa europeo de los derechos.

II. LAS SINRAZONES DEL PROTOCOLO XVI: NECESIDAD DE CONVENIO, PERO TAMBIÉN DE CONSTITUCIÓN. NECESIDAD DE SISTEMA

Un entendimiento perverso de esta idea de la subsidiariedad y del margen de apreciación está detrás del nuevo Prot. XVI al CEDH. Ante el temor de una interpretación de ambos

---

8 Por todos, García Roca, J. (2010). *El margen de apreciación nacional en la interpretación del Convenio Europeo de Derechos Humanos: soberanía e integración.* Cizur Menor, Cuadernos Civitas/Instituto de Derecho Parlamentario.

principios que quisiera menoscabar la acción del TEDH, se abre la posibilidad de un mayor contacto entre las jurisdicciones estatales y el propio Tribunal de Estrasburgo, acaso con la idea de que adelantando los tiempos la posición de la Corte europea mantendría su influencia. Pero el compresible temor no debería llevar a alterar de forma tan disruptiva la presencia de lo Constitucional y de los derechos fundamentales en el mecanismo colectivo de garantías. Es hora de preguntarse si una cuestión de principio relativa a la interpretación o aplicación de los derechos humanos no es siempre (por también) una cuestión de principio relativa a la interpretación o aplicación de los derechos fundamentales. Porque si lo es, como así se deduce de los casos resueltos hasta la fecha por el TEDH en virtud del Prot. XVI, es cuando menos extraño para el conjunto del sistema que se eclipse la respuesta constitucional (y ello por más que se afirme que la opinión consultiva del TEDH no es vinculante (por otra parte, ¿puede un Tribunal que así pretenda llamarse emitir opiniones no vinculantes?). La subsidiariedad con este procedimiento consultivo se quiebra tanto en su forma (tiempos procesales) como en su fondo (pues la riqueza normativa con la que juega el juez estatal pierde uno de sus elementos principales, señaladamente la que proviene de su propia Constitución nacional).

Tampoco la idea de laguna en la jurisprudencia del TEDH o la novedad del caso justificarían la existencia del Prot. XVI al CEDH. Debemos insistir de nuevo en la idea de que lo convencional se conforma a partir de quienes en primera instancia tienen como cometido la defensa y garantía de los derechos y libertades. El órgano jurisdiccional subsidiario solo está llamado a intervenir por defecto, es decir, solo en el caso de que los citados tribunales hayan faltado a su deber de protección. Es a estos últimos por tanto a quien compete responder *prima facie* a las cuestiones novedosas o no definidas con toda exactitud por el Tribunal que tiene la última voz en el mecanismo colectivo de garantías.

En un sistema subsidiario, el Tribunal último en su orden estará mejor armado para decidir sobre si una concreta decisión está acorde o no con el Convenio si puede contar con lo juzgado por las instancias jurisdiccionales estatales. Asimismo, caso de tratarse de una cuestión novedosa, es desde esas pocas decisiones que hayan podido darse desde donde podrá construir una arquetipo del derecho válido para el conjunto del sistema.

Los tribunales estatales protegen derechos y cuentan para ello con un sistema jurídico completo y compuesto, integrado por Convenio y Constituciones. Admitiendo que un sistema así integrado puedan surgir dudas en cuanto la interpretación y aplicación concreta de un derecho en un caso concreto, es desde esa bicefalia del ordenamiento jurídico desde la que el juez habrá de conformar su interpretación del derecho, y herramientas jurídicas tiene para así hacerlo. Abrir la puerta a solicitar una opinión consultiva del TEDH es en cierta forma admitir que el Convenio es un cuerpo extraño o singular respecto del sistema constitucional colectivo de protección. Y, como venimos afirmando, nuestra idea es justo la contraria.

El Convenio Europeo de Derechos Humanos no es ajeno a la realidad constitucional de los Estados. Por el contrario, el Convenio se vale de las Constituciones para hacerse efectivo, pues aunque solo sea desde una visión funcionalista de lo que se trata es de garantizar derechos y libertades de forma real y efectiva. El CEDH persigue con principal interés que los poderes públicos estatales aseguren los derechos y que lo hagan desde sus propios ordenamientos con el derecho adecuado y los procesos convenientes. No hay necesidad, pues, de que los tribunales estatales tengan como único paradigma al Convenio, ni de que este ocupe una posición u otra en el sistema de fuentes estatal. El Convenio no se mide por su primacía respecto de los ordenamientos jurídicos internos, sino por el éxito de su virtualidad, incluso, llegando al extremo, sin necesidad del mismo como fuente del derecho privilegiada. Los derechos son algo más que el Convenio en este sentido, pues cabe siempre una interpretación más extensa de los mismos en el nivel estatal (pensemos por ejemplo en la inexistencia de contramparo en este ámbito y traigamos como contra ejemplo nuestro caso Melloni) o que entre a jugar un cierto margen de apreciación estatal en la configuración de esos derechos y libertades.

Pensar sólo en Convenio como si nada más existiese es el pecado que esconde el Prot. XVI al CEDH, la razón si se me permite de su inadecuación respecto de un sistema colectivo de garantías armado desde la subsidiariedad. El Prot. XVI al CEDH, al desplazar a las Constituciones, invita a pensar en los derechos de forma unidireccional y ascendente, y no en términos de horizontalidad, de cruce de interpretaciones sobre un armazón de contenidos comunes e indisponibles de los derechos. Al solicitar una opinión consultiva del TEDH se desdeña la interpretación que las otras fuentes jurídicas debieran poder dar. Pero esta interpretación o reflexión constitucional por parte de quien insta la opinión consultiva, como veremos en seguida, ni siquiera se exige[9]. Se elide así a los ordenes constitucionales, y se hace de forma consciente. Y todo ello porque si se reclamase del tribunal *ad quo* su opinión jurídica respecto del caso y con referencia a todo el derecho que debe tener

---

9 En las líneas directrices elaboradas por el TEDH sobre la puesta en marcha del procedimiento de opiniones consultivas se afirma: "Il y a lieu de noter que la juridiction demanderesse jouit d'une certaine latitude pour déterminer s'il est « pertinent » ou non d'inclure un résumé des arguments des parties à la procédure sur la question qui fait l'objet de la demande et s'il est « opportun » ou non d'inclure un exposé de son propre avis sur la question. Ces questions relèvent de l'appréciation de la juridiction concernée. Ce qui importe c'est que celle-ci donne à la Cour les informations propres à lui permettre de fournir les éléments d'interprétation requis pour l'application du droit de la Convention à la procédure interne", en "Lignes directrices concernant la mise en œuvre de la procédure d'avis consultatif prévue par le Protocole no 16 à la Convention (approuvées par la Cour plénière le 18 septembre 2017)", pár. 13.

en cuenta, muy posiblemente no habría duda, puesto que las Constituciones, en lo que tienen de derechos y libertades, no pueden no responder, y eso llevaría a concluir que el juez sencillamente ya no tiene dudas.

El diálogo entre tribunales empieza por uno mismo. Es el juez garante de los derechos el que en primera instancia está obligado a conectar todos los parámetros desde los que construirá los argumentos y razonamientos de su sentencia. Su función constitucional es la de proteger derechos a partir de un ordenamiento integrado y es a él al que le corresponde interpretarlo (*iura novit curia*). Puede ocurrir, lo admitiremos, que en esta labor interpretativa, el juez no encuentre en la jurisprudencia del TEDH una respuesta clara que le permita resolver la demanda de protección que se le reclama. Y puede ocurrir también que tampoco la encuentre en la justicia constitucional. Antes del Prot. XVI si estos supuestos, combinados o no, se daban, el juez resolvía de conformidad con su leal saber y entender. Con la entrada en vigor del citado Protocolo, pero siempre bajo la condición de que el Estado en cuestión lo haya ratificado y haya señalado a esa instancia jurisdiccional como una de las habilitadas para solicitar una opinión consultiva, dicha alta instancia judicial podrá pedir una opinión clarificadora al TEDH. Esta misma posibilidad, hasta donde sabemos, no está reconocida en el plano interno. Los tribunales de justicia no pueden solicitar opiniones consultivas a sus Tribunales Constitucionales o al Tribunal que ocupe la cúspide judicial. Esto hecho descompensa el equilibrio del sistema colectivo de garantías en favor del Tribunal de Estrasburgo, pues margina a la Constitución en la medida en que todo se hace Convenio.

Con todo, esta situación se salvaría si en el proceso de solicitud de opinión consultiva fuese un requisito necesario de admisión el solicitar del juez *ad quo* que, al motivar su consulta, diese las razones por las cuales interpreta que la cuestión planteada no puede resolverse desde una interpretación de la Constitución convencionalmente adecuada. Al menos debería exigirse al citado tribunal que argumente cómo habría resuelto la duda de no haber existido Protocolo XVI, aunque solo sea por la sencilla razón de que solo ofreciendo razones jurídicas que contraponer puede hablarse efectivamente de diálogo. La presencia de esta razonamiento pudiera incluso llevar al TEDH a inadmitir aquellas demandas de opinión consultiva en las que, a la vista de las razones ofrecidas, se pusiese de manifiesto que el caso no requiere de intervención del Tribunal de Estrasburgo. El principio de subsidiariedad saldría reforzado, así como el valor de lo constitucional en la defensa y protección de los derechos y libertades.

Si el Protocolo XVI quiere servir para algo más que para hacer frente a la celada que activa el Protocolo XV, el TEDH debería esforzarse en seleccionar los casos que admite a trámite, dando buenas razones del por qué lo hace y buscando siempre y en todo caso que su opinión consultiva juegue en favor tanto de las Constituciones como del Convenio, a favor de una comprensión común de los derechos en definitiva. Desde el lado de los tribunales con competencia para demandar opiniones consultivas, el planteamiento de las mismas no debería centrarse, al menos no en primer grado, en la novedad del caso o en la ausencia de jurisprudencia *clara* respecto de la jurisprudencia del TEDH. Su esfuerzo debería centrarse más bien en hacer ver que la interpretación de los derechos fundamentales en el plano interno pudiera no casar con la que pudiera ser interpretación de los derechos humanos. El reclamo de una opinión consultiva debe hacerse en favor de un sistema complejo de garantía de derechos y la confrontación de ideas resulta imprescindible.

III. EL PROTOCOLO XVI CEDH DESDE SU PRAXIS. ¿DÓNDE LA JUSTICIA CONSTITUCIONAL?

Pero descendamos de este nivel teórico y vayamos a la praxis. Analicemos cuál ha sido la del Prot. XVI desde su entrada en vigor hasta la fecha. En este periodo el TEDH ha emitido opinión consultiva en seis casos, y tiene ya uno más en cartera[10]. No creo que sea un número suficiente como para extraer conclusiones contundentes, pero si son suficientes como para poder afirmar de entrada que el TEDH no ha desperdiciado estas pocas ocasiones para, a través de estos pocos casos, animar a los Estados renuentes a ratificar el Protocolo. Los incentivos se han mostrado de dos maneras: en primer lugar, a través de la premura con la que el TEDH ha emitido sus opiniones, otorgándoles un carácter preferente; en segundo lugar, el TEDH ha procurado salvaguardar el principio de subsidiariedad ciñéndose en sus opiniones, o al menos intentándolo, a lo que el Protocolo le permite: ofrecer una opinión/guía/orientación sobre las cuestiones de principio planteadas por los tribunales

---

10 "Le 13 avril 2023, la Cour européenne des droits de l'homme a reçu une demande d'avis consultatif (n° P16-2023-001) présentée par le Conseil d'État de Belgique. Il s'agit de la première demande d'avis consultatif formulée par une haute juridiction belge. Cette demande est formulée dans le cadre d'un recours en annulation introduit par un agent de sécurité devant la section du contentieux administratif du Conseil d'État de Belgique contre une décision du ministère de l'Intérieur de retirer à l'intéressé la carte d'identification l'habilitant à exercer la profession d'agent de sécurité ou de gardiennage au motif qu'il a des contacts avec des individus de tendance « salafiste scientifique » et qu'il a été évalué comme étant « partisan de cette idéologie » par les services de renseignement. Elle porte sur une interprétation de l'article 9 (droit à la liberté de pensée, de conscience et de religion) de la Convention", nota informativa de prensa disponible en la web del TEDH.

con la única finalidad de ayudarles a resolver el caso concreto. Cosa distinta es que lo haya conseguido.

De hecho, en las seis opiniones emitidas hasta la fecha, el TEDH ha reiterado machaconamente, como una especie de un mantra, los elementos que deben presidir y configurar su actuación desde esta nueva competencia consultiva. Así, ha insistido que, tal y como se afirma en el propio preámbulo del Prot. XVI CEDH, el procedimiento de demandas consultivas ha de tener como finalidad principal la de reforzar la interacción entre la jurisdicción europea y las autoridades nacionales, con el objetivo de reforzar la implementación del Convenio, mas siempre de conformidad con el principio de subsidiariedad. La teleología de este procedimiento, añade, no es el de transferir el caso al TEDH para que este lo resuelva, sino la de dar a la jurisdicción que ha planteado la consulta los medios necesarios para que se garanticen los derechos del Convenio en fase de resolución del litigio del que trae causa la demanda de opinión consultiva. El TEDH no tiene así competencia ni para realizar un análisis de los hechos, ni para apreciar la corrección de los puntos de vista de las partes en el proceso que tengan que ver con la interpretación del derecho interno a la luz del Convenio, ni tampoco sobre cuál debería ser el resultado final del procedimiento. Su rol se limita a dar una opinión en relación con las preguntas que le han sido planteadas. De este modo, es a la jurisdicción de la que emana la demanda de opinión consultiva a quien corresponde resolver las cuestiones que plantea el caso concreto y extraer, según los casos, todas las consecuencias que se desprenden de la opinión ofrecida por el TEDH respecto de las disposiciones de derecho interno invocadas en el caso y sobre la forma de terminación del mismo. Por último, afirmará el TEDH, de conformidad con lo dispuesto en los arts. 1.1 y 2 del Prot. XVI CEDH, la opinión que está llamado a dar debe limitarse a aquellos aspectos que tienen un contacto directo con el pleito que se dirime en instancia, pero el interés de su opinión consultiva es igualmente el de ofrecer al resto de jurisdicciones nacionales orientaciones sobre cuestiones de principio relativas a la interpretación de los derechos y libertades que el Convenio reconoce y que pudieran ser de utilidad en casos similares.

Para ser una mera opinión no vinculante y con efectos en principio para el caso concreto, no es desdeñable la naturaleza expansiva con la que se quiere revestir a las opiniones consultivas del TEDH. Sin embargo, como veremos a continuación, la contención teórica del Tribunal, es decir, su pretensión de ofrecer exclusivamente orientaciones no siempre podrá ser posible, al punto de que, como se verá, en no pocos casos dará una respuesta tan cerrada que al tribunal ad quo solo le restará aplicar lo que consultivamente y sin firmeza jurídica se le dice. En este sentido, sus cautelas teóricas para mantenerse en respuestas de principio solo serán viables en aquellas opiniones consultivas en las que las cuestiones planteadas por el juez *ad quo* solo pueden ser resueltas desde una correcta interpretación del derecho interno, una función que por puro sentido común corresponde realizar al juez que plantea la demanda consultiva (casos de legalidad ordinaria). Con todo, por más que la nueva competencia del TEDH lo arrastre a una actividad más propia del *soft law* que a una auténtica función jurisdiccional, su privilegiada posición en el sistema colectivo de garantías y la *fuerza inmanente* de sus resoluciones obliga a situar a este procedimiento de opinión consultiva dentro de la familia de los procedimientos prejudiciales clásicos, pues su *opinión* ante situaciones no *claras* desde un punto de vista convencional solo puedan resolverse con carácter definitivo en Estrasburgo. Este conjunto de cosas producirá, como ahora veremos, el desplazamiento casi automático de lo constitucional y, por extensión, de los derechos fundamentales que en estas normas se reconocen.

OC1[11]: La Constitución nacional como madre gestante: el Convenio como madre legal por subrogación.

"Avis Consultatif relatif à la reconnaissance en droit interne d'un lien de filiation entre un enfant né d'une gestation pour autrui pratiquée à l'étranger et la mère d'intention demandé par la Cour de Cassation française (Demande no P16-2018-001)", de 10 de abril de 2019

Había resuelto tiempo atrás el TEDH el caso Mennesson c. Francia[12], un caso de gestación subrogada, y había afirmado allí que el derecho a la identidad, a que se nos reconozca por ejemplo como hijo de alguien, forma parte del más amplio derecho a la vida privada reconocido en el art. 8 CEDH. La radical oposición del derecho francés a que se trascriba en el registro civil esta nueva realidad resultaba para el TEDH contraria al citado artículo, máxime cuando en el acuerdo de gestación subrogada, que tuvo lugar en los EE.UU, no se quebrantó el límite último de orden público y, por lo tanto, pudo el menor ser reconocido sin trabas como hijo legítimo de los progenitores de intención en su lugar de nacimiento. Para el TEDH debían quedar fuera de su razonamiento los pretendidos derechos a la vida privada y familiar de los padres de intención, pero en ningún caso podía soslayarse, como decimos, el derecho a la identidad del menor, en concreto lo relativo a su filiación, entre otras razones por los perjuicios que esa "no identidad" pudiera acarrearle en su desarrollo y en el disfrute de los derechos que tal condición lleva aparejados: acceso a la nacionalidad de los padres, derecho relativos a la residencia y a la herencia, situa-

---

11 Dado el largo título con el que se ha bautizado a las opiniones consultivas dictadas hasta la fecha y con el único ánimo de facilitar la lectura, a partir de este momento nos referiremos a las mismas con el acrónimo OC seguido por el ordinal que indique su sucesiva aparición en el tiempo.

12 Mennesson c. Francia, demanda nº 65192/11, de 26 de junio de 2014.

ción en que pudiera quedar el menor tras el fallecimiento de uno o de ambos progenitores de intención o los problemas con que el menor se pudiera encontrarse en caso de divorcio de los padres, entre otros. El caso Mennesson se resolvía así en exclusivo interés del menor, un interés éste muy superior, a juicio del Tribunal, respecto de cualquier otra consideración de orden moral que se le pudiera oponer. El TEDH advertiría en su sentencia, y así lo recalcaría expresamente con la intención de modular su juicio, que en el caso en cuestión el padre de intención era asimismo progenitor biológico, a diferencia de lo que ocurría con la madre. Por esta razón, en fase de ejecución de sentencia, se reconocería por el juez francés exclusivamente esa paternidad biológica, dejando sin transcripción registral el vínculo entre la madre de intención y el hijo nacido de gestación subrogada (ausencia de ligamen genético).

La demanda de opinión consultiva surgirá tras la demanda interpuesta por la madre de intención de este caso Mennesson ante la negativa a ser reconocida por las autoridades francesas como madre legal de los menores. Una vez llegó el caso ante el Tribunal de Casación, este tribunal plantearía al TEDH la pregunta de si la imposibilidad en derecho francés de dar reconocimiento a la madre de intención excedía el margen de apreciación del que disponen los Estados desde la perspectiva del art. 8 CEDH. A título subsidiario, y caso de que se respondiese afirmativamente a la primera de las cuestiones, la Corte de Casación plantea al TEDH si el reconocer a la madre de intención como madre adoptiva podría ser suficiente a la vista de las exigencias que derivan del citado art. 8 CEDH[13].

El TEDH comienza por admitir que aunque su jurisprudencia hasta la fecha sobre gestación de subrogado ha habido

[13] Vid., Matía Portilla, F. J. (2022). La incidencia de los estándares europeos en los ordenamientos nacionales: a propósito de la inscripción de bebés nacidos en el extranjero. *TRC*, n.º 49, pp.173-197.

siempre un ligamen genético entre los padres de intención y los menores, es más que probable que en el futuro esté llamado a resolver otro tipo de situaciones habida cuenta la evolución de la gestación por subrogación. Sin lugar a dudas, toda una declaración de principio sobre su prevalente posición jerárquica en la configuración del contenido común de los derechos. En el caso concreto, sin embargo, vuelve a estar presente ese lazo biológico, aunque solo respecto del padre. Es la cuestión de la madre de intención la que habrá que resolver.

Como ocurriese en el caso Mennesson, dos bienes jurídicos contrapuestos han de tenerse presentes en el que a la postre será un juicio ponderativo: de un lado, el interés superior del menor, es decir, su derecho a la identidad y todo lo que ello comporta y hemos señalado en el párrafo precedente; del otro, las cuestiones éticas y de orden público que están implicadas en los procesos de gestación subrogada y que pueden justificar la resistencia de los Estados a transcribir las actas de nacimiento y filiación tal y como han sido compiladas en aquellos países donde la gestación por subrogación está legalmente consentida (los riesgos de abuso que la gestación por subrogación puede acarrear y el derecho a conocer los orígenes son citados expresamente por el Tribunal como elementos que pueden ser tomados en cuenta). Pues bien, el TEDH considera que estando en juego el interés superior del menor, una imposibilidad absoluta de reconocimiento de la relación de la madre de intención con el menor lesionaría gravemente ese supremo interés. El margen de apreciación de los Estados en este terreno debe ajustarse a esta finalidad y, como consecuencia, en casos como los aquí traídos, los ordenamientos estatales deben ofrecer alguna posibilidad de reconocimiento del lazo de filiación entre el menor y la madre de intención, y que consta como madre legal en la partida de nacimiento (OC1, pár. 46).

Respecto de la segunda de las cuestiones planteadas y sobre la cual la propia Corte de Casación ofrece una propuesta, la de inscribirla como madre adoptiva, el TEDH solo va a exigir que el proceso de reconocimiento sea tan breve como sea posible y que, dada la variedad de posibilidades que se dan en los Estados parte en el Convenio que así lo admiten, no puede exigírsele a estos que trascriban el acta de nacimiento de forma literal. Cuentan aquí los Estados con margen de apreciación, permitiéndose por lo tanto que puedan hacer uso de otras figuras distintas a la de madre legal, como bien pudiera ser la de la adopción. En cualquier caso, afirma el TEDH, cuando el lazo de filiación entre la madre de intención y el hijo "se concrete", habrá que dar con celeridad curso a ese reconocimiento. La adopción se encuentra, a juicio del TEDH, entre las instituciones idóneas para certificar esa filiación, pero siempre que se garantice su efectividad y la brevedad del proceso. Y todo ello pese a reconocerse que esta figura pueda plantear ciertos problemas, como por ejemplo que solo está abierta a parejas casadas o que, en ciertos casos, solo pueda autorizarse previo consentimiento de la madre gestante.

Más allá del contenido de lo resuelto por el TEDH en esta primera opinión consultiva, lo que nos interesa destacar aquí es la clamorosa ausencia de la justicia constitucional francesa en este caso. La convencionalidad va a envolver todo lo relativo a la gestación subrogada, si se quiere decir de forma más directa. Ocurrió así en el caso matriz (caso Mennesson citado) y vuelve a ocurrir en este primer procedimiento de demanda de opinión consultiva. Sin embargo, la Constitución francesa habría debido tener la oportunidad de decir algo, de pronunciarse sobre un fenómeno ante el que la comunidad política ha de saber cuáles son los fundamentos constitucionales sobre los que debe operar. Por ello, quizás hubiese sido más apropiado que en alguna de las dos situaciones los tribunales franceses hubiesen hecho uso de la cuestión prioritaria de constitucionalidad (QPC). Si la ley civil francesa prohíbe de forma contundente todo negocio jurídico de gestación subrogada y, por contravención del orden público, declara nulo todos sus efectos, tal vez el mecanismo de depuración del ordenamiento debería haberse activado. Al decir esto no podemos asegurar que el Consejo Constitucional hubiese seguido la estela del TEDH, pero tal vez sea precisamente porque no lo podemos saber por lo que hubiese resultado muy adecuado se le plantease la cuestión prioritaria de constitucionalidad. Desde la tesis que aquí sostenemos del sistema colectivo de derechos como un sistema integrado, resulta imprescindible que todas las piezas claves en el puzle (Constituciones y Convenio) se expresen, pues solo desde esa expresión colectiva, insistiremos en este idea, podrá construirse un contenido común de los derechos y libertades y podrá delimitarse el terreno de juego del margen de apreciación (OC1, pár. 43).

Sin duda la neta dicotomía francesa entre lo constitucional y lo convencional juega en esta ocasión a favor de un TEDH que, en Francia, y durante mucho tiempo, ha hecho la veces de Tribunal Constitucional por mor de la excepción francesa en cuanto a los procedimientos de garantía de la Constitución hasta la reforma constitucional de 2008. En todo caso, desde al año 1994 el art. 16.7 del Código Civil francés reza así: "Toute convention portant sur la procréation ou la gestation pour le compte d'autrui est nulle". Y a la vista está de que esto ya no es así, o al menos no exactamente, a la vista de la "orientación" ofrecida por el TEDH en esta primera OC. En todo caso, la Constitución francesa ya tiene muy poco que decir sobre esta materia; la convencionalidad le ocupó todo el terreno.

OC2: El espurio uso de la demanda de opinión consultiva. Cuando el Defensor de la Constitución busca a alguno que lo defienda.

"Avis Consultatif relatif à l'utilisation de la technique de « législation par référence » pour la définition d'une infraction et aux critères à appliquer pour comparer la loi pénale telle qu'elle était en vigueur au moment de la commission de l'infraction et la loi pénale telle que modifiée, demandé par la Cour constitutionnelle arménienne (Demande nº P16-2019-001)", de 29 de mayo de 2020

Los hechos del caso se remontan al año 2008. Tras las elecciones presidenciales en Armenia, un nutrido grupo de ciudadanos se concentran por todo el país en protesta por las supuestas irregularidades habidas en el proceso electoral. El 20 de febrero de 2008, los manifestantes concentrados en la plaza de la Libertad de la ciudad de Ereván, fueron dispersados con violencia, con el resultado de ocho manifestantes muertos y dos policías. Justo después se declararía por el Presidente electo, Sr. Kocharyan, el estado de urgencia en todo el país. Diez años después, y tras la denominada revolución "de velours", la oposición llegaría al poder. La consecuencia inmediata para el Presidente depuesto fue la de la apertura de diligencias penales contra su persona por los hechos acecidos una década antes. Pues bien, es este proceso penal el que dará lugar a la demanda de opinión consultiva, pero no sin un giro inesperado. El tribunal de instrucción penal que conocía del caso planteó ante el Tribunal Constitucional armenio una cuestión de inconstitucionalidad respecto del precepto penal aplicable a los hechos que se juzgaban. Motivaba sus dudas en dos razones principales: la primera de ellas se centraba en la falta de seguridad jurídica del precepto penal aplicable al caso, pues en la definición del tipo penal había remisiones a la Constitución, una norma esta última que, por definición, está integrada por preceptos necesariamente abiertos, algo que podría ir en contra de la claridad y certeza que se requiere de las normas penales; la segunda tiene que ver con un problema de sucesión de las normas penales en el tiempo. La norma aplicable al caso había adquirido vigencia en 2009, es decir, un año después de los hechos incriminados, y surgían dudas sobre si la esta norma agravaba la responsabilidad de los encausados respecto de norma penal vigente en el momento de los hechos. El parámetro de control referido por el juez de lo penal se encuentra recogido en los arts. 72, 73, 78 y 79 de la Constitución armenia[14]. Una vez admitida a trámite la cuestión de inconstitucionalidad, el Tribunal Constitucional decide interponer una demanda de opinión consultiva ante el TEDH por razones idénticas, pero invocando en este caso el art. 7 CEDH. Hete aquí la sorpresa, de oca a oca.

Este doble reenvío no va a ser óbice para que el TEDH admita a trámite la demanda de opinión consultiva. Por el contrario, el Tribunal europeo aprovechará la ocasión para asentar su primacía sobre la de la justicia constitucional, invocando para ello el mayor valor de lo convencional respecto de lo constitucional, pues como abiertamente afirma: la Constitución debe ser interpretada de conformidad con el Convenio:

> "L'avis consultatif de la Cour se fondera sur les faits tels qu'exposés par la Cour constitutionnelle, même s'ils sont susceptibles d'être réexaminés par la juridiction de première instance. *Il doit permettre à la Cour constitutionnelle de trancher la question dont elle est saisie, à savoir celle de la constitutionnalité de l'article 300.1 du code pénal de 2009 à la lumière des exigences découlant de l'article 7 de la Convention*. Il appartiendra ensuite au tribunal de première instance d'appliquer aux faits concrets de la procédure dirigée contre M. Kocharyan la réponse qui aura été donnée par la Cour constitutionnelle. Pour la Cour, cette approche est conforme au principe de subsidiarité sur lequel est fondé le Protocole no 16, de même au demeurant que la Convention elle-même", pár. 49 in fine, (cursiva nuestra)[15].

---

14 En concreto, en el art. 72 de la Constitución armenia se afirma: "Principle of Lawfulness in Defining Crimes and Imposing Punishments: No one shall be sentenced for an action or inaction not deemed to be a crime at the time of committal. A punishment more severe than that applicable at the time of committing the criminal offence may not be imposed. A law decriminalising an act or mitigating the punishment therefor shall have retroactive effect".

15 Y continúa, pár. 50: "La Cour constitutionnelle est appelée à examiner la constitutionnalité de l'article 300.1 du code pénal de 2009 à la lumière des articles 72, 73, 78 et 79 de la Constitution de 2015 (pa-

Siendo cierto que las Constituciones debe interpretarse en función de Convenio, lo que si resulta extraño es que el TEDH, en fase de admisión de la demanda de opinión consultiva, no exija del Tribunal Constitucional una interpretación jurídica desde la Constitución nacional de las cuestiones que plantea, y sorprende aún más que afirme con extrema naturalidad que solo de su mano es como mejor puede atender la Corte Constitucional su función jurisdiccional. La subsidiariedad, por más que pueda ser la gran palabra tras la que se esconde el TEDH para afirmar su competencia, sale en este caso mal parada, pues su opinión en este caso, como ahora veremos, no resultaba ni siquiera imprescindible. Como en seguida veremos, con la jurisprudencia del TEDH que existía ante de la demanda de OC podía muy bien responderse a las preguntas formuladas por la Corte Constitucional[16]. La necesidad por tanto de instar la intervención consultiva del TEDH era constitucionalmente improcedente, pues desde una Constitución interpretada en función de Convenio se habría debido resolver la cuestión de inconstitucionalidad.

---

ragraphe 28 cidessus). Ces dispositions constitutionnelles consacrent en substance le principe de la nonrétroactivité de la loi pénale (article 72), le principe de l'application rétroactive de la loi pénale plus douce (article 73), le principe de la proportionnalité de toute ingérence dans l'exercice des droits et libertés fondamentaux (article 78) et le principe de la légalité et de la prévisibilité de toute ingérence dans l'exercice de pareils droits et libertés (article 79). Le présent avis consultatif est destiné à servir de guide pour l'interprétation par la Cour constitutionnelle des dispositions internes pertinentes pour l'affaire pendante devant elle. Il appartiendra donc à la Cour constitutionnelle, et non à la Grande Chambre, d'interpréter l'article 300.1 du code pénal de 2009 et l'article 300 § 1 de l'ancien code pénal pour apprécier la constitutionnalité de la procédure pénale en cours".

16 La teoría del acto claro, tan querida por el TJUE, debería integrarse en el proceso de admisión de las demandas de opinión consultiva. Por todas, STJUE de 6 de octubre de 1982, asunto 283/81, Cilfit/ Ministerio della Sanitá.

En efecto, de la lectura de la larga opinión no vinculante sobresalen dos viejos argumentos que son con los que se dará respuesta a las cuestiones planteadas por el TC armenio. Así, respecto de los tipos penales que se integran por remisión a otras normas, el TEDH afirmará que no se trata de un fenómeno extraño, citando incluso algún caso en el que la remisión se dirigía igualmente a preceptos constitucionales (concretamente, Kuolelis y otros c. Lituania y Haarde c. Islandia). Para el Tribunal de Estrasburgo lo importante es que el precepto penal leído en su conjunto, tanto por lo dispuesto en su matriz como por lo consignado en la norma o normas a las que remite, presente la suficiente claridad y previsibilidad en el momento de su aplicación a unos hechos concretos. Concretamente se afirma:

> "Pour être conforme à l'article 7 de la Convention, une loi pénale qui définit une infraction en ayant recours à la technique de « législation par référence » doit toutefois respecter les exigences générales relatives à la « qualité de la loi », c'est-à-dire qu'elle doit être suffisamment précise, accessible et prévisible dans son application. Étant donné que la norme référée devient partie intégrante de la définition de l'infraction, les deux normes (la norme référente et la norme référée) lues conjointement doivent permettre aux personnes concernées de prévoir, en s'entourant au besoin de conseils éclairés, quel comportement peut engager leur responsabilité pénale. Cette interprétation découle pour la Cour des principes généraux de sa jurisprudence concernant les exigences en matière de qualité de la loi, et elle est confortée par les éléments de droit comparé disponibles", pár. 24.

Respecto del segundo argumento, que tiene que ver con la segunda pregunta planteada y que se refiere a los problemas de la sucesión de normas penales y a la interdicción de la aplicación retroactiva de normas penales, no hace falta decir que la jurisprudencia del TEDH era antes de esta opinión consultiva abundante y precisa[17]. De este modo, en esta opinión consultiva el TEDH no dirá nada que no hubiese dicho antes, todo lo más que se aporta es un razonamiento más ordenado sobre la cuestión, pero para esto ya están las notas de jurisprudencia que elabora la secretaria del Tribunal y que están a disposición publica en la web del Tribunal. Si esta opinión consultiva hubiese sido inadmitida a trámite por carencia manifiesta de contenido, se habría respetado la única condición material a que hace referencia el art. 1.1 Prot. XVI CEDH para su admisión: "demandas de opiniones consultivas sobre cuestiones de principio relativas a la interpretación o a la aplicación de los derechos y libertades reconocidos en el Convenio".

Creemos que al lector no se le escapará la razón espuria que esconde la presente demanda de opinión consultiva. Los hechos de los que parte eran tan políticamente delicados para el TC armenio que toda ayuda externa le venía bien, como herramienta útil para legitimar su respuesta. De hecho, el TC armenio, al igual que se la demandó el TEDH vía Prot. XVI, solicitó la opinión de la Comisión de Venecia para el mismo asunto planteándole prácticamente las mismas cuestiones.

Sin embargo, pese a las críticas, la contención del TEDH en su repuesta sí debe ponerse en valor. Fiel a su función en los procesos de demanda de opinión consultiva, el TEDH ceñirá su respuesta a dar al tribunal *ad quo* aquellas orientaciones precisas que, a su juicio, le permitirán resolver el caso. En esta segunda opinión consultiva, el Tribunal europeo se limitará a sistematizar su jurisprudencia con el propósito de servir de

---

17 "Dans ce type d'affaires, la Cour a examiné en substance si les actes incriminés étaient déjà punissables en vertu des dispositions en vigueur au moment de leur commission. Elle a par ailleurs estimé que la peine infligée ne devrait pas excéder les limites fixées par la disposition qui était en vigueur au moment de la commission de l'infraction", pár. 85.

guía. No resuelve por lo tanto el caso en cuestión, pues deja en manos del TC la responsabilidad de decidir si las normas penales vigente en el momento de la presunta comisión del delito y en la fase de enjuiciamiento permiten subsumir los hechos incriminados, aunque pueda tratarse tipos penales diferentes. Asimismo, corresponde al TC armenio determinar cual de las dos leyes es aplicable por ser más beneficiosa para el encausado. Por último, el TEDH deja abierta la cuestión de la necesaria calidad de la ley penal construida con remisión al texto constitucional, una fórmula legal compleja que en principio no contraría lo dispuesto en el art. 7 CEDH.

Con todo, resulta de gran valor comprobar la forma en la que el TC armenio resolvería el asunto tras dar por recibidas tanto la opinión consultiva del TEDH como el dictamen de la Comisión de Venecia. Con fundamento en ambas decisiones y haciendo uso de su propia jurisprudencia, la Corte Constitucional armenia acabaría afirmando la incompatibilidad del art. 300.1 del Código Penal con lo dispuesto en los preceptos constitucionales que garantizan el principio de legalidad penal (es decir, los que exigen un plus de certeza y claridad a los tipos penales -arts. 78 y 79 Constitución de Armenia-)[18]. Y como sin lesión del derecho no cabe que se interponga amparo, la vía europea queda definitivamente cerrada (imposibilidad de contraamparo). El carácter abierto de las opiniones consultivas del TEDH pueden dar lugar a un cierto margen de desatención de las mismas por parte de los tribunales nacionales y, además, que se haga de tal forma que pase desapercibido. Esta es la impresión que da la decisión del TC con sede en Ereván .

OC3: Cuando una Constitución es contraria al Convenio no hay opinión que valga, ni siquiera la del TEDH.

---

[18] Sentencia del TC armenio de 26 de marzo de 2021. Se encuentra accesible en la página web del citado Tribunal y es fácilmente localizable por la fecha (versión en ingles, aunque no oficial).

"Avis Consultatif concernant l'appréciation de la proportionnalité, sous l'angle de l'article 3 du Protocole no 1 à la Convention, d'une interdiction générale pour une personne de se porter candidate à une élection après une destitution dans le cadre d'une procédure d'impeachment, demandé par la Cour administrative suprême lituanienne (Demande no P16-2020-002), de 8 de abril de 2022

¿Pueden ser la Constitución nacional y su complejo mecanismo de reforma elementos a considerar en la determinación de un cierto margen de apreciación estatal que permita relajar las obligaciones derivadas del Convenio? En el fondo es esto lo que se plantea en esta tercera demanda consultiva interpuesta por la Corte Administrativa Suprema de Lituania. Una demanda de OC que, siendo estrictos, no debería haber pasado el filtro del colegio de 5 jueces. De nuevo nos encontramos ante un caso en el que no hay presencia de novedad alguna, es decir, que tampoco aquí hay caso que verse sobre una cuestión de principios relativa a la interpretación o aplicación de los derechos y libertades garantizados por el Convenio. Si entendemos por esta expresión la de que solo sean admitidas aquellas demandas que planteen alguna cuestión novedosa o que, a la vista de las nuevas circunstancias, pudieran exigir una nueva reflexión por parte del TEDH, el caso que llega como tercero en el tiempo ante el TEDH no tiene nada de esto, sino más bien de justo lo contrario.

En el caso Paksas[19] el TC lituano afirmaría con muchísima rotundidad que las personas destituidas de sus cargos (Presidente de la República, Primer Ministro y determinados jueces, entre otros) en procedimientos revocatorios (*impeachment* por violación grave de la Constitución) por la Cámara de representantes lituana (Seimas), no pueden volver a ser elegibles de por vida por quiebra del juramento constitucional que prestaron en

---

19 STEDH Paksas c. Lituania, demanda nº 34934/04, de 6 de enero de 2011.

el momento de su investidura (derecho de sufragio pasivo)[20]. Esta interpretación la deduce el TC lituano *a contrario*, pues concluye que si el art. 74 de la Constitución no establece plazo u horquilla de tiempo para reinsertar a los así destituidos, no cabe interpretar que la ley pueda establecerlo. La *depuración* de los *perjuros* es de por vida, sin que quepa su resocialización por mandato constitucional. El ex Presidente Paksas imposibilitado para ejercer su derecho de sufragio pasivo, una vez agotadas las vías judiciales internas, interpuso demanda ante el TEDH. Y fue en el caso Paksas donde el TEDH concluiría que una limitación *sine die* del derecho de sufragio pasivo como consecuencia de un proceso revocatorio por infracción de la Constitución es una medida desproporcionada y, por lo tanto, contraria el art. 3 Prot. Adicional CEDH.

En fase de ejecución de esta sentencia, el Comité de Ministros del Consejo de Europa instaría al Estado lituano a reformar la Constitución, pues a la vista de la cerrada posición del Tribunal Constitucional era esta la única posibilidad que quedaba de que el Estado parte se aviniese a asegurar el derecho convencionalmente garantizado. El caso quedó procesalmente en fase de "vigilancia sostenida" por parte del Comité de Ministros. En la pasada década dos intentos de reforma constitu-

---

[20] STEDH Paksas c. Lituania, cit., pár. 34: "L'*impeachment* est une forme de contrôle public et démocratique exercé sur les titulaires d'un mandat officiel, une mesure d'autoprotection de la communauté, un (...) rempart contre les hauts responsables qui agissent au mépris de la Constitution et des lois (...). Lorsqu'un individu a été démis de son mandat de président de la République (...) pour avoir commis une violation grave de la Constitution ou manqué à son serment (...) il ne peut plus jamais être élu président de la République [ou] membre du Seimas ; [il] ne peut plus être (...) membre du Gouvernement [ni] contrôleur d'Etat, c'est-à-dire [qu'il] ne peut exercer aucun mandat constitutionnel pour lequel il faut prêter serment conformément à la Constitution (...)".

cional fracasaron (la reforma de la Constitución lituana exige el acuerdo de, como mínimo, dos tercios de los representantes del Parlamento en dos votaciones diferentes, mediando un plazo de tres meses entre cada de una de ellas).

La ex jueza N. V., que había sido apartada de su cargo de parlamentaria tras un proceso de *impeachment* por incumplimiento flagrante sus funciones como diputada, presenta su candidatura al Parlamento lituano en las elecciones de 2020. La Comisión Electoral rechaza el registro de su candidatura en razón de la circunstancias citadas, y le hace saber que pro futuro nunca más podrá postularse como candidata al Parlamento. Recurrida ante el Tribunal administrativo Supremo la decisión del Comisión Electoral, la sala competente plantea una demanda de opinión consultiva ante el TEDH en los términos con los que abríamos este apartado.

Como bien podrá colegirse de lo hasta aquí expuesto, la opinión del TEDH no tendrá nada de novedad, pues se van a reiterar, acaso con mayor dedicación, los razonamientos vertidos en el caso Paksas. Los expondremos aquí muy resumidamente. Vuelva a decir el TEDH que la desproporción de la limitación de por vida del derecho de sufragio pasivo sólo puede sanarse estableciendo un marco legal que permita determinar de forma objetiva, pero sin perder de vista las circunstancias de cada caso, un plazo adecuado y concreto de inelegibilidad para las personas destituidas a través de un procedimiento de *impeachment.* En esta ponderación deberán ser consideradas, entre otros factores objetivos, la finalidad última de los procesos revocatorios (es decir, la protección de las instituciones del Estado[21]), asimismo el sentido último de los procesos electorales

[21] Resulta interesante a este respecto la mención por parte del TEDH de la STEDH Xhoxhaj c. Albania (nº 15227/19, pár. 413, de 9 de febrero de 2021). En este caso, el TEDH daría su conformidad a la destitución de por vida de un juez de la Corte Constitucional alba-

(que no es otro que el de salvaguardar el proceso democrático y la voluntad popular que a su través se manifiesta), la evolución histórica del país y de su estabilidad democrática. Desde un plano más subjetivo habrá de evaluarse el riesgo cierto y real que la persona en cuestión puede entrañar para el conjunto del sistema y, por último, cuál es en el presente su comportamiento leal para con el Estado. Este procedimiento de evaluación debe rodearse de las garantías adjetivas suficientes, las que son propias y exigibles en un Estado de Derecho, al objeto de alejar todo atisbo, por mínimo que sea, de arbitrariedad.

Pensar en el procedimiento de demandas consultivas como un medio adecuado para forzar la ejecución de sentencias del propio TEDH no creo sinceramente que estuviese en las cabezas de los redactores del Prot. XVI CEDH. Mas sin embargo, aquí tenemos un primer ejemplo. De nuevo resulta poco convincente la admisión a trámite de la demanda, pues por más que se puedan retorcer las preguntas al Tribunal, en el fondo tanto quien fórmula como quien debe responder son conscientes de que el atolladero está en una interpretación de la Constitución nacional que imposibilita la plena virtualidad de los derechos convencionalmente reconocidos. Y en el caso concreto tal vez como consecuencia de una incomprensión por parte de la justicia constitucional lituana de estar integrada en un sistema colectivo de protección de derechos que, por esta razón, puede denominarse constitucional, si bien en un sentido material. El TEDH en esta tercera opinión consultiva lo expresará así:

> "Dans ces conditions, la Cour administrative suprême considère qu'elle est appelée à se prononcer sur la question de savoir si la durée totale de l'interdiction faite à Mme N.V. d'exercer un

---

nesa por las graves violaciones éticas cometidas en el ejercicio de sus funciones. El TEDH fue sensible a la posición que los jueces ocupan en los Estados democráticos. Preservar la integridad del poder judicial es imprescindible para conservar la confianza de los ciudadanos en el sistema de justicia.

mandat parlementaire a excédé ce qui est acceptable au regard de l'article 3 du Protocole no 1. À cet égard, la Cour précise qu'aux fins du Protocole no 16 son rôle se borne à donner, à la demande des plus hautes juridictions nationales, un avis sur la portée et le contenu des dispositions de la Convention. Il ne lui appartient pas de prendre position sur *le point de savoir si la juridiction interne est en mesure d'appliquer la Convention dans une affaire pendante devant elle en tenant compte des normes constitutionnelles en vigueur, que toutes les juridictions internes sont tenues de respecter*", OC3, pár. 93, cursiva nuestra.

De esta opinión consultiva del TEDH se puede decir que no es más que una reiteración de otra anterior que se encuentra en fase de ejecución de sentencia. Es más, la advertencia del TEDH al Tribunal Supremo administrativo de que no puede desplazar la Constitución nacional para aplicar directamente el Convenio, hubiese sido un plus de justificación cualitativo para la inadmisión del caso, máxime cuando, como sabemos, el colegio de cinco jueces competente para la admisión de las demandas de opinión consultiva viene obligado a motivar sus decisiones de inadmisión (art. 2.1 Prot. XVI CEDH). Con todo, esta opinión consultiva tiene la virtud pedagógica, en lo que aquí nos interesa, de advertir que la subsidiariedad del mecanismo de protección convencional sólo puede funcionar si los ordenamientos internos están en su integridad orientados a hacer efectivos los derechos y libertades en armonía constitucional en el sentido lato del término. Dicho de otra forma, solo si los derechos fundamentales pueden ser interpretados en armonía con los derechos convencionales el sistema colectivo de garantías podrá ser tenido como sistema lógico y coherente. Cuando como ocurre en este caso la desarmonía es patente, entonces solo cabe que o bien se proceda a la reforma de la Constitución, o bien que la exigencia de responsabilidad internacional del Estado alcance hasta sus últimas consecuencias.

OC4: La opinión consultiva como medio para decidir cuestiones de legalidad ordinaria.

"Avis Consultatif concernant l'applicabilité de la prescription aux poursuites, condamnations et sanctions pour des infractions constitutives, en substance, d'actes de torture, demandé par la Cour de cassation arménienne (Demande no P16-2021-001)", de 26 de abril de 2022

Bajo la aparente cobertura de un conflicto de derechos (interdicción de la tortura frente a los principios de legalidad penal y seguridad jurídica –prescripición-) y una lectura defectuosa de la jurisprudencia del TEDH, se plantea ante el Tribunal de Estrasburgo, por parte de Tribunal de Casación armenio, una demanda de opinión consultiva que encierra en el fondo un mero problema de legalidad ordinaria.

Se trata además de una demanda de OC que de nuevo tiene como causa un asunto previamente resuelto por el TEDH y, otra vez, por los problemas que plantea la ejecución de dicha sentencia en plano interno. En concreto, nos ocupa un caso en el, por no haberse investigado las denuncias de torturas formuladas por un ciudadano contra algunos policías, se declararía la violación del art. 3 CEDH por parte de Armenia (STEDH Virabyan c. Armenia, nº 40094/05, de 2 de octubre de 2012). Tras esta sentencia del TEDH se reabrió el proceso penal contra los citados agentes, pero el proceso terminaría en sus dos primeras instancias con la absolución de los policías incriminados, al entrar en juego, a juicio de los jueces, el plazo de prescripción legalmente establecido (diez años). En ambas instancias, las partes en el proceso plantearon que se aplicase una disposición de la ley de enjuiciamiento criminal que ordena la imprescriptibilidad para ciertas infracciones penales cuando así se disponga en los tratados internacionales ratificados por Armenia.

Este demanda de opinión consultiva plantea, a primera vista, un problema singular, pues de lo que se trata de saber es si el CEDH, ratificado por Armenia, obliga a que los delitos por tortura no estén cubiertos por prescripción alguna. Porque si así fuese, como es lógico, debería ser aplicado el mencionado artículo de la ley de enjuiciamiento criminal. Sin embargo, la pregunta que formula la Corte de Casación no viene planteada con tanta claridad, pues tras su lectura resulta difícil entender qué se quiere decir con eso de que "el derecho interno no prevé la obligación de rechazar la aplicación de las reglas" de prescripción:

> "Une décision, prise sur le fondement de sources du droit international, d'écarter pour des auteurs d'actes de torture ou d'infractions assimilées l'application des règles relatives à la prescription pénale serait-elle compatible avec l'article 7 de la Convention européenne dans une situation où le droit interne ne prévoit pas d'obligation d'écarter l'application des règles en question?"

Pero aún hay algo más, en referencia a lo defectuoso del planteamiento de la demanda de opinión consultiva. En la justificación de su consulta, el Tribunal de Casación armenio hace expresa referencia a lo que ha afirmado en reiteradas ocasiones el TEDH: a saber, que las modalidades de no aplicación de la prescripción deben ser compatibles con las exigencias que se derivan del art. 7 CEDH, y ello por más que la interdicción de la tortura sea una norma de *ius cogens* y que, por esta misma razón, debería ser reconocida en derecho interno como un delito imprescriptible. Es más, como el propio TEDH reconoce, el estado actual de la jurisprudencia no llega tan lejos como para exigir esa imprescriptibilidad a los Estados[22], lo que no excluye que, en casos en que el Estado haya dado muestras de negligencia al investigar y enjuiciar estos actos se termine declarando la violación del art. 3 CEDH, con mayor razón cuando, por esa misma inactividad en la investigación de

---

22 "À cet égard, la Cour a également observé que le fait que les incriminations en question étaient prescriptibles n'était « en soi guère compatible avec sa jurisprudence relative à la torture et aux mauvais traitements » (*Abdülsamet Yaman*, précité, § 55, *Cestaro*, précité, § 208, *Cirino et Renne*, précité, § 110, et *Blair et autres*, précité, §§ 118-134)", OC 4, pár. 63.

los hechos, haya podido entrar en juego la prescripción legalmente establecida. Discúlpenme la larga cita:

> "Aux fins du présent avis consultatif, il convient en particulier de relever qu'il ne découle pas de l'état actuel de la jurisprudence de la Cour que les États parties soient tenus par la Convention d'écarter un délai de prescription applicable et de rétablir ainsi un délai de prescription expiré. S'agissant de la réouverture de procédures, la Cour admet qu'il peut y avoir des situations dans lesquelles il est impossible, *de jure* ou *de facto*, de rouvrir une enquête pénale sur les faits qui se trouvent à l'origine des requêtes dont elle a à connaître. C'est par exemple le cas dans les affaires où les auteurs présumés ont été acquittés et ne peuvent être rejugés pour la même infraction, ou dans lesquelles la procédure pénale a été close pour écoulement du délai de prescription en application de la législation nationale pertinente. De fait, la réouverture d'une procédure pénale qui a été close pour expiration du délai de prescription peut soulever des problèmes de sécurité juridique et donc avoir une incidence sur les droits de la défense tels que garantis par l'article 7 de la Convention (*Taşdemir c. Turquie* (déc.), no 52538/09, § 14, 12 mars 2019)", OC4, pár. 66.

Con todo este bagaje jurisprudencial previo a la demanda de OC era impensable que el TEDH no desenmascarase finalmente la verdadera finalidad que la demanda de opinión consultiva encerraba y que no era otro que el de un problema de selección por parte del juez nacional del derecho aplicable al caso. Una cuestión de legalidad ordinaria, de selección de la norma aplicable, que tiene como límite para el juzgador el que se respeten las garantías de previsibilidad y certeza que exige el art. 7 CEDH. Entre las normas a seleccionar se encuentran las que establecen los plazos legales de prescripción, cuya función no es otra que la de garantizar la seguridad jurídica en el proceso penal. Los plazos de prescripción señalan un término a la capacidad de reacción del Estado frente a los delitos como medio para garantizar los derechos de defensa. Derechos que, entre otras cosas, podrían verse comprometidos si los tribunales fuesen llamados a actuar con fundamento en elementos de prueba que pudieran resultar incompletos en razón del tiempo trascurrido (OC4, pár. 72).

Pues bien, con este bagaje de razonamientos el Tribunal concluye que: "En l'occurrence, la Cour n'est pas appelée à examiner un allongement par la loi d'un délai de prescription non encore expiré dans une affaire non encore tranchée, mais une situation où la juridiction dont émane la demande doit déterminer s'il convient d'appliquer un délai de prescription de dix ans, conformément à l'article 75 § 1 3) du code pénal et à l'article 35 § 1 6) du code de procédure pénale, ou une disposition de l'article 75 § 6 du code pénal qui prévoit déjà une exception excluant l'application de la prescription dans les circonstances décrites par elle. Au vu des considérations générales exposées aux paragraphes 70 et 71 cidessus, il appartient au premier chef à la juridiction nationale de déterminer, dans le contexte de ses normes constitutionnelles et pénales internes, si des règles de droit international ayant valeur normative dans l'ordre juridique interne – dans le cas présent en vertu de l'article 5 § 3 de la Constitution (paragraphe 34 ci-dessus) – peuvent constituer une base légale suffisamment claire et prévisible au sens de l'article 7 de la Convention pour permettre de conclure que l'infraction en question est imprescriptible", OC 4, pár. 78.

En otro orden de cosas, en esta OC es llamativa la ausencia de parámetro constitucional, aunque hemos de admitir que no se nos ocurre ninguna razón por la cual este caso hubiese podido terminar, como ocurrió con la segunda de las opiniones consultivas, entre los brazos de la justicia constitucional armenia. La razón de esta ausencia refuerza aún más si cabe la idea de que la duda del juez *ad quo* no era una cuestión de principio relativa a la interpretación o aplicación de los derechos y libertades convencionales, sino una mera cuestión de legalidad que al citado tribunal correspondía resolver. La debilidad del trámite de admisión en este nuevo proceso instaurado por el Prot. XVI CEDH acaba por pervertir su finalidad.

OC5: La justicia constitucional o el convidado de piedra. De cuando la justicia convencional desplaza a la constitucional y provoca la *summa divisio* entre derechos humanos y fundamentales

"Avis Consultatif relatif à la différence de traitement entre les associations de propriétaires « ayant une existence reconnue à la date de la création d'une association communale de chasse agréée » et les associations de propriétaires créées ultérieurement, demandé par le Conseil d'État français (Demande no P16-2021-002)", de 13 de julio de 2022

La quinta demanda de opinión consultiva que alcanza al TEDH tiene como objeto una ley medioambiental francesa, de 2019, que regula, entre otras cuestiones, la creación forzosa de territorios comunales de caza allí donde la autoridad gubernativa, de conformidad con la citada ley, considere adecuada su constitución. Los propietarios afectados por esta decisión vienen obligados a poner sus propiedades al servició de estas asociaciones cinegéticas comunales, perdiendo en consecuencia el derecho privativo de su uso y disfrute, pero beneficiándose al propio tiempo del uso compartido de todos los terrenos aportados y que pasaran a ser gestionados cinegéticamente por la asociación. De estas asociaciones comunales pueden voluntariamente excluirse los propietarios de terrenos que superen una determina superficie, fijada en la ley, así como las asociaciones privadas de caza que, superando esa extensión, estuviesen constituidas y reconocida como tales asociaciones con anterioridad a la entrada en vigor de la ley. A las asociaciones privadas constituidas con posterioridad a la vigencia de la ley, por más que alcanzasen o superasen ese área fijada por el legislador, se les prohíbe la retirada la asociación comunal. Esta diferencia de tratamiento *ex lege* entre las asociaciones de propietarios de terrenos de caza creadas con carácter previo o posterior a la entrada en vigor de la citada ley va a ser el objeto del procedimiento consultivo ante el Tribunal de Estrasburgo, concretamente por presunta violación del derecho de propiedad en relación con el principio de igualdad (art. 1 Prot. Adicional CEDH y art. 14 CEDH).

Más allá de lo resuelto por el TEDH sobre el fondo del asunto, interesa aquí señalar que esta misma cuestión, planteada en términos idénticos, había sido ya resuelta por el Consejo Constitucional francés por sentencia un 4 de noviembre de 2021. La opinión consultiva del TEDH se hará eco de la citada decisión del Conseil Constitutionnel, incorporándola en forma de resumen en el apartado de la OC que se hace eco de lo ocurrido en el procedimiento interno (OC5, párs. 22 y ss.). Lo sorprendente del caso es que esta decisión de la justicia constitucional francesa no volverá a aparecer, ni siquiera veladamente, en la prolija argumentación del TEDH. Nada habrá de ella en la parte dispositiva de la OC. Pero la sorpresa es aún mayor cuando se observa que ambas decisiones llegarían por idéntico camino a idéntica conclusión, si bien que con una diferencia reseñable y que se deriva del distinto valor de las decisiones, jurisdiccional en el caso de la justicia constitucional, consultiva en el caso de la justicia convencional. Esto último matiz genera además un riesgo añadido, pues estando resuelto el caso ante la justicia constitucional francesa, tras la opinión consultiva del TEDH será al Consejo de Estado a quién corresponda tomar la decisión a partir de las orientaciones vertidas por la Corte europea, indicaciones que, como sabemos, incluso podría llegar a ignorar.

El desplazamiento consciente de la justicia constitucional por parte del TEDH o su aparente nula influencia en la argumentación jurídica europea de los derechos viene a marcar una nítida frontera entre el sistema de los derechos fundamentales y el de los derechos humanos. Al interpretarlos como categorías diferenciadas, como parámetros que rigen dos mundos distintos, se oculta que el respeto a los derechos y libertades pasa necesariamente por el respeto a ambos paradigmas. Esta bicefalia no es la de una hidra de dos cabezas, lo que pudiera ser un mal menor, sino el síntoma de algo más grave y profundo y que tiene que ver con el modo en que se perciben y entienden las cosas y la coherencia con la que se actúa.

> "Ainsi que la Cour l'a indiqué à maintes reprises, les autorités nationales, du fait de leur légitimité démocratique, sont en principe mieux placées que le juge international pour se prononcer sur les besoins et contextes locaux (voir, entre autres, *Lekić c. Slovénie* [GC], no 36480/07, § 108, 11 décembre 2018). Comme le principe de subsidiarité l'exige, c'est aux autorités nationales, et notamment aux tribunaux, qu'il revient au premier chef d'interpréter et d'appliquer le droit interne d'une manière qui donne plein effet à la Convention. *La Cour estime utile de rappeler, dans le cadre d'une demande d'avis consultatif en vertu du Protocole no 16, que si les juridictions internes respectent les principes et critères établis par la jurisprudence de la Cour, examinent les faits avec soin et appliquent, dans le respect de la Convention et de la jurisprudence, les normes applicables en matière de protection des droits de l'homme, il faudrait des raisons sérieuses pour que la Cour substitue son avis à celui des instances judiciaires internes* (voir, *mutatis mutandis, M.A. c. Danemark* [GC], no 6697/18, § 149, 9 juillet 2021)", OC5, pár. 84, cursiva nuestra.

Si esto lo afirma el propio TEDH en la OC que comentamos, ¿no hubiese sido más razonable, a poco que se hubiese analizado lo dicho por el Consejo Constitucional francés, que se tomase la decisión de inadmitir la demanda de opinión consultiva con precisa advertencia al Consejo de Estado de que la sentencia del *Conseil Constitutionnel* eran ya "orientaciones" adecuadas y bastantes para resolver el caso? La suficiencia de la justicia constitucional debería ser directamente proporcional a la carencia manifiesta de contenido convencional. En este sentido, y ciñéndonos al caso concreto, un requisito imprescindible para la admisión de la demanda de OC que plantea el Consejo de Estado hubiera debido ser el que se argumentase por qué la decisión del Consejo Constitucional está tan alejada del CEDH como para requerir la intervención del TEDH. Solo en caso de acreditarse un hecho convencional imprejuzgado por parte del Consejo Constitucional, o se observase por parte de éste una posición claramente contraria a la jurisprudencia del TEDH, además de algún otro que ahora no se nos ocurre, habría podido ser causa para la admisión de la demanda de opinión consultiva. No dándose ninguno de ellos, lo razonable hubiese sido la inadmisión.

Leídas en paralelo, la sentencia constitucional y la opinión consultiva del TEDH, se observa además que, llegando ambas a la misma conclusión, hacen uso del mismo discurso argumentativo. Así, se afirma en ambas decisiones que la diferencia de tratamiento entre las asociaciones de propietarios de terrenos de caza constituidos antes y después de la entrada en vigor de la ley esta en consonancia con el objeto de la ley: impedir el desmembramiento de los territorios comunales de caza al objeto de preservar su flora y fauna, garantizar la seguridad en la actividad cinegética y colaborar en su sostenibilidad económica. Y, en cuanto a la legitimidad y no arbitrariedad de diferencia legalmente establecida, ambas coinciden en que la diferencia de tratamiento supera el test de proporcionalidad en todos sus elementos: las medida se considera necesaria, es idónea y pasa sobradamente el test concreto de proporcionalidad (un test que mide la existencia de una relación razonable de proporcionalidad entre los medios empleados y la finalidad legítima que pretende protegerse).

> "11. La différence de traitement critiquée par l'association requérante, qui est ainsi fondée sur une différence de situation, est en rapport avec l'objet de la loi. 12. Il résulte de ce qui précède que le grief tiré de la méconnaissance du principe d'égalité devant la loi doit être écarté. 13. En second lieu, le droit de chasse sur un bien foncier se rattache au droit d'usage de ce bien, attribut du droit de propriété. Il est loisible au législateur d'apporter aux conditions d'exercice du droit de propriété des personnes privées, protégé par l'article 2 de la Déclaration de 1789, des limitations liées à des exigences constitutionnelles ou justifiées par l'intérêt général, à la condition qu'il n'en résulte pas d'atteintes disproportionnées au regard de l'objectif poursuivi. 14. D'une part, ainsi qu'il a été dit au paragraphe 6, l'objectif d'intérêt général assigné par le législateur aux associations communales est d'assurer une bonne organisation de

la chasse et le respect d'un équilibre agro-sylvo-cynégétique. 15. D'autre part, les propriétaires tenus d'apporter leurs terrains à l'association communale sont privés non pas de leur droit de chasse, mais seulement de l'exercice exclusif de ce droit sur ces terrains. En contrepartie, ces propriétaires, membres de droit de l'association communale, sont autorisés à chasser sur l'espace constitué par l'ensemble des terrains réunis par cette association. 16. Ainsi, en privant les propriétaires du droit de retirer leurs terrains de l'association communale lorsqu'ils créent une association à cette fin, les dispositions contestées ne portent pas une atteinte disproportionnée au droit de propriété. Le grief tiré de la méconnaissance du droit de propriété doit donc être écarté", QPC nº 2021-944, de 4 de noviembre de 2021.

Ante este *dictum* del Consejo Constitucional, la opinión consultiva del TEDH, si no fuese clara, sólo serviría para enturbiar las relaciones entre las dos jurisdicciones llamadas a garantizar en último término el respeto de los derechos y libertades.

OC6: El TEDH como tribunal de cuarta instancia. Cuando la respuesta orientadora y consultiva del TEDH deviene protección concreta y actual del derecho. La demanda de opinión consultiva como cuestión prejudicial en toda regla.

"Avis Consultatif sur le statut et les droits procéduraux d'un parent biologique dans la procédure d'adoption d'un adulte, demandé par la Cour suprême de Finlande (Demande nº P16-2022-001)", 13 de abril de 2023

De esta sexta y por ahora última opinión consultiva del TEDH surge una de las cuestiones más delicadas que presenta este novedoso procedimiento. Como ha ido reiterando en todos y cada uno de los casos vistos con anterioridad, el TEDH, siguiendo el dictado de lo dispuesto en el Prot. XVI, sabe que su función no es la de resolver el caso concreto del que trae causa la demanda de OC, sino el de, más contenidamente, ofrecer al tribunal *ad quo* unas orientaciones, más o menos abiertas, sobre cuestiones de principio de los derechos y libertades que tienen un papel determinante en el proceso que se juzga. Quedarse en este punto justo y no ir más allá puede resultar, sin embargo, difícil, por más que el TEDH se lo reitere a sí mismo con cierta insistencia.

> "La Cour rappelle que l'objectif du Protocole no 16 n'est pas de lui transférer le litige et qu'elle n'est compétente dans ce contexte ni pour se livrer à une analyse des faits, ni pour apprécier le bienfondé des points de vue des parties relativement à l'interprétation du droit interne à la lumière du droit de la Convention", OC6, pár. 65.

Esta OC es un ejemplo perfecto de esta dificultad, pues lo pretendiese o no, en la opinión consultiva ofrecida en esta ocasión por el TEDH se terminará por dar una respuesta concretísima a la cuestión de fondo planteada, cerrándosele al juez *ad quo* toda posibilidad de matización y todo ello hasta el punto de imposibilitar pro futuro una demanda individual por parte de la demandante principal en el proceso *ad quo*.

La cuestión de fondo que se trae a conocimiento del TEDH versa sobre la posición y estatus procesal que deben tener los progenitores biológicos y padres legales hasta ese momento en el procedimiento de adopción de su hijo adulto. Adopción de adultos que, con algunas diferencias de procesales y de fondo, está reconocida por 22 Estados de los 38 estudiados por el TEDH. Así por ejemplo, respecto de los requisitos materiales, en el caso concreto de esta OC, el derecho finlandés exige la prueba de la existencia de un lazo cuasi paternal/maternal, fraguada durante la minoría de edad del adoptante, entre este y el adoptante, una relación que ha podido correr en paralelo a la mantenida con los padres biológicos. Pero las diferencias que aquí interesan son las referidas al proceso y, principalmente, al *locus standi* de los progenitores biológicos y padres legales hasta tanto no se consume la adopción plena. La disparidad entre los sistema jurídicos estatales existe, aunque predomina entre ellos la posición más neutra de concederles la posibilidad de ser oídos, pero sin llegar a considerarlos parte en el procedimiento.

Al TEDH se le pregunta sobre en qué medida el derecho a la vida privada y familiar los citados progenitores no exigiría que se les concediese una posición procesal más reforzada en el procedimiento de adopción de su hijo adulto por un tercero. El TEDH con carácter general admite que el derecho que entra en juego en este supuesto no es el del derecho a una vida familiar, en la medida que entre padres e hijos adultos este vinculo jurídico se extingue desde la perspectiva del contenido amparable del art. 8 CEDH, todo ello sin menosprecio de lo que pueda haber de lazos afectivos entre padres e hijos una vez se alcance la edad adulta[23]. Sin embargo, el derecho a la vida privada, en cuento integra un derecho a la identidad y a la afirmación de esta ante la sociedad (identidad que por supuesto engloba lo relativo al estado civil de toda persona: casado, soltero, divorciado, padre, madre y demás situaciones –véase a este respecto lo dicho aquí sobre la OC1-), si debe ser tomado en consideración cuando, y no por voluntad propia, ese estado puede verse alterado. De otro lado, ha de tenerse presente el derecho del adoptante y adoptado, también desde el ámbito protegido por el art. 8 CEDH, a proteger su autonomía personal. De la ponderación entre ambos bienes jurídicos resulta de un mayor peso el derecho del hijo adulto y del tercero adoptante a tomar libremente aquellas decisiones que configuren su identidad, quedando la de los padres legales y biológicos delimitada por la decisión personalísima que el hijo mayor de edad pueda adoptar de conformidad con el derecho vigente.

Sin embargo, este mayor peso no puede ser óbice para que se reconozca a los padres legales la garantía, en la medida que sus derechos quedan afectados, de alguna posición en el pro-

---

[23] Salvo que se acredite una intensa dependencia entre padres e hijos mayores de edad, pues entonces si cabe que se haga uso de la vida familiar como canon interpretativo (así por ejemplo en los casos de reagrupación familiar en el contexto de la inmigración).

ceso de adopción por tercero de su hijo adulto, como mínimo la de ser oídos en el proceso, así como la garantía de que sus argumentos serán tenidos en cuenta en la toma de decisión final por el juez competente.

Con esta argumentación el TEDH habría cumplido sobradamente su función como *órgano jurisdiccional consultivo.* Tras esta, le correspondería al juez finlandés decidir si, en el caso concreto, ese mínimo común ha sido válidamente cubierto legal y fácticamente en el caso concreto. Pero el TEDH no se va a detener aquí y no se va a privar de actuar como lo que realmente es, un tribunal: resolverá la integridad del asunto, sin margen alguno para el juez ad quo:

> "Lorsque les intérêts d'un individu protégés par l'article 8 sont en jeu, une garantie procédurale élémentaire consiste à lui offrir la possibilité d'être entendu et à s'assurer que les arguments qu'il avance seront pris en compte aux fins de la décision dans la mesure où ils seront pertinents. La Cour observe qu'il apparaît que c'est ce qui s'est produit devant le tribunal de district. Celui-ci a entendu la mère biologique en personne, ainsi que plusieurs autres témoins cités par elle, et s'est expressément référé à ces témoignages pour déterminer si les conditions étaient réunies pour autoriser l'adoption. Les dispositions pertinentes du droit interne prévoyaient qu'il fallait tenir compte de l'avis de la mère biologique, considérée comme un témoin et non comme une partie. Compte tenu des critères énoncés à l'article 4 de la loi relative à l'adoption, on peut dire que la forme et le degré de la participation de la mère biologique dans la procédure ont été conformes à la nature de celle-ci. Il apparaît, en particulier, que l'intéressée a pu mettre en évidence la nature et la qualité de sa relation avec son fils majeur pendant l'enfance de celui-ci. Il ressort également de la décision du tribunal de district (paragraphe 18 ci-dessus) que ce dernier a examiné les circonstances militant en faveur et en défaveur de l'autorisation de l'adoption. Même si cela a pu paraître insuffisant à la mère biologique, la Cour considère que des garanties supplémentaires et spécifiques, telles que le droit à être considérée comme une partie à la procédure ou le droit de former un recours, ne sont pas requises pour satisfaire aux exigences procédurales découlant de l'article 8 du point de vue de la mère biologique. Il est vrai que dans certains autres

> systèmes juridiques les parents biologiques se voient accorder la qualité pour agir ou des droits dans la procédure d'adoption de leur enfant adulte (paragraphes 3738 et 40-42 cidessus), mais comme cela a été rappelé cidessus, le choix des mesures relève de la marge d'appréciation de l'État, qui est ample dans un domaine tel que celui dont il est ici question". OC6, pár. 61.

Actuando aquí como una cuarta instancia, no hay más que ver la extensión de su decisión y la profundidad de la misma, el TEDH termina por atribuirse una nueva función (pre)judicial a costa o por encima de la prevenido en el Prot. XVI[24]. De seguir por este camino la puesta en marcha del Prot. XVI, el sistema colectivo de garantías se teñirá excesivamente de Convenio y muy poco de Constituciones. A los altos tribunales nacionales con capacidad para instar una demanda de opinión consultiva habrá que hacerles ver que es a ellos a los que corresponde la garantía de los derechos, pues son jueces del Convenio y de la Constitución.

IV. EL PROTOCOLO XVI COMO CUERPO EXTRAÑO. A MODO DE CONCLUSIÓN

Lo mejor es enemigo de lo bueno, dicen, y a veces resulta que es así.

De todos los casos resueltos como opinión consultiva nos queda la sensación de que ninguno de ellos era estrictamente

---

24 El tribunal finlandés de apelación hizo un esfuerzo loable por encauzar la demanda de la madre biológica desde una mirada global del sistema de protección. En su razonamiento tomaría al Convenio como derecho común y a la Constitución finlandesa como posibilidad abierta para que desde su interpretación se pudiese ofrecer una protección más amplia que la convencional; véase, OC6, pár. 21. En Finlandia, debemos añadir, el control de constitucionalidad de la ley es difuso.

necesario. Una mala carta de presentación. En todos las demandas planteadas, salvo la interpuesta por el Tribunal Supremo finlandés, la última hasta la fecha, los tribunales de instancia ha planteado sus interrogantes sin necesidad de mayor argumentación jurídica, sin necesidad de exponer cuál era su interpretación del Convenio o de su Constitución. Al no obligárseles a este esfuerzo, la admisión a trámite de las demandas consultivas viene de suyo siempre que se cumplan los requisitos formales y exista conexión de sentido entre lo que se pregunta y el caso que se está resolviendo[25]. Los casos Armenios son paradigmáticos en este sentido: que trabajen por mi y que me ofrezca el TEDH la respuesta que yo prefiero no dar. La justicia constitucional en demanda de auxilio europeo. Es raro cuando menos. Francia es otra historia, casi siempre lo es. La nítida fractura entre derechos fundamentales y convencionales, la diferencia entre la justicia convencional y la constitucional, no la ha sanado la nueva competencia atribuida a su Consejo Constitucional, la QPC. El segundo caso francés (OC5), el relativo a los terrenos comunales de caza, corta todas las bridas que unen las piezas del sistema colectivo de garantía de derechos. ¡Que calle la justicia constitucional, que va a hablar la europea! El TEDH tiene delante una sentencia del Consejo Constitucional pero la ignorará para, a continuación, decir lo mismo. El mismo Consejo de Estado que plantea la demanda de opinión consultiva fue el que planteó la cuestión priorita-

---

25 El único caso inadmitido a trámite en este proceso de demanda de opinión consultiva lo ha sido precisamente por esta causa. Las preguntas que se plantearon al TEDH no tenían nada que ver con los argumentos y pretensiones de las partes en el proceso. Vid., "Décision relative à une demande d'avis consultatif formée en vertu du Protocole no 16 concernant l'interprétation des articles 2, 3 et 6 de la Convention, Demande formée par la Cour suprême de la République slovaque *(Demande no P16-2020-001)*", Colegio de la Gran Sala, de 14 de diciembre de 2020.

ria de constitucionalidad. Constitución y Convenio como cosas distintas, las cosas de casa y las de fuera, estás últimas las más importantes. La gestación subrogada (OC1) y todos los problemas ius fundamentales que plantea es cosa del Convenio, la Constitución no tiene nada que decir, como las madres gestantes que entregan a sus hijos. El caso en cartera, el planteado por el Consejo de Estado belga, no augura nada buena, pues se sigue la tendencia. Un recurso de amparo clásico al que se le adelantan los tiempos. En este ahorro llevarán las Constituciones su penitencia.

De la subsidiariedad y la quiebra que para la misma represente el Prot. XVI CEDH ya hemos dicho bastante, así que no insistiremos más en ello. Tan sólo añadiremos una cosa: frente a un mal entendimiento del margen de apreciación estatal, como forma de repatriación de los derechos, el TEDH debería centrarse en resolver su verdadero problema, siempre el mismo, su dificultad para atender con eficacia el descomunal número de demandas individuales que le llegan. El gran éxito del Convenio Europeo proviene de la consagración de la garantía individual, es decir, de la oportunidad que se brinda a los particulares de interponer su demandas de amparo ante una sede externa a sus Estados, ante un Tribunal que dice derecho, al que se le demanda justicia, y no una simple opinión. El Prot. XVI es un cuerpo extraño en el sistema convencional, pero ha venido para quedarse. Ya veremos con qué éxito.

BIBLIOGRAFÍA

Cacho Sánchez, Y. (2019). El potencial desarrollo del nuevo procedimiento consultivo ante el TEDH: Fortalezas, debilidades, oportunidades y amenazas. *Revista Española de Derecho Internacional*, vol. 71/2, pp. 171-19.

Cruz Villalón, P. (2022). De la persistencia de un viejo dictum: la STC 89/2022, en contexto. En Fromage, D., Jacques Ziller a *European Scholar*, EUI, pp. 230-241.

- (2021). ¿Una forma de cooperación judicial no reclamada? Sobre la extensión del amparo a la Carta de Derechos Fundamentales de la UE. *Anuario Iberoamericano de Justicia Constitucional*, Vol. 25, 1, pp. 57-85.

García Roca, J. (2010). *El margen de apreciación nacional en la interpretación del Convenio Europeo de Derechos Humanos: soberanía e integración.* Cizur Menor: Cuadernos Civitas/Instituto de Derecho Parlamentario.

López Castillo, A. y Polakiewicz, J. (2019). De la cuestión prejudicial de convencionalidad en marcha. *Teoría y Realidad Constitucional*, UNED, 44, pp. 485-500.

Tomás Mallén, B. (2022). La efectividad del Protocolo nº16 al Convenio Europeo de Derechos Humanos y su potencial impacto constitucional en España. *Estudios de Deusto*, vol. 70/1, pp. 387-420.

López Guerra, L. M. (2014). Los protocolos de reforma núm. 15 y 16 al CEDH. *Revista Española de Derecho Europeo*, 49, pp. 11-29.

Matia Portilla, F. J. (2021). De la doble a la triple prejudicialidad. ¿Es posible ordenar lo complejo? *Revista Española de Derecho Constitucional*, 121, pp. 13-44.

Paprocka, A. y Ziolkowski, M. (2015). Advisory Opinions under Protocol No. 16 to the ECHR. *European Constitutional Law Review*, vol. 11/2, pp. 274-292.

Ruiz Ruiz, J. J. (2018). El refuerzo del diálogo entre tribunales y la triple prejudicialidad en la protección de los derechos fundamentales: en torno al Protocolo nº 16 al CEDH. *Teoría y Realidad Constitucional*, UNED, 42, pp. 453-482.

Runavot, M. C. (2014). Le Protocole nº 16 à la Convention europeénne: réflexions sur une nouvelle espèce du genre. *Revue générale de droit international public*, vol. 118/1, pp. 71-93.

Sevilla Duro, M. A. (2020). El Protocolo nº 16 del CEDH: El diálogo entre tribunales para la configuración de un espacio europeo de derechos. *Anales de Derecho/especial: el TEDH en su sesenta aniversario*, Universidad de Murcia, pp. 1-24.

Capítulo Séptimo
El control de constitucionalidad de las disposiciones legales autonómicas ejercido por el Tribunal Constitucional y el Consejo de Garantías Estatutarias de Cataluña: discrepancias y coincidencias

ESTHER MARTÍN NÚÑEZ[1]
Universidad de Barcelona

SUMARIO: I. EL CONSEJO DE GARANTÍAS ESTATUTARIAS. II. LA FUNCIÓN DICTAMINADORA DE CONTROL PREVIO A LA APROBACIÓN DE DISPOSICIONES LEGALES. III. INCORPORACIÓN DE CONCLUSIONES DEL CONSEJO DE GARANTÍAS EN LAS DECISIONES DEL TRIBUNAL CONSTITUCIONAL. LA SOLICITUD DE DICTAMEN COMO FACULTAD DEL IUS IN OFFICIUM DE LOS PARLAMENTARIOS. IV. REFERENCIAS EXPRESAS AL DICTAMEN DEL CONSEJO DE GARANTÍAS EN LAS DECISIONES DEL TRIBUNAL CONSTITUCIONAL SOBRE LA CONSTITUCIONALIDAD DE DISPOSICIONES LEGALES AUTONÓMICAS. V. COINCIDENCIAS ENTRE LAS CONCLUSIONES DE LOS DICTÁMENES Y LAS

---

1 Grupo de estudios sobre Democracia y Constitucionalismo (GEDECO. Grupo consolidado por la Generalitat, 2021, SGR 00983). Este trabajo es resultado del proyecto financiado por el Ministerio de Ciencia e Innovación PID2019-104414GB-C32, “Instrumentos contramayoritarios en el Estado constitucional”.

SENTENCIAS DEL TRIBUNAL CONSTITUCIONAL RECAÍDAS SOBRE LA MISMA DISPOSICIÓN LEGAL. VI. DISCREPANCIAS ENTRE LAS CONCLUSIONES DE LOS DICTÁMENES DEL CONSEJO Y LAS SENTENCIAS DEL TRIBUNAL CONSTITUCIONAL. VII. CONSIDERACIONES FINALES.

I. EL CONSEJO DE GARANTÍAS ESTATUTARIAS

El Consejo de Garantías Estatutarias es un órgano consultivo de la Generalitat de Cataluña concebido por el Estatuto catalán de 2006, que realiza un control de constitucionalidad y estatutoriedad de las disposiciones legales autonómicas. En concreto, el Estatuto le asigna la obligación de dictaminar *preceptivamente* antes de la interposición ante el Tribunal Constitucional de recursos de inconstitucionalidad, conflictos de competencia y recursos en defensa de la autonomía local, por parte del Gobierno o Parlamento autonómico (76.3 EAC). Además, el Consejo de Garantías puede dictaminar sobre la adecuación a las Constitución de los proyectos y proposiciones de reforma del Estatuto antes de su aprobación por el Parlamento (art. 76.2.a EAC) ; sobre los proyectos y proposiciones de ley que sean sometidos a debate y aprobación en el Parlamento – incluidos los de lectura única[2]- así como los decretos ley sometidos a convalidación de la Cámara y de los proyectos de decretos legislativos aprobados por el Gobierno autonómico (art. 76.2 b. y c EAC) . La LCGE concreta, en relación con estos últimos, que la ley de delegación haya establecido que el Parlamento deba efectuar el control adicional de la legislación delegada y siempre antes de que sea publicado en el DOGC. Y, asimismo,

---

2 El art. 77 EAC permite que la ley reguladora de esta institución pueda ampliar las funciones dictaminadoras del CGE con el único límite de no atribuir carácter vinculante a su dictamen. Ampliación realizada por la Ley 27/2010, de 3 de agosto.

añade, el control de la adecuación a la autonomía local de los proyectos y proposiciones de ley y de los proyectos de decreto legislativo aprobados por el Gobierno (art. 76.2 d EAC). El Estatuto configura este último control con carácter previo y *potestativo* y realiza una remisión a la ley reguladora del Consejo de Garantías Estatutarias[3], norma que configura, entre otros extremos, la composición y funcionamiento de este órgano así como los sujetos que pueden solicitar este dictamen.

Concretamente, en cuanto a su composición, el Consejo de Garantías está conformado por nueve miembros nombrados por la Presidencia de la Generalitat entre juristas de reconocida competencia con más de quince años de ejercicio de experiencia profesional: seis a propuesta del Parlamento, por mayoría de tres quintos de los diputados, y tres a propuesta del Gobierno. Uno de los tres miembros designados por el Gobierno lo es de entre una terna propuesta por el Consejo de Gobiernos Locales (art. 3 LCGE). El período de mandato es de seis años sin posibilidad de reelección[4]. Los miembros designados por el Parlamento se renuevan por mitades cada tres años, y los del Gobierno, uno a uno, cada dos años. La ley configura, además, que en el ejercicio de sus funciones el Consejo actúa con plena independencia de los órganos ejecutivo, legislativo y judicial, remarcando la exclusiva utilización de las reglas de interpretación jurídica en el ejercicio de sus funciones -a través de dictámenes técnico-jurídicos- que en ningún caso expresan criterios de oportunidad o de conveniencia (art. 2.2. LCGE)

Las atribuciones que el Estatuto asigna al Consejo fueron consideras constitucionalmente inobjetables por la STC

---

3 Ley 2/2009, de 12 de febrero, del Consejo de Garantías Estatutarias. Se trata de una Ley de desarrollo básico del Estatuto, por previsión del art. 62.2 EAC

4 Modificación introducida por la Ley 3/2022, de 6 de abril, de modificación de la Ley 2/2009, del Consejo de Garantías Estatutarias.

31/2010, dado que la función dictaminadora se configuraba en términos similares a la del anterior Consejo Consultivo de la Generalitat[5], una institución que ya fue confirmada en la STC 204/1992 y cuyas funciones no perjudicaban ni obstaculizaban el ejercicio de la jurisdicción constitucional ya que entre las funciones de asesoramiento -características de los órganos consultivos- y las jurisdiccionales -privativas de los Tribunales y en concreto del Tribunal Constitucional en su condición de supremo intérprete jurisdiccional de la Constitución- median evidentes y sustanciales diferencias de concepto (FJ 5)[6].

Los consejos consultivos han venido desarrollando desde su creación -a través de los estatutos de la primera fase del Estado autonómico o bien por ley autonómica en otras CCAA- una función adicional de garantía respecto del control que lleva a cabo el Tribunal Constitucional sobre las normas con rango de ley. Este carácter adicional o complementario es debido tanto a la naturaleza consultiva de sus dictámenes, como al momento en que se produce el control: previo a la aprobación definitiva de la norma[7]. El *numerus clausus* de los sujetos legitimados para acudir

---

5 Arroniz i Morera de la Vall, M.A. (2009). El Consejo consultivo como garante de la autonomía: una mirada retrospectiva. *Revista catalana de Dret Públic*, 39, pp. 83-110. Disponible en: http://revistes.eapc.gencat.cat/index.php/rcdp/issue/view/140

6 Debe señalarse que la STC 31/2010 sí que consideró que las funciones que atribuía el art. 76.4 EAC al Consejo de Garantías, en la medida que otorgaba eficacia vinculante a los dictámenes, quebrantaban la reserva de control de constitucionalidad de las normas con fuerza de ley establecida en el art. 161 CE a favor del Tribunal Constitucional. Vid. Jover Presa P. Función consultiva y función de control. La posición institucional del Consejo de Garantías Estatutarias de la Generalitat de Catalunya. *Revista española de la función consultiva*, 7, pp. 77-93.

7 Aparicio Pérez, M.A. (2009). Protección del autogobierno y control de estatutoriedad. El consejo de Garantías Estatutarias. *Revista catalana de Dret Públic*, 39, pp. 39-56. Disponible en: http://revistes.eapc.gencat.cat/index.php/rcdp/issue/view/140

al Tribunal Constitucional con el fin de impugnar normas con rango de ley de la propia Comunidad Autónoma (art. 162 CE y art. 32 de la LOTC, preceptos que dejan fuera a las minorías o grupos de diputados del Parlamento autonómico en términos absolutos, así como a los órganos ejecutivo y legislativo autonómico frente a las leyes de la propia Comunidad) propició la búsqueda de determinados mecanismos de compensación, dentro de los márgenes del sistema constitucional[8].

II. LA FUNCIÓN DICTAMINADORA DE CONTROL PREVIO A LA APROBACIÓN DE DISPOSICIONES LEGALES

La emisión de dictámenes se ejerce siempre a instancia de parte legitimada. Se requiere así la solicitud formal de alguno de los sujetos legitimados: dos grupos parlamentarios, una dé-

---

8 Castellà Andreu, J.M. (2006). La diferente posición del Estado y las Comunidades Autónomas ante el Tribunal Constitucional. En García Herrera, M.A. (ed.), *Constitución y democracia. 25 años de constitución democrática en España*, Madrid, CEPC, p. 521. Incluso, en algún momento se llegó a proponer la creación de un tribunal específico para el control de constitucionalidad de las normas con fuerza de ley autonómicas, siguiendo el modelo de algunos estados federales. Vid. Tornos Mas, J. Los Estatutos de las Comunidades Autónomas en el ordenamiento jurídico español. *RAP*, 91, pp.165-167. Cabe señalar también que en la STC 31/2010, recaída en uno de los recursos de inconstitucionalidad contra el Estatuto de Autonomía, el Tribunal Constitucional señala, en relación con el art. 76.1 EAC que prevé la figura del Consejo de Garantías, y en atención a algunas alegaciones realizadas por los recurrentes que lo asimilaban a "otros Tribunales de orden constitucional con funciones similares a nuestro Tribunal Constitucional (constitución republicana de 1931)", que su previsión es "inocua" en atención a la naturaleza jurídica derivada de la configuración normativa de dicha institución en el EAC.

cima parte de los diputados y el Gobierno (art. 23 LCGE); y el Síndic de Greuges si la iniciativa legislativa afecta a los derechos estatutarios. Las solicitudes deben indicar los preceptos, votos particulares y las enmiendas que suscitan dudas de constitucionalidad o estatutoriedad, así como los preceptos de la Constitución y del Estatuto que se consideran vulnerados. Es necesario recordar que el Consejo de Garantías se pronuncia sobre el texto del Dictamen de la Comisión legislativa correspondiente. Además, el Consejo puede ampliar el objeto de un dictamen a otros preceptos de la disposición cuestionada, votos particulares y enmiendas si tienen relación directa con lo solicitado. En las conclusiones de sus dictámenes debe hacerse constar si se ha adoptado por mayoría o por unanimidad, pudiendo advertir de la inconstitucionalidad o antiestatutoriedad global del dictamen de la comisión legislativa. Igualmente, se prevé la posibilidad de que los miembros del Consejo puedan expresar en un voto particular la opinión divergente o concurrente que hayan defendido en la deliberación del dictamen, tanto si refieren a las conclusiones como a los fundamentos (art. 20 LCGE)[9].

Del análisis de todas las solicitudes de dictamen realizadas ante el Consejo de Garantías Estatutarias -desde su creación por la Ley 2/2009 hasta diciembre de 2022-, el 41.67% han tenido su origen en el Parlamento, el 53,7% en el Gobierno

---

9 Sobre la incidencia de los dictámenes en el ejercicio de la función legislativa, véase Fossas Espadaler, E. (2011). El Consejo de Garantías Estatutarias como garante de la autonomía política. En En Biglino Campos, P. y Mapelli Marchena, C. (dir.). *Garantías del pluralismo territorial*, CEPC, Fundación Manuel Giménez Abad y Forum of Federations, pp. 209-227; y de Miguel Bárcena, J. (2011). El Consejo de Garantías Estatutarias de Cataluña, en el laberinto del Derecho Parlamentario. En ibídem, pp. 229-247.

y solo un 4.76% por parte de ambos[10]. De ellas, el 42,31% ha tenido por objeto proyectos de ley; un 16.67% proposiciones de ley y un 13% decretos leyes.

Cuando el Parlamento recibe el Dictamen del Consejo de Garantías abre un período para la presentación de enmiendas que deben ser congruentes con las conclusiones y observaciones emitidas, para poder incorporar en el texto legislativo las consideraciones efectuadas por el Consejo, si así se acuerda, o proponer directamente la retirada del proyecto dictaminado o su modificación para adecuarlo a las conclusiones del Dictamen emitido (art. 120 RPC). Si la norma legal autonómica es considerada conforme a la Constitución y al Estatuto, nada impide que, posteriormente, pueda ser objeto de recurso o cuestión de inconstitucionalidad ante el Tribunal Constitucional -aspecto que analizaremos en el siguiente apartado-, con el análisis de los casos que han sido objeto de un doble control por parte del CGE y del TC.

En los siguientes datos estadísticos[11] podemos observar que el grado de seguimiento por el Parlamento de las conclusiones de los dictámenes del Consejo sobre proyectos y proposiciones de ley que contienen objeciones de inconstitucionalidad y/o *antiestatutoriedad* y que, por ello, comportan la enmienda de los preceptos afectados, es de un 86.22%; el seguimiento en caso de conclusiones interpretativas es de un 75% y de un 58,33% en el caso de recomendaciones[12]. En el caso de los decretos leyes, el

---

10 Agradezco a Anna M. Carbonell Roura, letrada jefa de los Servicio Jurídicos del Consejo de Garantías Estatutarias, toda la documentación facilitada en relación con el seguimiento de los Dictámenes.

11 https://www.cge.cat/admin/uploads/docs/transp/Dictamens_xifres.pdf

12 Ya se ha indicado que el juicio que efectúa el Consejo de Garantías Estatutarias no es de oportunidad sino de normatividad, aunque dicho pronunciamiento puede llegar a incidir en la configuración

grado de seguimiento de sus conclusiones se efectúa atendiendo a si el decreto ley ha sido validado o derogado por el Parlamento de acuerdo con el Dictamen del Consejo y es de un 69.23%[13].

En cuanto a los dictámenes preceptivos que debe realizar el Consejo antes de la interposición ante el Tribunal Constitucional de recursos de inconstitucionalidad, conflictos de competencia y recursos en defensa de la autonomía local contra disposiciones estatales, el grado de seguimiento de las conclusiones de los dictámenes es del 88,24% en el caso del Parlamento, cálculo que se efectúa en función de los casos en los que el Parlamento de Catalunya ha impugnado o no la disposición dictaminada ante el Tribunal Constitucional, de acuerdo con el Dictamen del Consell; y del 97% en el caso del Gobierno[14].

A partir de estos datos puede afirmarse que existe un "diálogo" entre el órgano que tiene encomendada la decisión política o juicio de oportunidad –el Parlamento y las comisiones legislativas correspondientes o el Gobierno- y el Consejo de Garantías, que tiene a su cargo la decisión técnica o juicio de constitucionalidad y/o de estatutoriedad[15]. Lo significativo es

---

final del texto legislativo en la medida que concluya sobre el rechazo por inconstitucionalidad o antiestatutoriedad de la disposición, y esta sea suprimida, o realice una tarea "positiva" de proposición o recomendación al Parlamento de soluciones jurídicamente conformes al ordenamiento jurídico. Ahora bien, ello no significa que la norma legal resultante sea fruto de una confluencia de voluntades entre el Parlamento y el Consejo de Garantías, ni que se impida, su posterior control por parte del Tribunal Constitucional, a través de alguno de los procedimientos establecidos. Esta función ha sido calificada de "colaborador legislativo de carácter técnico", en Aparicio Pérez, M.A. (2009). ob.cit., p. 44

13 https://www.cge.cat/admin/uploads/docs/transp/Dictamens_xifres.pdf

14 Ibídem.

15 Para Ruiz Miguel, los órganos consultivos se intentan convertir en órganos de control parajurisdiccionales; en Ruiz Miguel, C. (2009).

que dicho diálogo tiene lugar en el curso del procedimiento legislativo y no al finalizar éste, por lo que el Parlamento no ha expresado todavía su voluntad definitiva respecto a una determinada propuesta legislativa. Ello evita que, aun no siendo vinculante, el dictamen pueda operar como una desautorización de una decisión firme del Parlamento El único caso en el que el Consejo se pronuncia sobre normas vigentes y no sobre propuestas legislativas es el de los decretos leyes. Pero cabe recordar que en el momento de la emisión del dictamen el decreto ley está pendiente de convalidación parlamentaria, por lo que la intervención del Consejo no representa ninguna interferencia en el monopolio del Tribunal Constitucional respecto al control de las normas con rango de ley[16]. En este contexto, adquieren una especial significación las garantías de independencia y autonomía orgánica, funcional y presupuestaria que acompañan al Consejo (art. 77.4 EAC) pero también que las decisiones se adopten con gran consenso evitando repetir en los pronunciamientos las mayorías y minorías producidas en los debates parlamentarios[17]. En este sentido, de los

---

Los Consejos Consultivos como guardianes de la autonomía: bibliografía, jurisprudencia, doctrina legal y perspectivas. *Revista catalana de Dret Públic*, núm. 39, pp. 209-240. Disponible en: http://revistes.eapc.gencat.cat/index.php/rcdp/issue/view/140

16 Las posibles similitudes con el control jurisdiccional llevado a cabo por la justicia constitucional serían así una mera apariencia: al no existir norma jurídica perfeccionada como objeto de su decisión, el dictamen no puede producir ninguno de los efectos de cosa juzgada. Así, Aparicio Pérez considera que el Consejo de Garantías realiza "una función de estructura jurisdiccional por el tipo de razonamiento jurídico que el órgano está obligado a realizar, pero sin las consecuencias propias de los actos jurisdiccionales", en Protección del autogobierno y control de estatutoriedad...", ob.cit., p. 43.

17 Sobre la naturaleza y posición institucional el Consejo *vid.* Vintró i Castells, J (2011). Les institucions de la Generalitat: El Consell de Garanties, el Síndic de Greuges, la Sindicatura de Comptes i el

dictámenes emitidos en el período 2009-2022 es relevante el grado de consenso en la adopción de las conclusiones: el 85% de los dictámenes emitidos se han adoptado por unanimidad y solo en un 14.66% por la mayoría de sus miembros. Además, el 89,88% de los dictámenes no tienen votos particulares y solo en dos casos (lo que representa el 1,19% de los dictámenes) ha habido cuatro votos particulares[18].

III. INCORPORACIÓN DE CONCLUSIONES DEL CONSEJO DE GARANTÍAS EN LAS DECISIONES DEL TRIBUNAL CONSTITUCIONAL. LA SOLICITUD DE DICTAMEN COMO FACULTAD DEL *IUS IN OFFICIUM* DE LOS PARLAMENTARIOS

Como veremos a continuación, la naturaleza de la actividad dictaminadora del Consejo de Garantías se inserta en el procedimiento legislativo de aprobación de las iniciativas legislativas parlamentarias con una finalidad, adicional, de garantizar el derecho de los diputados de obtener un pronunciamiento previo a su aprobación definitiva por el Pleno del Parlamento, sobre la adecuación al ordenamiento constitucional y estatutario de la norma en cuestión.

Ya se ha comentado que todas las proposiciones de ley, sin excepción, en fase de tramitación en el Parlamento de Cataluña, y antes de ser aprobadas definitivamente, pueden ser objeto de solicitud de dictamen ante el Consejo cuando así lo soliciten dos grupos parlamentarios o una décima parte de los diputados (art. 26 LCGE). Dicha solicitud debe ser tramitada

---

Consell de l'audiovisual de Catalunya. En Barceló, M. y Vintró, J (coord.). *Dret Públic de Catalunya*, Barcelona, Atelier, pp. 346-347.

18 https://www.cge.cat/admin/uploads/docs/transp/Dictamens xifres.pdf

a través de la Mesa del Parlamento y da lugar, si se admitiera y cursara al Consejo, a la suspensión del correspondiente procedimiento legislativo hasta que el dictamen haya sido emitido o hasta el transcurso del plazo establecido legalmente para su emisión (27.bis.1 y 5 LCGE). Esta facultad constituye un derecho de los parlamentarios garantizado por el Estatuto y la legislación de desarrollo y por ello no puede ser limitado por ninguna decisión de ningún órgano parlamentario. La solicitud de dictamen al Consejo es en este sentido *preceptiva* cuando lo soliciten algunos de los sujetos legitimados. La quiebra del procedimiento legislativo destinada a eludir el dictamen del Consejo de Garantías afecta al núcleo esencial del *ius in officium* de los diputados, a la formación de voluntad de la Cámara, a los derechos de las minorías y a los derechos de todos los ciudadanos a participar en los asuntos públicos mediante representantes (art. 23.1 y 2 CE).

Esta línea interpretativa puede deducirse de las sentencias del Tribunal Constitucional 114/2017 y 124/2017, que cuestionaron el procedimiento parlamentario seguido para la elaboración de la ley 19/2017, del Referéndum de autodeterminación y de la ley 20/2017, de Transitoriedad jurídica y fundacional de la República, respectivamente. En concreto, y en lo que ahora nos interesa, por la supresión del "trámite" de solicitud de dictamen al Consejo de Garantías sobre la conformidad de dichas proposiciones de ley con la Constitución y el Estatuto de Autonomía. No hubo dictamen del Consejo de Garantías, pero los días 6 y 7 de septiembre de 2017, se adoptaron dos acuerdos del Pleno de este órgano señalando, justamente la existencia de la vulneración del art. 23.2 CE por denegar a los diputados la facultad de solicitud de dictamen, argumentación que fue recogida por el Tribunal Constitucional. En el FJ 6 de la primera STC se afirma que "la inobservancia de los preceptos que regulan el procedimiento legislativo podría viciar de inconstitucionalidad la ley cuando se altere con ello, de modo sustancial, el proceso de formación de voluntad en el seno de las cámaras", añadiendo que la preservación del pluralismo político en el curso de los procedimientos legislativos "es inseparable del respeto a la posición y derechos de las minorías", poniendo de manifiesto que la proposición que dio lugar a la ley impugnada se tramitó y aprobó "al margen de cualquiera de los procedimientos legislativos previstos y regulados en el Reglamento del Parlamento de Cataluña", al improvisar y articular *ad hoc* la mayoría parlamentaria, un "insólito cauce en cuyo curso quedaban por entero a su arbitrio las posibilidades de intervención y los derechos del resto de grupos y diputados" (FJ 6). El Tribunal determina que la actuación de la Mesa del Parlamento fue contraria al orden constitucional y estatutario y actuó "pese a la advertencia expresa del propio Consejo de Garantías, órgano que por acuerdo del mismo 6 de septiembre de 2017 recordó al Parlamento, ante solicitudes presentadas por dos grupos parlamentarios, el carácter preceptivo, en el seno del procedimiento legislativo, de la apertura subsiguiente a la publicación de cualquier proposición de ley del plazo de solicitud de dictamen "(FJ6d)[19].

Posteriormente, en la STC 124/2017, el Tribunal vuelve a insistir, en relación con la queja relativa a que a los miembros de la Cámara se les ha impedido solicitar dictamen al Consejo de Garantías Estatutarias sobre la proposición de ley de transitoriedad jurídica y fundacional de la República, que la posibilidad de su solicitud es para los grupos y diputados legitimados una garantía que trae causa del propio Reglamento del Parlamento de Cataluña (art. 76.2) y que se incardina como tal facultad en el curso del procedimiento legislativo. Por ello, la supresión de dicha facultad, incluso con la advertencia expresa del Consejo de Garantías, determina una actuación contraria al orden constitucional por mermar "la integridad del procedimiento legislativo y a la vez de los derechos de los representantes a ejercer

19 https://www.cge.cat/contingut.php?id_pagina=18&start=30

esa concreta facultad que la Ley les confiere y que se incorpora a su estatus jurídico-constitucional (art. 23.2 CE)" (FJ 6 c))[20].

IV. REFERENCIAS EXPRESAS AL DICTAMEN DEL CONSEJO DE GARANTÍAS EN LAS DECISIONES DEL TRIBUNAL CONSTITUCIONAL SOBRE LA CONSTITUCIONALIDAD DE DISPOSICIONES LEGALES AUTONÓMICAS

a) Control de decretos ley

Las conclusiones de los dictámenes del Consejo de Garantías sobre un decreto ley aprobado por el Gobierno pueden incorporarse a través de enmiendas, una vez ha sido convalidado y siempre que se acuerde su tramitación como proyecto de ley. En el caso que el dictamen concluyera sobre su inconstitucionalidad o antiestatutoriedad el decreto ley podría ser derogado por el Parlamento, si así lo acuerda.

En este apartado merece destacarse el asunto resuelto en la STC 16/2021, de 28 de enero, en el que el Tribunal refuerza su argumentación con una cita del Dictamen 2/2020 del CGE que había dictaminado en el mismo sentido. En dicha

---

20 La vulneración de esta facultad a los parlamentarios catalanes durante el proceso de tramitación de las leyes referenciadas dio lugar también a un recurso de amparo que fue resuelto por la STC 57/2018. Puede consultarse un estudio de esta en Sanz Pérez, A. (2018). Los vicios en el procedimiento legislativo: la confirmación de la teoría. *Revista Aranzadi Doctrinal,* 6, pp. 35-42; y en Fernández Cañueto, D. (2018). Las consecuencias de la reforma del art. 135.2 del Reglamento del Parlamento de Cataluña para aprobar la Ley de referéndum y la de transitoriedad jurídica: suspensión y STC 139/2017. *Revista Vasca de Administración Pública,* 111, pp. 207-246.

sentencia se analizan, entre otros temas, la constitucionalidad de determinados preceptos que tipifican como supuesto de incumplimiento de la función social de la vivienda, su desocupación permanente y los límites de los decretos leyes, tanto en lo referente a la existencia del supuesto de hecho habilitante como en la "afectación" al derecho de propiedad realizada por esa fuente del derecho.

El recurso se plantea contra las previsiones del Decreto-ley 1/2020, de 21 de enero, que modificaba un Decreto-ley 17/2019, de 23 de diciembre, de medidas urgentes para mejorar el acceso a la vivienda. En concreto, se impugnaban las disposiciones que establecían la obligación de ofrecer un alquiler social y la modificación del concepto de vivienda vacía[21], por vulnerar el principio de autonomía de la voluntad y el libre desarrollo de la personalidad (art. 10 CE) así como el derecho a la tutela judicial efectiva (art. 24 CE), al establecer un requisito de admisibilidad de la demanda "irrazonable y desproporcionado" y el principio de seguridad jurídica (art. 9.3) aspectos que, como señala de forma expresa el Tribunal Constitucional en el FJ 6e) ya fueron apreciados "por el dictamen 2/2020 del Consejo de Garantías Estatutarias", que había declarado que el artículo único del Decreto ley que fue objeto del dictamen y

---

21 "d) Vivienda vacía: la vivienda que permanece desocupada permanentemente, sin causa justificada, por un plazo de más de dos años. A este efecto, son causas justificadas el traslado por razones laborales, el cambio de domicilio por una situación de dependencia, el abandono de la vivienda en una zona rural en proceso de pérdida de población y el hecho de que la propiedad o la posesión de la vivienda sea objeto de un litigio judicial pendiente de resolución. La ocupación sin título legítimo no impide que se pueda considerar vacía una vivienda, salvo en el caso de que la persona propietaria acredite haber iniciado las acciones judiciales oportunas para la recuperación efectiva de la posesión antes de cumplirse el plazo para considerar la vivienda vacía".

que modificaba el concepto de vivienda vacía no era conforme a la Constitución, por vulnerar los arts. 9.3 y 33 CE.

b) Ley de presupuestos vinculada al proceso referendario en Cataluña

La STC 90/2017, de 5 de julio, resuelve el recurso interpuesto por el presidente del Gobierno en relación con la disposición adicional cuadragésima y diversas partidas presupuestarias de la Ley 4/2017, de presupuestos de la Generalitat de Cataluña para 2017, que se vinculaba a la celebración de un proceso referendario sobre el futuro político de Catalunya. La disposición impugnada formulaba dos mandatos al Gobierno catalán para garantizar la cobertura económica suficiente para asumir la celebración de un proceso referendario o referéndum —se utiliza esta doble terminología— sobre el futuro político de Catalunya. El análisis de la constitucionalidad de la norma no tiene únicamente por objeto la competencia autonómica para establecer una regulación que afecta a la institución referendaria, sino que también se pronuncia sobre los aspectos sustantivos del objeto del referéndum al que hace referencia. De este modo, la disposición impugnada se enmarca en lo que el Tribunal ha venido calificando como "sucesión temporal de acontecimientos en el ámbito del Parlamento de Cataluña" (ATC 170/2016), destinados a dar continuidad y soporte al proceso independentista puesto en marcha a través de la resolución del Parlamento de Cataluña 1/XI, de 9 de noviembre de 2015, declarada inconstitucional y nula por la STC 259/2015.

Lo reseñable de esta sentencia es la inclusión no solo de la referencia al dictamen 2/2017 del Consejo de Garantías Estatutarias, que tuvo por objeto dicha disposición adicional, sino que incorpora en su FJ 2c), entrecomillado, la argumentación del Consejo, que afirmaba taxativamente y por unanimidad, que "el examen jurídico de la disposición adicional no supera el test de la adecuación constitucional y estatutaria porque, actualmente, la jurisprudencia constitucional no reconoce a la Generalitat la potestad de regular ni convocar una consulta referendaria sobre el futuro político de Cataluña. Y, como derivación de esta premisa, tampoco puede prever en su legislación presupuestaria una habilitación o autorización para un gasto de dinero público en relación con una competencia que no tiene atribuida o de la que no es la titular reconocida". La conclusión del Consejo de Garantías -también incorporada en la sentencia, es que, "sin perjuicio de los mecanismos de diálogo interinstitucional e, incluso, de reforma del bloque de la constitucionalidad, que podrían conllevar la modificación del actual ordenamiento jurídico … la disposición adicional (cuestionada) es contraria al artículo 149.1.32 CE, en relación con el orden de reparto competencial, y al artículo 92 CE, en cuanto a su desarrollo orgánico. Del mismo modo, tampoco halla amparo en el artículo 122 EAC ni en los artículos 211 y 212 EAC" (FJ2c).

A dicha conclusión, el dictamen añade una consideración, que "en caso de que se produjera un escenario normativo diferente, ya fuera como consecuencia de una reforma de la legislación orgánica en la materia o de una autorización estatal para la realización de algún tipo de consulta referendaria en Cataluña, las leyes presupuestarias disponen de los mecanismos idóneos que facilitarían al Gobierno la dotación económica suficiente para hacer frente a las necesidades o a los requerimientos que pudieran derivarse". A esta premisa se acogen los abogados del Gobierno de la Generalitat y los letrados del Parlament de Cataluña para postular en la contestación al recurso, una interpretación de la disposición cuestionada, según la cual la celebración del referéndum al que se refieren está condicionada a una reforma legislativa en la materia o a la autorización del Estado. El Tribunal considera que, desde el punto de vista de la legalidad presupuestaria, "el legislador catalán ha sido consciente de la doctrina del dictamen 2/2017, de 2 de marzo, del Consejo de Garantías Estatutarias en relación con el proyecto de Ley de presupuestos para 2017" y con la cita expresa de los argumentos señalados por el Consejo, determina la inconstitucionalidad de estas siempre que se destinen a la financiación del proceso referendario (FJ 3). Y añade, en relación con el hipotético escenario jurídico al que alude el Consejo de Garantías que no resulta razonable que una norma deba interpretarse conforme a una consideración que carece de concreción.

V. COINCIDENCIAS ENTRE LAS CONCLUSIONES DE LOS DICTÁMENES Y LAS SENTENCIAS DEL TRIBUNAL CONSTITUCIONAL RECAÍDAS SOBRE LA MISMA DISPOSICIÓN LEGAL

a) Cuotas lingüísticas

La STC 89/2017, de 4 de julio, resuelve el recurso de inconstitucionalidad interpuesto contra determinados preceptos de la ley catalana 20/2010, del cine, declarando la constitucionalidad de su art. 18.1 a través de una interpretación conforme del precepto legal que impone determinadas obligaciones lingüísticas a las empresas distribuidoras. Dicho precepto fue objeto del dictamen 8/2010 del CGE, en concreto, la previsión del primer apartado del art. 18 del proyecto de ley, en cuanto a la obligatoriedad de las empresas distribuidoras de establecer una cuota de todas las copias en versión catalana. El Consejo de Garantías dictaminó que esas cuotas no suponían una vulneración de la libertad de empresa (art. 38 CE) y que la finalidad de promoción de la normalización lingüística puede legitimar acciones positivas de los poderes públicos siempre que no sea desproporcionada. El Tribunal Constitucional determina que no existe invasión competencial en relación con el art. 149.1.10 CE, atributivo al Estado de la competencia en comercio exterior -aspecto coincidente con el dictamen-; ni con el art. 149.1.1 CE, pues la competencia exclusiva del Estado sobre la regulación de las condiciones básicas que garantizan la igualdad de los españoles en el ejercicio de los derechos y deberes constitucionales no es un título limitante para la actividad legislativa de las comunidades autónomas. Sostiene el Tribunal —acudiendo a los criterios contenidos en la propuesta de directiva por la que se modifica la Directiva 2010/13/UE presentada el 25 de mayo de 2016— que el porcentaje global de reserva establecido para las películas en catalán o subtituladas en dicho idioma no puede exceder en su aplicación efectiva de una cifra del 25 %, y extrapola dicha conclusión respecto de las similares obligaciones que el precepto impugnado impone a los distribuidores. El Tribunal condiciona por tanto la constitucionalidad del apartado 1 del art. 18 de la ley impugnada a esa interpretación conforme, desestimando la pretensión de vulneración del derecho fundamental a la libertad de empresa (art. 38 CE) al promover un objetivo constitucionalmente legítimo (normalización lingüística), sin que la limitación del derecho sea de una intensidad tal que haga inviable su ejercicio, en el mismo sentido que había establecido el dictamen del Consejo de Garantías.

b) Lengua de uso "preferente"

La STC 11/2018, de 8 de febrero, resuelve el recurso interpuesto por el presidente del Gobierno en relación con diversos preceptos de la Ley catalana 35/2010, de 1 de octubre, del occitano, aranés en Arán. Dichos preceptos reconocían la condición de lengua de uso "preferente" del aranés respecto del castellano y del catalán, aspecto que podría contradecir los art. 3 CE y 6.2 EAC. El Dictamen 22/2010 del CGE, sobre el proyecto de ley propuso la supresión del término "preferente", aunque no consideró contrario ni a la Constitución ni al Estatuto su previsión, siempre que se interpretara como medida de normalización, de acuerdo con la jurisprudencia constitucional sobre la materia citada en el mismo dictamen (SSTC 82/1986, FJ 2; 46/1991, FJ 2; 37/1994, FJ 21; 253/2005, FJ 10; 31/2010, FJ 14). El Tribunal Constitucional resuelve la impugnación conforme a la misma doctrina constitucional en materia de cooficialidad lingüística, y en particular, en lo relativo al uso normal y uso preferente de una lengua cooficial. De acuerdo con dicha doctrina, el Tribunal ha formulado dos principios: a) la normalidad en el uso constituye un presupuesto de la oficialidad y una propiedad de la lengua que es oficial y b) la determinación de la preferencia en el uso de una lengua oficial respecto de otra (u otras) no es compatible con la Constitución. De esa jurisprudencia constitucional la STC 11/2018 determina que la "cooficialidad ha de sujetarse a un patrón de equilibrio o igualdad entre lenguas, de forma que en ningún caso ha de otorgarse prevalencia o preponderancia de una lengua sobre otra» (FJ 4), en base a lo cual, declara la inconstitucionalidad y nulidad del término "preferente" del art. 2.3 de la ley catalana. En el dictamen del Consejo, concretamente en su fundamento tercero, se hacía referencia justamente a esta idea de desequilibrio lingüístico para proponer la supresión de dicho término, supresión que no fue aceptada por el Parlamento.

c) Prohibición de doble imposición

La STC 74/2016, de 14 de abril, resuelve el recurso de inconstitucionalidad interpuesto por el presidente del Gobierno determinados preceptos de la ley 12/2014 que regulaba determinados impuestos sobre la emisión de óxidos de nitrógeno a la atmósfera producida por la aviación comercial, sobre la emisión de gases y partículas a la atmósfera producida por la industria y el impuesto sobre la producción de energía eléctrica de origen nuclear. El Consejo de Garantías Estatutarias había dictaminado (Dictamen 18/2014) que el último de estos impuestos, el de la producción termonuclear de energía eléctrica, era contrario a la prohibición de doble imposición del art. 6.2 LOFCA conforme a la remisión que efectúa el art. 157.3 CE, y a cuyo tenor "los tributos que establezcan las Comunidades Autónomas no podrán recaer sobre hechos imponibles gravados por el Estado". En el Dictamen se hace referencia a la doctrina constitucional que prohíbe la duplicidad de hechos imponibles (SSTC 37/1987, FJ 14; 233/1999, FJ 23 y 122/2012, FJ 3, entre otras). La ley finalmente aprobada no recogió las conclusiones del Dictamen y el Tribunal procedió a declarar su inconstitucionalidad y nulidad, por considerar que se gravaba la misma actividad y desde la misma perspectiva, por lo que representaba un caso de doble imposición.

d) Agencia catalana de Protección Social/Seguridad Social

El Consejo de Garantías tuvo que pronunciarse en este ámbito, por expresa indicación en la solicitud de dictamen, sobre una enmienda presentada por ERC, en la última fase de tramitación parlamentaria de la ley 3/2015, de 11 de marzo, de medidas fiscales, financieras y administrativas, de creación de una "Agencia catalana de Seguridad social". El Dictamen 3/2015 pone de manifiesto que en la cuestión analizada hay dos títulos competenciales diferenciados, el de los servicios sociales y el de la Seguridad Social, contemplados en los arts. 166 y 165 EAC, ya que "en la Agencia Catalana de la Seguridad Social, a pesar de la denominación que expresamente se le otorga, le serían atribuidas genéricamente competencias sobre las "prestaciones de protección social", de manera que esta expresión incluiría tanto las que forman parte de los servicios sociales como las de la seguridad social". Sobre las competencias en materia de servicios sociales, el Dictamen del Consejo incorpora la doctrina del Tribunal Constitucional (en concreto la STC 239/2012), que diferencia claramente, a efectos jurídicos y competenciales, las nociones de asistencia social y seguridad social. En cuanto a la denominación propuesta para la nueva agencia, el Consejo recomienda que se adopte otra denominación que no induzca "a ningún tipo de confusión en la esfera competencial de ambas administraciones" ya que, "tanto el marco constitucional y estatutario como la propia doctrina constitucional han identificado esta expresión con el ámbito competencial de titularidad exclusiva del Estado", concluyendo que "Por todos estos motivos consideramos que la enmienda reservada número 429, interpretada en los términos y con el alcance expuestos, no es contraria a la Constitución ni al Estatuto". La STC 128/2016, que resuelve el recurso de inconstitucionalidad interpuesto por el Presidente del Gobierno contra la ley, considera que la previsión de la Agencia catalana de protección social no es inconstitucional siempre que se interprete en el sentido indicado en el FJ 9, en el que se sigue -aunque sin referencia expresa- la línea argumental establecida en el dictamen del Consejo de Garantías, según la cual el genérico e inespecífico enunciado "prestaciones sociales" puede referirse "tanto a las de asistencia social como a las que son propias del sistema de la Seguridad Social", siendo la gestión de estas últimas, competencia exclusiva del Estado (art. 149.1.17 CE). El Tribunal declara la constitucionalidad de las funciones otorgadas a la agencia referidas a las prestaciones con finalidad asistencial, "para las que la Generalitat es sin duda alguna competente (…). Por tanto, así interpretado, este apartado puede ser declarado constitucional".

Más recientemente, el Tribunal y el Consejo de Garantías han vuelto sobre el tema, en relación a la ahora Agencia Catalana ahora de *Protección Social*, creada por la Ley 21/2017. El Dictamen del Consejo (10/2017) había acordado por unanimidad la constitucionalidad de los preceptos impugnados, pero por razones de técnica legislativa, consideraba conveniente la modificación de su redactado de conformidad con el Dictamen anterior sobre esta materia (3/2015) y la doctrina del Tribunal referida anteriormente, en relación a la indicación de los títulos competenciales.

En la STC 36/2022 el Tribunal comienza su razonamiento negando la posibilidad de enjuiciar los preámbulos de las normas (a pesar de su relevante valor interpretativo y sin perjuicio de que la eventual inconstitucionalidad de un precepto que sea proyección de alguna referencia en el preámbulo, perdería por conexión su capacidad de dar alcance a dicha disposición anulada), y centra su enjuiciamiento en los aspectos de constitucionalidad jurídicos aunque añade que no puede entrar a valorar el contexto o la intencionalidad política de una norma más allá de su literalidad. Este aspecto había sido señalado por el CGE que consideraba una técnica legislativa poco adecuada las referencias en el preámbulo a las competencias que "en cada momento sean atribuidas a la Generalitat" y proponía por ello su modificación, aunque era consciente, y así lo manifiesta expresamente, que la jurisprudencia constitucional ha determinado que los defectos de técnica legislativa no comportan, necesariamente, un vicio de inconstitucionalidad y que, en cualquier caso "no corresponde a la jurisdicción constitucional pronunciarse sobre la perfección de la técnica de las leyes (STC 53/2014, FJ8 y 236/2015 FJ 15). En este sentido, la sentencia que ahora analizamos precisa que las deficiencias técnicas de una ley, como, por ejemplo, olvidar incluir los títulos competenciales en los que se fundamenta, no supone *per se* la consiguiente declaración de inconstitucionalidad por su parte. De este modo, recuerda que la comunidad autónoma ostenta competencias en los arts. 165 y 166 EAC, que habilitan a la Generalitat para dotarse, en su capacidad para organizar su administración (art. 150 EAC), con la Agencia Catalana de la Protección Social, y que las impugnaciones preventivas están vedadas según doctrina constitucional reiterada (FJ 8)

e) Código Tributario de Cataluña

La STC 65/2020 resuelve el recurso de inconstitucionalidad contra la Ley 17/2017, del Código Tributario de Cataluña. El Consejo de Garantías tuvo ocasión de dictaminar sobre la misma en el Dictamen 8/2017, estableciendo, en primer lugar, que la previsión del art. 111.4, referida a las fuentes del derecho tributario, vulnera el principio de seguridad jurídica del art. 9.3 CE y que algunas disposiciones adicionales (referidas a los procesos selectivos para acceder a los cuerpos tributarios adscritos a la Agencia Tributaria) pueden comportar una restricción y limitación ni razonable ni proporcionada al amparo del art. 23.2 CE. Ambas conclusiones fueron adoptadas por unanimidad. El Tribunal declara y argumenta en el mismo sentido que el Consejo, su inconstitucionalidad por considerar que al legislador autonómico "no le corresponde ni interpretar la Constitución (art. 31) ni definir las categorías y principios constitucionales" (FJ 9.B), hecho que determina que la regulación sobre la reserva de ley sea inconstitucional.

f) Ley de la Presidencia de la Generalitat

El Dictamen 1/2018 del CGE analiza la constitucionalidad de la proposición de ley de modificación de la Ley de la Presidencia de la Generalitat y el Gobierno. El Consejo concluye, por unanimidad, que dicha disposición (idéntica a la ley finalmente aprobada) no cumplía con los requisitos de naturaleza y simplicidad exigidos por el art. 138 del Reglamento del Parlamento para poder ser tramitada y aprobada por el procedimiento excepcional de lectura única, como tampoco era válido para la modificación de aspectos sustanciales de las leyes de desarrollo básico del Estatuto (arts. 129 y 130 RPC). La segunda conclusión, adoptada también por unanimidad, considera que la proposición de ley pretende añadir un nuevo párrafo al art. 4.2 de la Ley 13/2008, relativo al procedimiento de investidura de la presidencia de la Generalitat, materia que está reservada al Reglamento del Parlamento y en consecuencia no puede ser modificada por una ley ordinaria sin vulnerar los arts. 58 y 67.2 EAC. Además, el Dictamen se pronuncia también sobre los preceptos que posibilitaban una investidura de la presidencia de la Generalitat a distancia. En este sentido, el Consejo considera que "El procedimiento de elección (…) es una mecanismo o acto de naturaleza esencialmente personal y presencial siendo *a priori* el debate parlamentario más importante de una legislatura … que se inserta en el núcleo central del derecho parlamentario". Por ello, concluye también con su carácter antiestatutario e inconstitucional (por vulneración del art. 23.2 CE). Sin embargo, el Consejo avala, aunque propone un cambio de formulación, la posibilidad de celebración de reuniones a distancia del Consejo de Gobierno.

La STC 45/2019, recaída en el recurso de inconstitucionalidad interpuesto contra la Ley aprobada, no entra en las cuestiones referidas al sistema de fuentes que fueron analizadas por el dictamen e incorporadas al recurso por parte del Abogado del Estado, pero sí declara, en el mismo sentido que el dictamen del Consejo -aunque sin citarlo-, la nulidad de una investidura a distancia aspecto que sería contrario al funcionamiento de la democracia representativa que exige, desde el primer momento de la investidura y durante toda la práctica diaria del ejercicio de su actuación, un contacto físico y personal con el Parlamento. Añade el Tribunal que las reuniones del Gobierno, debido a la trascendencia de las funciones constitucionales que tiene atribuidas, han de ser deliberativas por esencia – "es consustancial a la naturaleza de las decisiones que se adoptan en aquellas" (FJ 4 B)- lo que exige la presencia física de todos sus miembros, ya que es la única que posibilita la interacción. Las notas de presencia y deliberación forman parte de los requisitos de colegialidad y corresponsabilidad, propios de todo órgano de Gobierno. El Tribunal declara así que la regla general de funcionamiento es la "reunión presencial", siendo siempre excepcional la reunión a distancia.

g) Limitación de la renta en contratos de arrendamiento de vivienda

La STC 37/2022, recaída sobre la Ley 11/2020, de medidas urgentes en materia de contención de rentas en los contratos de arrendamiento de vivienda y de modificación de la Ley 18/2007, de la Ley 24/2015 y de la Ley 4/2016, relativas a la protección de la vivienda, declara inconstitucionales y nulos algunos de sus preceptos, que ya habían sido declarados contrarios a la Constitución y al Estatuto, por motivos competenciales (art. 149.1.8 sobre las bases de las obligaciones contractuales y 149.1.6 CE) en el Dictamen 7/2020, aprobado por unanimidad en el Consejo de Garantías. El Tribunal considera que las atribuciones en derecho civil catalán que dispone la Generalitat no son suficientes para una legislación que se debe apoyar en la Constitución la cual reserva al Estado la legislación básica de derecho civil. La STC valora el contenido y finalidad de la Ley, pero concluye que el Parlamento catalán legisla acerca de un elemento esencial del contrato, como es la renta, que queda reservado a la competencia del Estado para garantizar la seguridad jurídica e igualdad de las relaciones contractuales en todo el Estado, por un lado, y por otro, el respeto a la voluntad contractual de las partes, consagrada en el artículo 1255 CC, que solo puede ser limitada por el legislador estatal, apoyándose en los mismos argumentos que el Dictamen del Consejo, aunque sin cita expresa del mismo.

VI. DISCREPANCIAS ENTRE LAS CONCLUSIONES DE LOS DICTÁMENES DEL CONSEJO Y LAS SENTENCIAS DEL TRIBUNAL CONSTITUCIONAL.

En este apartado señalaremos algunos de los supuestos en los que se observan discrepancias en las conclusiones del Consejo de Garantías y las resoluciones del Tribunal Constitucional dictadas en recursos de inconstitucionalidad sobre la misma disposición legal.

a) Instituciones autonómicas

En este ámbito merece ser comentada la institución del *Síndic de Greuges*. En el año 2009 se aprobó la Ley 24/2009, del Síndic de Greuges, que fue objeto del primer dictamen del Consejo de Garantías (1/2009) el cual analizó principalmente dos cuestiones: la primera, la atribución al *Síndic* de la supervisión sobre la *totalidad* de la actividad de la administración local y de los organismos vinculados a ella y su colisión con las facultades de supervisión del Defensor del Pueblo sobre dichas corporaciones; y la segunda, la atribución al Síndic de la condición de Autoridad Catalana para la Prevención de la Tortura y de otros Tratos o Penas Crueles, Inhumanos o Degradantes. El Consejo de Garantías dictaminó, en relación con la primera cuestión que debía interpretarse como una forma de colaboración del Síndic con el ejercicio de las funciones del Defensor del Pueblo, y que así interpretado no era contrario al art. 54 CE. Respecto a la atribución al Síndic de la condición de Autoridad catalana, confirmó su constitucionalidad por considerar que la designación de autoridades u órganos que ejercen funciones atribuidas por una norma internacional debe respetar el sistema de distribución de competencias entre el Estado y las CCAA.

La ley fue impugnada por el Defensor del Pueblo y dio lugar a la STC 46/2015, que si bien realiza una interpretación conforme de los preceptos que definen las funciones de protección y garantía de los derechos constitucionales y estatutarios -reiterando lo afirmado en la STC 31/2010-, declara la nulidad tanto de la atribución de la condición de Autoridad catalana, por vulneración de la competencia exclusiva del Estado en materia de relaciones internacionales del art. 149.1.3 CE; así como la competencia exclusiva del Defensor del Pueblo sobre la Administración General del Estado en Cataluña, conforme al art. 54 CE.

b) Consultas populares

El Consejo de Garantías dictaminó sobre el proyecto de ley de consultas populares que después se transformó en la Ley 4/2010. En el dictamen, el CGE analiza la constitucionalidad del Título II de la Ley, referido a las consultas populares por vía de referéndum de ámbito de Cataluña, y dictamina sobre la constitucionalidad de algunas de sus previsiones relacionadas, en lo que ahora interesa, a la legitimidad constitucional para regular por ley autonómica este tipo de referéndum que, a diferencia de otros que también afectan a un ámbito territorial autonómico (art. 151 CE) no tiene una previsión expresa en la Constitución. Para el Consejo, aunque el art. 122 EAC no mencione expresamente el referéndum, queda incluido en el ámbito material de competencia autonómica, con la salvedad expresada del art. 149.1.32 CE, por lo que estima su constitucionalidad. La Sentencia 51/2017, dictada siete años después de aprobarse la norma y con el bagaje de la STC 31/2010, que ya había definido el alcance de la competencia del art. 122 EAC, -y que es posterior tanto al Dictamen del Consejo y a la aprobación de la ley catalana-, estima íntegramente el recurso interpuesto frente a la ley y declara la inconstitucionalidad y nulidad de todo el Título II y los preceptos legales que regulan los aspectos generales de las consultas siempre que vayan referidos a un ámbito territorial autonómico. Para el Tribunal, la ley regula una modalidad de referéndum de ámbito autonómico no prevista por la norma fundamental ni por la legislación orgánica de desarrollo. Esta ausencia de previsión es la que comporta una lesión de la competencia estatal para la regulación de la institución del referéndum (art. 149.1.32 CE), a diferencia de las conclusiones del Consejo.

Anteriormente, la STC 31/2015 se pronunció sobre la Ley 10/2014, de consultas populares no referendarias y otras formas de participación ciudadana. El Dictamen 19/2014 del Consejo había acordado por *mayoría* la constitucionalidad de toda la ley. Sin embargo, cuatro votos particulares -de los consejeros Aja, Jover, Carrillo y Jaume- recogiendo la doctrina constitucional previa (STC 103/2008) habían expresado su discrepancia y la consideración de la inconstitucionalidad de dicha previsión normativa, tanto en lo concerniente al concepto de referéndum y su distinción con las consultas no referendarias, como en los elementos que se anudan a esa concepción: sus efectos vinculantes, el sujeto consultado, el cuerpo electoral ampliado, o las garantías propias de la administración electoral y el correspondiente control jurisdiccional que el dictamen atribuye al referéndum. El Tribunal Constitucional recogió en su fundamentación, prácticamente en su integridad, aunque sin citarlos, los argumentos de los votos particulares, declarando inconstitucionales las consultas sectoriales y generales reguladas en la ley.

c) Prohibición de corrida de toros

En el año 2010 se aprobó la ley catalana de protección de los animales que prohibía las corridas de toros en Cataluña. El Dictamen que emitió el CGE (12/2010) sobre la proposición de ley estimó la constitucionalidad de dicha previsión, pero hubo un voto particular, emitido por el consejero Añoveros Trías de Bes, que consideraba que esa previsión autonómica suponía una invasión de las competencias estatales. El Tribunal Constitucional, en la STC 177/2016, recaída en el recurso de inconstitucionalidad, reconoce la protección animal como un interés o derecho protegido contrapuesto a la tauromaquia, razón por la cual acaba admitiendo que las Comunidades Autónomas tiene potestades plenas para regular, pero no para prohibir, las corridas de toros en aras de garantizar la protección y el cuidado de los animales.

d) Acción exterior y relaciones con la Unión Europea

La STC 228/2016 analiza la constitucionalidad de determinados preceptos de la Ley 16/2014, de acción exterior y de relaciones con la Unión Europea, entre ellos, el art. 2.i que define el concepto de "Diplomacia pública de Cataluña" como "cualquier actuación de un agente público o privado que tenga una incidencia efectiva y positiva en la opinión pública exterior con el objeto de potenciar la imagen, la influencia y el prestigio de Cataluña en el exterior" y el art. 26 en cuanto que reproduce dicha expresión cuando regula la relación y colaboración con las organizaciones internacionales priorizando las relaciones con los organismos de Naciones Unidas en materias que sean de interés para Cataluña. El Dictamen 23/2014 había declarado por unanimidad la constitucionalidad de todos esos preceptos. El Tribunal, sin embargo, avala en términos generales, la acción exterior autonómica, vinculándola siempre a las competencias autonómicas y convalida la consideración de Cataluña como actor internacional, pero considera inconstitucionales las definiciones contenidas en el art. 2 de la Ley referidas a la diplomacia pública entre ellas la expresión "Diplomacia pública de Cataluña".

e) Procedimiento parlamentario

La STC 139/2017 resuelve el recurso de inconstitucionalidad interpuesto por el Presidente del Gobierno contra la Propuesta de reforma parcial el Reglamento del Parlamento de Cataluña, en concreto su art. 135.2, en cuanto a los requisitos para tramitar las proposiciones de ley en procedimiento de lectura única. La reforma de dicho artículo permitía que la solicitud de tramitación pueda corresponder únicamente al grupo promotor y no a todos los grupos parlamentarios, como estaba fijado hasta el momento, y se suprimía el epígrafe que obligaba a la Mesa a publicar el texto. Este aspecto podía comportar tanto la infracción del principio de publicidad como la imposibilidad por parte de la minoría de pedir un dictamen al Consejo de Garantías al no constar oficialmente (en el DOGC) y además no se especificaban los requisitos de naturaleza o la simplicidad de su formulación para que una proposición de ley pudiera ser admitida, de tal modo que cualquier tipo de ley podría ser tramitada a través de dicho procedimiento. El Consejo de Garantías, en su Dictamen 7/2017 acordado por unanimidad estableció que dicha reforma suponía una vulneración del derecho fundamental de participación política de los representantes (art 23 CE y art. 29 EAC) porque altera la naturaleza de todo el procedimiento legislativo al permitir que cualquier iniciativa pueda tramitarse sin las habituales garantías para ejercer el *ius in officium*. En el trámite de enmiendas subsiguiente al dictamen del Consejo de Garantías (art. 120 RPC) se presentaron nuevas enmiendas con la pretensión común de que expresamente se contemplase una fase de enmiendas en el procedimiento de lectura única. Todas ellas fueron rechazadas por el Pleno.

Para el Tribunal Constitucional la reforma del Reglamento que elimina la unanimidad para iniciar el procedimiento de lectura única, sin la inclusión de ningún trámite alternativo, puede vulnerar el art. 23.2 CE al hacer que la mayoría parlamentaria tenga la capacidad de impedir a la minoría la posibilidad de proponer cambios en el contenido de un proyecto o una propuesta de ley. Sin embargo, el Tribunal no procede a realizar una declaración de inconstitucionalidad y nulidad del precepto, porque el principio de conservación de la ley implica que deban explorarse "las posibilidades interpretativas del precepto" y en este caso considera que existe una segunda interpretación que así lo garantiza: "el artículo 35.2 RPC no merece tacha de inconstitucionalidad interpretado en el sentido de que su silencio en torno al trámite de enmiendas en el procedimiento de lectura única no significa que excluya y prescinda de dicho trámite en esta modalidad de procedimiento legislativo [...] (FJ 8). La STC 139/2017 declara así la constitucional de la reforma del art. 135.2 RPC, en contra de las conclusiones del Dictamen.

VII. CONSIDERACIONES FINALES

La solicitud de dictamen al Consejo de Garantías Estatutarias es, para los grupos y diputados legitimados por la ley, una garantía en favor de la regularidad constitucional de las iniciativas legislativas, que trae causa del propio Estatuto de Autonomía de Cataluña y que se incardina como facultad del *ius in officium* de los parlamentarios catalanes, por previsión de la Ley 2/2009 y del Reglamento del Parlamento de Cataluña, en el curso del procedimiento legislativo. Todos los proyectos y proposiciones de ley en fase de tramitación en el Parlamento de Cataluña, y antes de ser aprobadas definitivamente, pueden ser objeto de solicitud de dictamen ante el CGE, con carácter preceptivo, si así lo solicitan los sujetos legitimados.

Por otro lado, las referencias del Tribunal Constitucional a las conclusiones y acuerdos del Consejo de Garantías han sido intensas en algunos pronunciamientos, con el fin de reforzar y otorgar mayor legitimación a su decisión, incorporando la argumentación de una institución catalana; especialmente en aquellos que tenían por objeto el análisis de disposiciones legales vinculadas con el proceso independentista catalán.

Se observa también que en la mayoría de los casos en los que el Consejo de Garantías asume la doctrina previa del Tribunal Constitucional sobre la materia y realiza recomendaciones -sobre supresión o modificación de algún precepto- en base a la misma, se produce una mayor coincidencia con la posterior sentencia del Tribunal Constitucional. Pero hay algunos casos en que no es así, como el último supuesto analizado sobre la reforma del Reglamento del Parlamento. Se salva la constitucionalidad del precepto, con un dictamen del Consejo contrario, a través de una sentencia interpretativa, en la que parece que rige el principio de deferencia del Tribunal hacia el legislador. Principio que, sin embargo, no rige en el Consejo de Garantías, dada su intervención, en el seno del procedimiento legislativo, previa a la adopción de la norma definitiva.

La interpretación constitucional es una función que, ciertamente, no tiene atribuida en exclusiva el Tribunal Constitucional, sino que es compartida de diferente manera y con un diverso alcance, por diversos órganos, jurisdiccionales y no jurisdiccionales. Los órganos consultivos, como es el caso del Consejo de Garantías Estatutarias (y los análogos autonómicos) desarrollan una función adicional de garantía en el cumplimiento de la Constitución y del Estatuto por las disposiciones legales autonómicas y en el ejercicio de esta función necesariamente han de interpretar la Constitución. El control ejercido por el Consejo de Garantías, aunque sea, por su objeto, materialmente equivalente al que pueda ejercer el Tribunal Constitucional, se sitúa en una fase previa a la aprobación de la norma, lo que permite un diálogo entre el Parlamento y el órgano consultivo. De no ser así, podría afectar al monopolio de rechazo de las normas con fuerza de ley que el art. 161 CE reserva al Tribunal Constitucional, y que permite la depuración del ordenamiento legal, con eficacia *erga omnes*.

BIBLIOGRAFÍA

Álvarez García, V. (2012). Las funciones cuasi-jurisdiccionales de los Consejos Consultivos Autonómicos: el ejemplo extremeño. *Revista española de la función consultiva*, 17, pp. 75-89.

Aparicio Pérez, M.A. (2009). Protección del autogobierno y control de estatutoriedad. El consejo de Garantías Estatutarias. *Revista catalana de Dret Públic*, 39, pp. 39-56. Disponible en: http://revistes.eapc.gencat.cat/index.php/rcdp/issue/view/140

Arroniz i Morera de la Vall, M.A. (2009). El Consejo consultivo como garante de la autonomía: una mirada retrospectiva. *Revista catalana de Dret Públic*, 39, pp. 83-110. Disponible en: http://revistes.eapc.gencat.cat/index.php/rcdp/issue/view/140

Castellà Andreu, J.M. (2006). La diferente posición del Estado y las Comunidades Autónomas ante el Tribunal Constitucional. En García Herrera, M.A. (ed.), *Constitución y democracia. 25 años de constitución democrática en España*, Madrid, CEPC, pp. 521-542.

de Miguel Bárcena, J. (2011). El Consejo de Garantías Estatutarias de Cataluña, en el laberinto del Derecho Parlamentario. En Biglino Campos, P. y Mapelli Marchena, C. (dir.), *Garantías del pluralismo territorial*, CEPC, Fundación Manuel Giménez Abad y Forum of Federations, pp. 229-247.

Fernández Cañueto, D. (2018). Las consecuencias de la reforma del art. 135.2 del Reglamento del Parlamento de Cataluña para aprobar la Ley de referéndum y la de transitoriedad jurídica: suspensión y STC 139/2017. *Revista Vasca de Administración Pública*, 111, pp. 207-246.

Fossas Espadaler, E. El Consejo de Garantías Estatutarias como garante de la autonomía política. En En Biglino Campos, P. y Mapelli Marchena, C. (dir.). *Garantías del pluralismo territorial,* CEPC, Fundación Manuel Giménez Abad y Forum of Federations, pp. 209-227.

Jover Presa P. Función consultiva y función de control. La posición institucional del Consejo de Garantías Estatutarias de la Generalitat de Catalunya. *Revista española de la función consultiva,* 7, pp. 77-93.

Ruiz Miguel, C. (2009). Los Consejos Consultivos como guardianes de la autonomía: bibliografía, jurisprudencia, doctrina legal y perspectivas. *Revista catalana de Dret Públic,* 39, pp. 209-240. Disponible en: http://revistes.eapc.gencat.cat/index.php/rcdp/issue/view/140

Sanz Pérez, A. (2018). Los vicios en el procedimiento legislativo: la confirmación de la teoría. *Revista Aranzadi Doctrinal,* 6, pp. 35-42.

Vintró i Castells, J (2011). Les institucions de la Generalitat: El Consell de Garanties, el Síndic de Greuges, la Sindicatura de Comptes i el Consell de l'audiovisual de Catalunya. En Barceló, M. y Vintró, J (coord.) *Dret Públic de Catalunya,* Barcelona, Atelier, pp. 344-359.

Relación de sentencias del Tribunal Constitucional citadas y decisiones del Consejo de Garantías Estatutarias

- STC 31/2010, de 28 de junio, sobre el Estatuto de Autonomía de Cataluña
- STC 31/2015, de 25 de febrero, sobre la ley 10/2014, de consultas populares no referendarias y de otras formas de participación ciudadana (Dictamen 19/2014)
- STC 46/2015, de 5 de marzo, sobre la ley 24/2009, del *Síndic de Greuges* (Dictamen 1/2009)
- STC 74/2016, de 14 de abril, sobre la ley 12/2014, del impuesto sobre emisiones de óxidos de nitrógeno en l 'atmosfera producida por la aviación comercial, del impuesto sobre emisión de gases y partículas en la atmosfera producida por la industria y del impuesto sobre la producción de energía eléctrica de origen nuclear (Dictamen 18/2014)
- STC 128/2016, de 7 de julio, sobre la ley 3/2015, de medidas fiscales, financieras y administrativas (Dictamen 3/2015)
- STC 177/2016, de 20 de octubre, sobre la ley 28/2010, de modificación del texto refundido de la ley de protección de los animales (Dictamen 12/2010)
- STC 228/2016, de 22 de diciembre, sobre ley 16/2014, de Acción exterior y de relaciones con la Unión Europea (Dictamen 23/2014)

- STC 51/2017, sobre la ley 4/2010, de consultas populares por vía de referéndum (Dictamen 3/2010)
- STC 89/2017, de 4 de julio, sobre ley 20/2010, del cine (Dictamen 8/2010)
- STC 90/2017, de 18 de enero, sobre ley 4/2017, de presupuestos de la Generalitat para el año 2017 (Dictamen 2/2017)
- STC 114/2017, de 17 de octubre, sobre la ley 19/2017, del Referéndum de Autodeterminación (Acuerdo del Pleno del Consejo de Garantías del 6 de septiembre de 2017)
- STC 124/2017, de 8 de noviembre, sobre la ley 20/2017, de Transitoriedad jurídica y fundacional de la República (Acuerdo del Pleno del Consejo de Garantías del 7 de septiembre de 2017)
- STC 139/2017, de 20 de noviembre, de la propuesta de reforma parcial del Reglamento del Parlamento de Cataluña (Dictamen 7/2017)
- STC 11/2018, de 8 de febrero, sobre la ley 35/2010, del occitano, aranés en Arán (Dictamen 22/2010)
- STC 45/2019, de 27 de marzo, sobre la ley 2/2018, de modificación de la ley de presidencia de la Generalitat y el Gobierno (Dictamen 1/2018)
- STC 65/2020, de 18 de junio, sobre la ley 17/2017, del Código Tributario de Cataluña (Dictamen 8/2017)
- STC 16/2021, de 18 de enero, sobre el Decreto ley 1/2020, de medidas urgentes para mejorar el acceso a la vivienda (Dictamen 2/2020)
- STC 36/2022, de 10 de marzo, sobre la ley 21/2017, de la Agencia catalana de protección social (Dictamen 10/2017)
- STC 37/2022, de 10 de marzo, sobre la ley de medidas urgentes en materia de contención de rentas en los contratos de alquiler de vivienda (Dictamen 7/2020)

Capítulo Octavo
Solapamientos e interferencias en el control de la ley: la perspectiva italiana en el derecho europeo

CLAUDIO DI MAIO
Universidad de Calabria

SUMARIO: I. EL DERECHO INTERNACIONAL Y EUROPEO EN LA EXPERIENCIA CONSTITUCIONAL ITALIANA. II. EL PAPEL DEL TRIBUNAL NACIONAL, ENTRE COOPERACIÓN E INTERPRETACIÓN. III. ACCIÓN Y REACCIÓN DIALÉCTICA ENTRE LOS TRIBUNALES EN EL CASO ITALIANO. IV. CONSIDERACIONES CONCLUSIVAS

I. DERECHO INTERNACIONAL Y EUROPEO EN LA EXPERIENCIA CONSTITUCIONAL ITALIANA

Las raíces histórico-jurídicas que caracterizan a la Constitución italiana forman parte, sin duda, de una típica fisonomía cuyos rasgos más distintivos pueden todavía apreciarse: por un lado, la necesidad, como en otras experiencias europeas, de crear un orden estable tras una transición no demasiado fácil y, por otro, el evidente esfuerzo por clarificar desde el principio la vocación internacional del Estado, para obtener no sólo el reconocimiento jurídico, sino también establecer una forma duradera de diálogo sobre la protección de los derechos fundamentales. Ya se ha observado, en efecto, cómo la Asamblea Constituyente no vivía en una dimensión distante, aislada del país y de las corrientes que lo recorrían[1]. Sus miembros estaban vinculados a los partidos que salían de la clandestinidad y que, incluso antes del final del conflicto, elaboraban las líneas de los programas que debían sentar las bases del nuevo orden jurídico. Aunque la reforma constitucional de 2001 reforzó la influencia del derecho internacional y europeo en el ordenamiento jurídico italiano, es evidente que la evolución de este diálogo parte inevitablemente del artículo 11 de la Constitución (en adelante, Const.), en el que se habla abiertamente de las llamadas "limitaciones de soberanía necesarias" para el mantenimiento de la paz y la justicia[2].

Se trata, en realidad, de una norma creada para garantizar la adhesión de la naciente República a las organizaciones internacionales que, en aquel momento histórico, se fijaban como objetivo originario el mantenimiento del orden mundial; no obstante, lo establecido por los padres y madres constituyentes será utilizado posteriormente como instrumento constante de apertura al orden europeo, así como para cualquier entidad que se propusiera realizar lo que ya estaba contenido en el artículo 2 de la Constitución italiana. Siendo, asimismo, una fuente central de producción en la arquitectura constitucional de Italia, el artículo 11 Const. se convirtió también en una clara referencia "abierta" a la comunidad internacional en su sentido evolutivo, lo que sin duda constituye un caso específico también en lo que respecta a la protección de los derechos fundamentales.

---

1 Carlassare, L. (2013). L'art. 11 nella visione dei Costituenti. *Costituzionalismo.it*, 1.

2 Como se ha subrayado recientemente, el artículo 11 de la Constitución italiana no debe verse mermado por un análisis meramente textual y la redacción del artículo se dejó deliberadamente amplia y general para no perjudicar la evolución en curso. Lupo, N. (2022). *Clausole "europee" implicite ed esplicite nella Costituzione italiana, Federalismi.it*, 4, p. 486 y ss.

En este sentido, la apertura de la Constitución italiana debe entenderse en un doble sentido: por un lado, la voluntad de dar legitimidad también externamente al régimen republicano y, por otro, reforzar la protección de los derechos de la persona. En cuanto al primer punto, se aprecia la intención de armonizar las disposiciones del derecho internacional -y luego europeo- con el sistema de principios consagrado internamente, sin perjuicio del respeto de ciertos valores, sino, por el contrario, hacer de modo que se favorezca su afirmación[3]; con respecto a la protección de los derechos humanos, en cambio, muchas Constituciones -incluida la italiana- han optado por una enumeración no exhaustiva de los derechos expresados en el texto constitucional, para poder reconocer también nuevas categorías de derechos derivados de la jurisprudencia y de la pertenencia a organizaciones internacionales[4]sin sacrificar el llamado principio "personalista", es decir, el reconocimiento individual de estas libertades[5].

Por lo tanto, no obstante la visión internacionalista que se desprende claramente del texto constitucional, es precisamente con la adhesión al proceso de integración europea cuando se materializará la aplicación de este precepto constitucional en la interpretación de las leyes y dictados supranacionales. El planteamiento inicial fue absolutamente dualista respecto al ordenamiento jurídico europeo. De hecho, fue una excelente oportunidad para justificar una visión continental de las políticas internas y la adhesión al Mercado Común Europeo. Este enfoque, que buscaba considerar la experiencia comunitaria

---

3 Cannizzaro, E. (2020). *La sovranità oltre lo Stato.* Bologna, Il Mulino, p. 60.

4 Otro ejemplo útil es el español. Saiz Arnaiz, A. (1999). *La apertura constitucional al derecho internacional y europeo de los derechos humanos. El artículo 10.2 de la Constitución Española.* Madrid, CEPC.

5 Sobre este punto, véase la reconstrucción realizada por Martinico, G. (2019). Constitutions, Openness and Comparative Law. *Estudios de Deusto,* 67, 1, 111-24, págs. 116 y ss.

como un diálogo entre dos ordenamientos jurídicos, se acentuó durante mucho tiempo: la doctrina constitucional tuvo que hacer frente al famoso ciclo de sentencias que, a partir del asunto *Granital*, orientó todo el diálogo entre el Tribunal Constitucional y el naciente Tribunal de Justicia en torno a lo que podríamos denominar la fase constitutiva del ordenamiento jurídico comunitario[6]. Las posiciones de ambas instituciones fueron, sin embargo, revisadas pero, en cierto modo, firmemente seguidas en lo que se refiere al criterio de la competencia de la UE y a la incidencia de sus actos en el ordenamiento jurídico interno y, más concretamente, en la protección de los derechos fundamentales. No es un caso que la famosa "teoría de los contralímites", con su correlativa europeización, fue desarrollada por el Tribunal Constitucional italiano postulando la intangibilidad de los principios supremos y de los derechos fundamentales, es decir, del llamado núcleo duro del orden constitucional del Estado[7], con el fin de salvaguardar la esencia del ordenamien-

---

6 El Tribunal Constitucional mantuvo una actitud inicialmente alejada del planteamiento monista, suavizando progresivamente sus posiciones hasta la famosa sentencia no. 26/1962 en el asunto *Van Gend & Loos, en la* que afirmó que los tratados comunitarios no constituían un simple acuerdo en base al cual los Estados asumían obligaciones recíprocas, sino que con ellos las partes contratantes pretendían crear un sistema que perseguía el objetivo de establecer un mercado común, cuyo funcionamiento afectaba directamente a los sujetos de la Comunidad. Caggiano, G. (2013). La dottrina italiana nella fase costituente dell'ordinamento giuridico comunitario, Studi sull'integrazione europea. *Studi sull'integrazione europea,* 3. También Cortese, B. (2014). À la recherche d'un parcours d'autoconstitution de l'ordre juridique interindividuel européen: essai d'une lecture pluraliste 50 ans après Van Gend en Loos et Costa v. ENEL. Cortese, B. (ed.), *Studi in onore di Laura Picchio Forlati.* Turín, Giappichelli, pp. 301-339.

7 Sobre esta cuestión, también desde un punto de vista interpretativo, véase Faraguna, P. (2015). *Ai confini della Costituzione. Principi supremi e identità costituzionale.* Milán, Giappichelli, p. 60.

to jurídico interno en sus peculiares características, alejando (o protegiendo) cualquier forma de injerencia proveniente de un ordenamiento externo[8] . Sin embargo, hay que partir de la base de que la elaboración teórica de los contralímites no debe entenderse, en ningún caso, como una costumbre en el control de constitucionalidad, sino como un parámetro que evoluciona y se adapta a las situaciones concretas, pasando a formar parte de los instrumentos que siempre pueden ser utilizados discrecionalmente por el juez nacional[9].

II. EL PAPEL DEL JUEZ NACIONAL, ENTRE LA COOPERACIÓN Y LA INTERPRETACIÓN

A lo largo de los últimos veinte años, el sistema jurisdiccional del Estado ha sido inevitablemente atravesado por tensiones y presiones derivadas de las evidentes necesidades y exigencias de una comunidad nacional y europea en constante evolución. Por esta razón, se ha hecho cada vez más necesario que los es-

---

8 Polimeni, S. (2018). *Controlimiti e identità costituzionale nazionale. Contributo per una ricostruzione del «dialogo» tra le Corti*, Nápoles, Editoriale scientifica..

9 Cabe señalar que la doctrina ha cuestionado a menudo el alcance del examen de la constitucionalidad de las normas europeas a la luz de este parámetro, precisamente porque podría constituir una derogación de la aplicación del derecho comunitario de manera uniforme en los Estados miembros. Cartabia, M. (1995). *Principi inviolabili e integrazione europea*, Milán, 1995. Sobre la evolución del debate, véase también Morano-Foadi S. y Andreadakis, S. (2020). *Protection of Fundamental Rights in Europe: The Challenge of Integration*, Springer, p. 85-106. También Pollicino, O. y Repetto, G. (2019). *Not to be Pushed Aside: the Italian Constitutional Court and the European Court of Justice. erfBlog*. Disponible en: https://verfassungsblog.de/not-to-be-pushed-aside-the-italian-constitutional-court-and-the-european-court-of-justice.

tudiosos dirigiesen su atención a lo que la doctrina ha denominado el diálogo interpretativo entre los Tribunales. Gran parte de la ciencia jurídica italiana[10] ha cuestionado la naturaleza de esta relación entre la identidad nacional y los procesos de integración interregional que se han referido principalmente a la protección de los derechos fundamentales y las situaciones jurídicas personales en la interpretación del Derecho europeo y su interacción con la legislación nacional. Precisamente la protección de los derechos fundamentales, en un contexto cada vez más articulado de constitucionalismo multinivel[11] ha representado un campo de confrontación -siempre alimentado por dicotomías interpretativas[12] - entre jueces europeos y nacionales, inspirado en la ponderación de valores y en los criterios de igualdad, razonabilidad, proporcionalidad a distintos niveles, tanto desde una perspectiva internacional[13] como europea[14].

---

[10] Ex multis, véase Dani, M. (2019). Giurisdizione e ruolo delle corti costituzionali nel processo di integrazione europea: un'introduzione. *Diritto Pubblico Comparato ed Europeo,* 3, p. 717 y ss. También S. Ninatti, S. y Pollicino, O. (2020). Identità costituzionale e (speciale) responsabilità delle Corti. *Quaderni costituzionali,* 1, p. 191 y ss.

[11] En el sentido de Gambino, S. (2020). I diritti fondamentali fra 'Carta dei diritti UE' e 'costituzionalismo multilivello'. *La cittadinanza europea,* 1, 47 y ss. Una primera formulación de este concepto puede encontrarse en Pernice, I. (2002). *Multilevel constitutionalism in the European Union, European Law Review.* 1-6, p. 511 y ss.

[12] Para una visión más crítica de la protección multinivel de los derechos como mero diálogo circular entre los Tribunales véase Cassese, S. (2014). Fine della solitudine delle corti costituzionali, ovvero il dilemma del porcospino. *Ars interpretandi,* 20, 1, p. 21 y ss.

[13] Un tema bien analizado por Randazzo, A. (2019). *La tutela dei diritti fondamentali tra CEDU e Costituzione.* Milán, Giuffré.

[14] Como señala Cartabia, M. (2017). *Convergenze e divergenze nell'interpretazione delle clausole finali della Carta dei diritti fondamentali dell'Unione europea, Rivista AIC,* 3, p. 17 y ss.

En el ordenamiento jurídico italiano, de hecho, el acto legislativo está sometido a la compatibilidad con los principios establecidos por la Constitución, pero también está sometido, en virtud de los artículos 2, 10 y 11 Const., al Convenio Europeo de Derechos Humanos, a la Carta de los Derechos Fundamentales de la Unión Europea y, en general, al ordenamiento jurídico supranacional, por lo que el juez está constantemente llamado a enfrentarse a la legislación y a la jurisprudencia, viéndose obligado a realizar una interpretación viva en la aplicación de la norma que prevalece y en la resolución de las antinomias que puedan surgir. Además de la visión rígida y jerarquizada entre fuentes, han ido surgiendo nuevas fórmulas de interpretación, en las que la propia primacía del Derecho supranacional y la consiguiente inaplicación se han ido enrareciendo cada vez más por la intensidad y naturaleza de las relaciones entre las distintas jurisdicciones, imponiendo la necesidad de una coordinación continua y constante para evitar conflictos infructuosos. Es por ello que el papel del juez ha encontrado sustancia en un esfuerzo hermenéutico más amplio, también para alcanzar soluciones más mediadas y razonadas en la protección de los derechos humanos.

Las pautas de este esfuerzo son bien conocidas: en primer lugar, la técnica de la interpretación conforme -que en un sistema integrado no se agota en la Constitución y en las sentencias del Tribunal Constitucional, sino que afecta a la Carta de Derechos Fundamentales, al Derecho de la Unión Europea, a la jurisprudencia del Tribunal de Luxemburgo, al Convenio Europeo de Derechos Humanos y a la jurisprudencia del Tribunal de Estrasburgo-, a la que sigue también el delicado y posible ocasión en la que la violación de un derecho fundamental vulnere fuentes primarias tanto nacionales como europeas y del que consigue un "ejercicio de pluralismo constitucional[15] a

---

15 Con las palabras de Repetto, G. (2022a). *Esercizi di pluralismo costituzionale. Le trasformazioni della tutela dei diritti fondamentali in Europa*

través de la llamada doble prejuicialidad. En este sentido, el papel de la reenvío prejudicial al amparo del artículo 267 TFUE se ha revelado en ocasiones esencial y funcional para dirimir o prevenir posibles controversias.

Aunque el citado artículo no haga ninguna distinción a este respecto, cabe recordar, no obstante, la diferenciación que el propio Tribunal de Justicia ha querido establecer entre un reenvío de interpretación y de validez, siendo tarea de los jueces de Luxemburgo la interpretación de las normas europeas y el perímetro de su aplicación[16]. Del mismo modo, el Tribunal de Justicia se pronuncia sobre la validez[17] de estas mismas normas: de esto procede una posibilidad distinta de remisión al Tribunal que, en el primer caso, se considera admisible para los jueces de última instancia y, en el segundo, se considera obligatoria para cualquier órgano en su juicio, siempre que se constate que las disposiciones revelan posibles perfiles de invalidez respecto al Derecho de la UE en el caso examinado. Dichas normas deben ser contrarias a las fuentes primarias -y a la Carta de los Derechos Fundamentales que tiene igual fuerza normativa[18] - y, eventualmente, a los actos jurídicos a los que se refieren las disposiciones de las instituciones europeas.

---

tra ambito di applicazione della Carta e "doppia pregiudizialità, Diritto pubblico, 3, p. 775. Como se verá, en estas peculiares situaciones constituye un marco esencial la sentencia del Tribunal Constitucional núm. 269 de 2017. Para una visión comparada, véase Martinico. G. (2022). La doppia pregiudizialità nel diritto comparato. *Diritto pubblico,* 3, p. 757 y ss.

16 Véase la última decisión en el asunto 741/19, p. 45.

17 Desde la conocida sentencia en el asunto *Fotofrost,* reiterada últimamente también en los asuntos C-311/18 y C-344/04.

18 Sobre el perímetro de esta distinción en el trabajo del Tribunal nacional, véase Ferraro, F. (2021). Corte di giustizia e obbligo di rinvio pregiudiziale del giudice di ultima istanza: nihil sub sole novum. *Giustiziainsieme.it,* 23 de octubre.

Por lo que se refiere a la interpretación del Derecho de la UE, en cualquier caso, la remisión debe realizarla el juez nacional cuando exista una duda evidente sobre su aplicación. Se trata, en la práctica, de una actividad hermenéutica no siempre fácil de realizar, pero necesaria para determinar cuándo el órgano jurisdiccional, incluso de última instancia, debe remitir el asunto al Tribunal de Justicia. Esta facultad no puede considerarse automática: no en vano, el propio TJUE ha reconstruido las hipótesis en las que no debe tener lugar un reenvío prejudicial, y así se determinó en la famosa sentencia en el asunto *CILFIT* (asunto 77/83), donde se desarrollaron determinados criterios que, en este análisis, nos limitamos a resumir siguiendo las excepciones que podrían (y pueden) darse cuando el órgano jurisdiccional nacional de última instancia, llamado a pronunciarse, constata que la cuestión es irrelevante para el Derecho europeo, que ya ha sido explorada por el TJUE como único intérprete del Derecho supranacional, o que es indudablemente obvia[19]. Más recientemente, dado que el contexto de la integración jurídica europea ha cambiado considerablemente y, en cierta medida, también el papel que el TJUE desempeña en la actualidad, los jueces europeos han vuelto a abordar esta cuestión aportando algunas aclaraciones adicionales a partir del asunto C-561/19 a través de un reenvío del Consejo de Estado italiano: lo que se prevé es la solicitud por parte del tribunal supremo administrativo de la existencia de una nueva hipótesis de exención de la obligación de remisión para el tri-

---

19 Como se ha observado, el Tribunal de Justicia aprovechó la remisión italiana, pero no tanto para poner excepciones directas a la letra del Tratado sino para frenar ciertas tendencias interpretativas, perniciosas para el sistema de control supranacional, procedentes de las jurisdicciones nacionales. Martinico, G. Pierdominici, L. (2021). Rivedere CILFIT? Riflessioni giuscomparatistiche sulle conclusioni dell'avvocato generale Bobek nella causa Consorzio Italian management. *Giustizia insieme,* 17 de junio.

bunal de última instancia, que se añadiría a las ya identificadas por la sentencia *CILFIT* y que se refieren al desarrollo del procedimiento principal, cuando las cuestiones de interpretación son planteadas por las propias partes[20].

La citada decisión, por su parte, tenía el objetivo de revitalizar el sistema desarrollado por el TJUE en el asunto *CILFIT*, de nuevo mediante el instrumento dialéctico: el propio Tribunal de Luxemburgo, en efecto, explicitaba la existencia de una obligación real de motivación respecto de cualquier decisión de no reenvío por parte de un órgano jurisdiccional de última instancia. En el caso reciente, como es bien sabido, se planteaba también la cuestión de la posible existencia de divergencias lingüísticas entre las distintas versiones o entre las distintas interpretaciones jurisprudenciales de la norma del Derecho de la UE. A este respecto, el TJUE subrayó la necesidad de que el juez tenga en cuenta las divergencias de interpretación evidentes, de las que tenga conocimiento o que le sean señaladas por las partes, sin que pueda verse obligado por estas a hacer un reenvío a la CGUE. Por su parte, el juez podrá remitirse a las herramientas de información proporcionadas por las Redes Judiciales Europeas y a las propias bases de datos del Tribunal de Justicia; las partes, por su parte, tendrán libertad para demostrar la existencia de discrepancias significativas en la jurisprudencia de los tribunales de otros Estados miembros con respecto a la legislación examinada[21]. Una ocasión que nos permite preafirmar desde ahora la centralidad del procedimiento prejudicial y, a través de éste, del diálogo entre los órganos jurisdiccionales nacionales y el TJUE en la búsqueda de la aplicación

---

20 Daniele, L. (2022). Si può "migliorare" CILFIT? Sulla sentenza Consorzio Italian Management. *Eurojus*, 2.

21 Para un análisis más exhaustivo, véase Rossi, L. S. (2022). *Un dialogo da giudice a giudice". Rinvio pregiudiziale e ruolo dei giudici nazionali nella recente giurisprudenza della Corte di giustizia. Quaderni AISDUE*, 4.

uniforme del Derecho de la Unión Europea y de la igualdad de los Estados y ciudadanos de la Unión ante la legislación que deriva de este ordenamiento[22]: sigue siendo también la herramienta útil y capaz de permitir que el Derecho supranacional se aplique concretamente en los ordenamientos jurídicos de los Estados miembros, afrontando sus peculiaridades[23].

Del mismo modo, y en ocasiones considerada análoga, existe también la posibilidad de que los más altos Tribunales nacionales remitan el asunto al Tribunal Europeo de Derechos Humanos[24]. De acuerdo con el principio de subsidiariedad y en virtud del famoso Protocolo nº 16, con un papel igualmente dialéctico que es capaz de proteger los principios democráticos favoreciendo su interpretación coherente tanto interna como externamente, y la naturaleza de estos dictámenes tiene sin embargo la capacidad de producir efectos de carácter general[25],

---

22 Así se desprende del Dictamen 2/2013 del TJUE, de 18 de diciembre de 2014, p. 176.

23 Puglia, V. M. (2020). Finalità e oggetto del rinvio pregiudiziale. En F. Ferraro y C. Iannone (eds.). *Il rinvio pregiudiziale,* Turín, Giappichelli.

24 En este sentido, conviene tener presentes las famosas sentencias "gemelas" nº 248/2007 y 249/2007, que contribuyeron a reformular el impacto del CEDH en el Derecho italiano. Una perspectiva internacional puede encontrarse en M. LUGATO, *Struttura e contenuto della Convenzione europea dei diritti dell'uomo al vaglio della Corte costituzionale,* en AA.VV. (ed.), *Liber Fausto Pocar,* Vol. 1, Milán, Giuffrè, 2009. Otro ejemplo lo es la sentencia del Tribunal Constitucional n.º 264 de 2012. Dickmann, R. (2013). Corte costituzionale e controlimiti al diritto internazionale. Ancora sulle relazioni tra ordinamento costituzionale e CEDU. *Federalismi.it,* 3.

25 Sciarra, S. (2023). *Ricorso" alla e "discorso" sulla CEDU: un "valore" per i sistemi democratici.* Seminario giudiziario «La protezione della democrazia ad opera dei giudici attraverso la tutela dei diritti umani», Estrasburgo, 27 de enero de 2023, disponible en: https://www.cortecostituzionale.it/documenti/interventi_relazioni/1052_P/sciarra_strasburgo_italiano_20230224212655.pdf

a pesar de su peculiar fuerza normativa[26]. Una pluralidad de vías y medios hacen, *de facto*, que el papel del juez sea aún más central en este entrelazamiento de jurisdicciones[27] y al mismo tiempo se extienda entre la evaluación de los principios generales de la Constitución y las interacciones con el nivel supranacional e internacional[28] de protección de derechos, incluyendo la circulación de modelos y situaciones jurídicas que someten al sistema a un necesario diálogo interconstitucional[29].

III. ACCIÓN Y REACCIÓN DIALÉCTICAS ENTRE LOS TRIBUNALES EN EL CASO ITALIANO

En los últimos años, esta actividad de control en el plano del derecho supranacional ha sido testigo del crecimiento exponencial de esta compleja relación entre los Tribunales europeos y el juez italiano, a veces, fluctuante pero siempre activa. En concreto, el actual papel desempeñado por el llamado *Juez de las Leyes* en Italia se caracteriza fuertemente por el ejercicio de un constante juego de equilibrios, donde los espacios de actua-

---

26 Tancredi, A. (2021). *I pareri resi dalla Corte europea dei diritti dell'uomo ai sensi del Protocollo n. 16 nella recente giurisprudenza costituzionale.* En A. Annoni, S. Forlati y P. Franzina (eds.). *Il diritto internazionale come sistema di valori. Scritti in onore di Francesco Salerno,* Nápoles, Jovene.

27 Sobre este punto B Nascimbene, B. (2021). La mancata ratifica del Protocollo n. 16. Rinvio consultivo e rinvio pregiudiziale a confronto. *Giustizia insieme.*

28 Sobre la actuación en el ámbito internacional, cabe citar la renombrada Sentencia no. 238/2014 del Tribunal Constitucional. Para su análisis, véase Kolb, R. (2014). The relationship between the international and the municipal legal order: reflections on the decision no 238/2014 of the Italian Constitutional Court. *Questions of international law,* 1, 2.

29 Ruggeri, A. (2022). *Comparazione giuridica, dialogo tra le Corti e identità "intercostituzionale". La rivista "Gruppo di Pisa"*, 2.

ción están efectivamente marcados por el alcance de las normas y su aplicación directa en el ordenamiento jurídico nacional. Como es obvio, este ejercicio hermenéutico se aprecia aún más en el contexto cada vez más relevante del Derecho de la Unión Europea y su sistema de protección de los derechos fundamentales. La relación, históricamente, puede definirse como inicialmente conflictiva, o más bien orientada a la defensa de las peculiaridades nacionales, que, como es bien sabido, desde el caso *Simmenthal* -donde el TJUE afirmó la potestad de los jueces comunes de no aplicar normas internas que no coincidan con las europeas directamente aplicables- hasta el ya citado caso *Granital* -donde la jurisprudencia fue luego reconocida por el Tribunal Constitucional italiano a través de la conocida sentencia núm. *170/1984*- los pasos han sido muchos, sobre todo en el ámbito de la protección de los derechos de la persona y cada vez más alimentados por el ámbito de aplicación cada vez más amplio de la Carta Europea de los Derechos Fundamentales (CDFUE). Una interacción que no puede considerarse -como se ha dicho- desprovista de continuos ajustes, dada la omnipresente influencia de este acto que algunos en la doctrina han definido como "desbordante" en el Derecho nacional[30].

En efecto, de acuerdo con la dimensión dialéctica creada por las sentencias mencionadas, las posibles interacciones entre el TJUE y el Tribunal Constitucional deben considerarse concretamente en 3 hipótesis: en caso de conflicto entre normas internas y normas europeas directamente aplicables, el juez tendría que proceder a la inaplicación de las primeras en beneficio de la norma comunitaria; por otro lado, en caso de conflic-

30 En las reflexiones de Barbera, A. (2017). La Carta dei diritti: per un dialogo fra la Corte italiana e la Corte di giustizia. *Rivista AIC*, 4, 2017. Sobre este punto, también desde una perspectiva comparada, véase López Castillo, A. (2018). La confluencia entre tribunales constitucionales, TEDH y TJUE. *AFDUAM*, 22, p. 163.

to entre normas internas y normas europeas no directamente aplicables, el juez tiene la facultad de plantear una cuestión de constitucionalidad por conflicto con los artículos 11 y 117 de la Constitución; una última hipótesis está representada por un conflicto entre normas europeas y los principios fundamentales de la Constitución, para el cual el juez tendría que plantear una cuestión de constitucionalidad y podría representar una aplicación de la ya mencionada doctrina de los *contralímites*.

El verdadero "punto de innovación" en esta dialéctica -para la que la doctrina ha expresado opiniones diferentes pero siempre dentro del perímetro de una tensión latente entre los dos Tribunales[31] – se ha logrado con la Sentencia núm. 269/2017, en la que el Tribunal Constitucional italiano, en un escenario completamente renovado por la fuerza interna y externa de la *Carta de Niza*, realiza un *obiter dictum* que ha suscitado un amplio debate y del que se desprende su comportamiento precisamente ante casos de *'doble prejudicialidad'* - es decir, controversias que pueden dar lugar a cuestiones de ilegitimidad constitucional y, simultáneamente, a cuestiones de compatibilidad con el Derecho de la UE: en la argumentación se hace referencia a que "el propio Tribunal de Justicia ha declarado que el Derecho de la Unión no se opone al carácter prioritario del control de constitucionalidad que corresponde a los tribunales constitucionales nacionales, siempre que los jueces comunes sigan teniendo libertad para plantear al Tribunal de Justicia, en cualquier fase del procedimiento que consideren oportuna e incluso al final del procedimiento por la vía incidental de control general de las leyes, cualquier cuestión de carácter prejudicial que estimen necesaria; para adoptar

---

31 Sobre el debate doctrinal y la naturaleza de esta tensión dialéctica, véase Bronzini, G. (2018). La Carta dei diritti nella crisi del processo di integrazione: la discutibile svolta della giurisprudenza costituzionale. *WP C.S.D.L.E. "Massimo D'Antona"*, 373.

cualquier medida necesaria para garantizar la tutela judicial provisional de los derechos conferidos por el ordenamiento jurídico de la Unión". La intención, como se ve, no es desde luego superar la doctrina previa desarrollada en *Granital*, sino replantear los términos de la relación en su reconocimiento como órgano jurisdiccional nacional en el sentido del artículo 267 TFUE, lo que ya se había puesto de manifiesto, en relación con las sentencias de legitimidad por recurso incidental, en el Auto núm. 207/2013. Lo mismo ocurre en relación con la posible ampliación de la competencia del TJUE en cuestiones relativas a las libertades individuales, que, en concreto, siempre ha sido reclamada por los órganos jurisdiccionales nacionales[32]. Por ello, ahora se ha venido afirmando que la pauta del Alto Tribunal italiano, en caso de concurrencia o intersección de parámetros constitucionales y normas primarias de la UE, es proteger el control centralizado, situado "en el fundamento de la arquitectura constitucional", así como la

---

[32] Algunos estudiosos han descrito el control de constitucionalidad cada vez más extendido en relación con las normas internas que entran en conflicto con los principios generales del Derecho de la UE que protegen los derechos fundamentales como un fenómeno al que hay que "reaccionar", mucho antes de la entrada en vigor del Tratado de Lisboa y, por tanto, del carácter vinculante de la Carta de Niza. Cf. V. Onida, V. (2008). Nuove prospettive per la giurisprudenza costituzionale in tema di applicazione del diritto comunitario. En AA.VV. (a cura di), *Diritto comunitario e diritto interno: atti del seminario svoltosi in Roma, Palazzo della Consulta, 20 aprile 2007*, Milán, Giuffrè, p. 67 ss. Como se sabe, el ámbito de aplicación del CDFUE ha sido efectivamente equiparado por el TJUE al Derecho de la UE para situaciones puramente internas en una serie de decisiones posteriores al asunto *Fransson*. Para una reconstrucción italiana véase A. Baraggia, A. (2015). La tutela dei diritti in Europa nel dialogo tra Corti: "epifanie" di una Unione dai tratti ancora indefiniti, *Rivista AIC*, 2..

seguridad jurídica y la confianza depositada en la aplicabilidad del Derecho nacional vigente"[33].

Las razones que han llevado al Tribunal Constitucional italiano a adoptar este enfoque -que en realidad no altera las relaciones anteriores, sino que probablemente recupera su espíritu más dinámico- deben buscarse precisamente en el delicado y cambiado contexto jurídico y en la omnipresencia que la propia Carta de los Derechos Fundamentales ha sabido determinar en los distintos ordenamientos jurídicos europeos: se está de acuerdo, de hecho, con quienes ya han observado que, en el caso italiano, este enfoque llevó a considerar la *Carta de Niza* en su aspecto más innovador, ya que mostró de inmediato un potencial de federalización mucho mayor que la tradicionales herramientas del Derecho de la UE, clásicamente centradas en actos para los que la primacía y el efecto directo estaban asociados, en primer lugar, a las características formales de las normas contenidas en ellos (como reglamentos y directivas), en lugar de a su carácter substancial[34]. El modelo resultante de esta decisión hace menos nítida la diferenciación entre los dos niveles de protección -el nacional y el europeo-, aumentando de hecho la disponibilidad interpretativa para el juez común, que tendrá la posibilidad de plantear una cuestión prejudicial ante el Tribunal de Justicia, sin excluir la posibilidad de presentarla ante el Tribunal Constitucional en relación con la revisión de un acto interno en materia de derechos fundamentales.

---

33 En la sentencia se habla de la "necesidad" de intervención *erga omnes* de este Tribunal también en virtud del principio que sitúa el control centralizado de constitucionalidad en la base de la arquitectura constitucional. Sobre el tema, véase Amalfitano, C. (2019). Il dialogo tra giudice comune, Corte di giustizia e Corte costituzionale dopo l'obiter dictum della sentenza n. 269/2017. *Osservatorio sulle fonti*, 2.

34 Repetto, G. (2022). Sentenza 269 e doppia pregiudizialità nell'evoluzione della giurisprudenza della Corte costituzionale, *Eurojus*, 2, p. 315.

Este planteamiento ha generado numerosos debates en la doctrina: algunas posiciones son favorables a que el propio Tribunal Constitucional recupere un papel central en el diálogo sobre derechos humanos en Europa[35]; otros, en cambio, ven una no demasiado velada preocupación por la escalada de un agrio enfrentamiento dialéctico entre ambas jurisdicciones, que se traduzca en una falta de previsibilidad de las actuaciones del juez común -también considerando lo sucedido en la célebre *Saga Taricco*[36] - ya que está en juego la delimitación de los ámbitos en los que se implantan y juegan los criterios de resolución de las antinomias[37].

De hecho, se puede afirmar que este proceso dialéctico fue parcialmente acompañado y, posteriormente, atemperado por algunas decisiones clave que tenían el objetivo de aclarar la doctrina del Tribunal italiano con respecto a los casos de doble prejudicialidad. Indudablemente, en la sentencia n. 20/2019 tenemos un considerable cambio de la obligación primordial para el juez común (que se convierte en una mera posibilidad) de dirigirse a la *Consulta*, a la que sigue una ulterior posibilidad

---

35 Ex multis, D Tega, D. (2018). *La sentenza n. 269 del 2017 e il concorso di rimedi giurisdizionali costituzionali ed europei. Forum dei Quaderni Costituzionali*, 28 enero.

36 Con la Sentencia núm. 115/2018, el Tribunal Constitucional italiano se expresa sobre el principio del efecto directo de las normas europeas, a través de la legalidad penal, en particular con la naturaleza y el perímetro relativo a la doctrina de los contralímites. Muy relevante es la lectura conjunta propuesta por Gallo, D. (2019). Efficacia diretta del diritto UE, procedimento pregiudiziale e Corte costituzionale: una lettura congiunta delle sentenze n. 269/2017 e 115/2018. *Rivista AIC*, 1.

37 Ruggeri, A. (2017). Svolta della Consulta sulle questioni di diritto eurounitario assiologicamente pregnanti, attratte nell'orbita del sindacato accentrato di costituzionalità, pur se riguardanti norme dell'Unione self-executing (a margine di Corte cost. n. 269 del 2017). *Rivista di Diritti Comparati*, 3, p. 245.

de utilizar el reenvío prejudicial para remitir posteriormente al Tribunal de Justicia cualquier cuestión que se considere necesaria, aunque no haya sido examinada por el Tribunal Constitucional. Los resultados más evidentes, por tanto, se resumen en la existencia de dos vías que pueden ser seguidas abstractamente por el juez y que integran, según el Tribunal Constitucional, una "concurrencia de recursos jurisdiccionales" capaz de enriquecer "los instrumentos de protección de los derechos fundamentales"; algo que produciría una posible ampliación de los niveles de protección de los derechos de la persona que en modos que no deben considerarse secundarios[38].

Ciertamente, se trata de incorporar el control de constitucionalidad a un conjunto de vías que coexisten con los demás requisitos previos que caracterizan al Derecho de la UE, desde el principio de efecto directo, pasando por la primacía y terminando con el posible recurso a la cuestión prejudicial. Así se desprende también de las sucesivas cuestiones que el Tribunal Constitucional no ha dejado de subrayar al referirse a la "cooperación leal y constructiva entre las distintas jurisdicciones" que son necesarias, según su ámbito específico de actuación, para hacer más efectiva la salvaguarda de los derechos fundamentales a través de una "protección sistémica y no dividida". En este sentido, el papel del Tribunal de Justicia será, por tanto, salvaguardar "el respeto del Derecho en la interpretación y aplicación de los Tratados" y el de todos los órganos jurisdiccionales nacionales, garantizar "una tutela judicial efectiva en los ámbitos regulados por el Derecho de la Unión".[39]. Un enfoque, por tanto, sin duda menos conflictivo,

---

[38] Conti, R. (2019). Giudice comune e diritti protetti dalla Carta UE: questo matrimonio s'ha da fare o no? *Giustizia insieme*, 4 de marzo.

[39] Esto es lo que se deduce de la sentencia 254/2020 del Tribunal Constitucional. Speziale, V. (2021). La sentenza della Corte costituzionale n. 254 del 2020 sui licenziamenti collettivi: una forma di «leale e costruttiva collaborazione» con la Corte di giustizia europea?, *Lavoro Diritti Europa*, 1.

pero que esconde en su interior previsibles y ulteriores evoluciones, especialmente en la relación con el juez común.

Un primer efecto de esta renovada actitud que encontramos en la Sentencia núm. 20/2019 va más allá del perímetro de los derechos fundamentales y de las situaciones en las que entra en juego la aplicación del Derecho de la UE. Nos referimos a aquellos casos en los que el Tribunal Constitucional, en los últimos tiempos, ha tenido la oportunidad de pronunciarse sobre cuestiones interesantes gracias a su control interno conferido por el artículo 117.1 Const.; en estas ocasiones, que parecen ampliar -aunque todavía no sea muy sostenible de forma exhaustiva- la latitud de su poder respecto del parámetro de actuación de los actos jurídicos europeos y extender su potestad también a ámbitos no directamente relacionados con los derechos fundamentales contenidos en la CDFUE, el Tribunal Constitucional ha decidido sobre la base de las normas exclusivamente internas [40]. Un efecto ulterior se encuentra en aquellas situaciones en las que el mismo *Juez de las Leyes* no ha dejado de subrayar la centralidad de la *Carta de Niza* -aunque cuando no sea directamente evocada en el caso examinado- y la validez que asumen tanto la primacía como la obligación de inaplicación que incumben al juez común como instrumento alternativo al recurso de inconstitucionalidad por vía incidental, cuando el conflicto se plantea con una norma de la UE in-

---

[40] Nos referimos, en concreto, a las recientes decisiones recogidas en las Sentencias nº 11/2020 y nº 44 de 2020. Sobre estas últimas véanse las interpretaciones alternativas aportadas por Mastroianni, R. (2020). Sui rapporti tra Carte e Corti: nuovi sviluppi nella ricerca di un sistema rapido ed efficace di tutela dei diritti fondamentali, *European Papers*, 5 y C. Padula, C. (2020). Uno sviluppo nella saga della “doppia pregiudiziale”? Requisiti di residenza prolungata, edilizia residenziale pubblica e possibilità di disapplicazione della legge, *Le Regioni*, 3.

equívocamente dotada de efecto directo[41]. Dos actitudes que, si por un lado reafirman la importancia del diálogo, por otro ofrecen espacio para interesantes interacciones en la perspectiva evolutiva del Derecho nacional y europeo.

Visto desde otra perspectiva, era inevitable que la sentencia núm. 115 de 2018 -que concluyó la larga cuestión sobre el *caso Taricco*- también generara repercusiones sobre la naturaleza de la dialéctica entre los jueces en el control de los instrumentos normativos y en la dimensión de la protección de los derechos. Y, sin embargo, el Tribunal Constitucional italiano ha buscado precisamente a través de la cuestión prejudicial establecer un diálogo más cooperativo con el Tribunal de Justicia de la UE, siempre con vistas a investigar dónde sería más útil para proporcionar una protección más eficaz a los derechos de la persona[42]. Un ejemplo tangible de este diálogo constructivo basado en la doble prejudicialidad se encuentra ciertamente, en primer lugar, en la Sentencia núm. 84 de 2021 relativa al llamado *derecho al silencio* a invocar en los procedimientos administrativos dirigidos a la imposición de sanciones sustancialmente penales, donde el juez constitucional italiano pretendió hacer pleno uso del instrumento dialéctico - y con una actitud de seducción autoritaria en comparación con otros tribunales nacionales que

---

41 Así, el Tribunal Constitucional en la sentencia nº 67 de 2022. Catalano, S. (2022). Quando la forma prevale sulla sostanza. Note critiche alla sentenza n. 67 del 2022 della Corte costituzionale. *Osservatorio costituzionale*, 4. De una posición diferente, en el sentido de una aplicación estricta de los principios de *Simmenthal* y *Granital*, Nascimbene, B. y Anrò, I. (2022). Primato del diritto dell'Unione europea e disapplicazione. Un confronto fra Corte costituzionale, Corte di Cassazione e Corte di giustizia in materia di sicurezza sociale. *Giustizia insieme*, 31 marzo.

42 En este sentido, véanse los Autos nº 112 de 2019, nº 117 de 2019, nº 182 de 2020, nº 216 y nº 217 de 2021, que denotan precisamente la agudización de esta actividad dialéctica con el TJUE.

optarían por un enfoque de resignación u obstrucción[43] -para ampliar e incluso hacer más eficaz (aunque con la debida cautela que impone la naturaleza de esta dinámica[44]) la naturaleza de la confrontación en la dimensión supranacional. Sin duda, añadiría, un resultado más asimilable a la dirección que inauguró el Tribunal Constitucional en su sentencia núm. 269 de 2017: dejar al juez constitucional el espacio -garantizado por la prioridad del control de constitucionalidad- para aprovechar al máximo las potencialidades del instrumento de la cuestión prejudicial, en una fructífera confrontación con el Tribunal de Justicia que permita la creación de un sistema integrado de protección de derechos a nivel europeo[45].

Otro ejemplo puede encontrarse en el asunto que se concluyó con la sentencia núm. 54 de 2022 sobre el alcance de determinados derechos sociales reconocidos a los extranjeros residentes, en la que se vio -en plena continuidad con lo que se había hecho anteriormente[46] - la renovación de esta actitud cooperativa entre el Tribunal de Justicia y el Tribunal Constitucional italiano; este último, de hecho, al encontrarse con el problema de la interpretación de las normas internas por par-

---

43 Esta postura está respaldada por Sarmiento Ramírez-Escudero, D. (2021). The Consob Way - Or how the Constitutional Court Taught Europe (once again) a Masterclass in Constitutional Dispute Settlement. *EU Law Live*, Weekend Edition No. 54, p. 2.

44 También hay en la doctrina quienes han sostenido, en tonos menos optimistas, que siempre es necesaria una actitud cooperativa por parte del Tribunal de Justicia. Guarnier, T. (2021). Corte costituzionale, Corti sovranazionali, giudici comuni e legislatore. Lo scenario a seguito della sentenza n. 84 del 2021 della Corte costituzionale. *Nomos*, 2.

45 Más condivisible es la posición de Sboro, B. (2021). Il lieto epilogo del dialogo tra Corti sul diritto al silenzio: note minime a margine della sentenza n. 84 del 2021. *Diritti Comparati*, 5 de julio.

46 Anzon Demmig, A. (2019). Applicazioni virtuose della nuova "dottrina" sulla "doppia pregiudizialità" in tema di diritti fondamentali (in margine alle decisioni nn. 112 e 117/2019). *Osservatorio costituzionale*, 6.

te del Tribunal de Casación (que elige el tortuoso camino del recurso incidental de constitucionalidad en lugar de la inaplicación[47]) tuvo la oportunidad de acudir a la cuestión prejudicial, dentro de lo que el propio Tribunal Constitucional define como "un marco de cooperación constructiva y leal entre los distintos sistemas de garantías, en el que los Tribunales Constitucionales están llamados a potenciar el diálogo con el Tribunal de Justicia [...] para asegurar la máxima protección de los derechos a nivel sistémico (art. 53 de la CDFUE)" y precisó que la intervención aclaratoria solicitada al Tribunal de Justicia es funcional también a la garantía de una interpretación uniforme de los derechos y obligaciones derivados del Derecho de la UE, reconociendo una conexión inseparable entre los principios y derechos constitucionales evocados por el Tribunal de Casación y los reconocidos por la Carta, enriquecidos por el Derecho derivado, complementarios y armónicos entre sí[48]. Todos estos son argumentos que nos ayudan a comprender cómo el reenvío prejudicial ha representado un elemento positivo y ha ofrecido la posibilidad de continuar el camino hacia la armonización - en este último caso también de los derechos sociales - en el contexto europeo, aclarando el alcance del principio de igualdad de trato establecido por una directiva que ha dado lugar, en el ordenamiento jurídico italiano, a

---

47 Lazzerini, N. y Giubboni, S. (2021). L'assistenza sociale degli stranieri e gli straniero dubbi della Cassazione. *Questione Giustizia.*

48 Además de lo ya mencionado, esta es una posición que se puede encontrar en las sentencias del Tribunal Constitucional núm. 5/2019; núm. 13/2019; núm. 20/2019 y núm. 117/2019. Sobre este punto, véase también el TJUE en el asunto C-220/20 de 10 de diciembre de 2020 y ya en el asunto C-617/10 de 26 de febrero de 2013. Sobre esta cuestión, A. Torrice, A. (2021). Siglata la pace tra Corte di giustizia e Corte costituzionale sul difficile terreno della sicurezza sociale. *Giustizia insieme,* 9 de noviembre.

una vasta controversia con no pocas repercusiones a nivel de los sujetos implicados[49].

Todas manifestaciones de lo que se ha argumentado hasta ahora, es decir, que el diálogo entre los Tribunales en la perspectiva italiana se orienta hacia una dirección cooperativa y evolutiva en la solución de los conflictos que, sin embargo, no debe ser completamente distorsionada por el contexto general; no hay que olvidar, de hecho, que dentro de esta interacción hay un papel sustancial desempeñado por el juez común, que debe hacer frente a cuestiones no sólo de carácter interpretativo, sino también de la elección de los recursos más adecuados que quiere activar con respecto al control de la ley, sin dejar de mantener una posición decisiva en el proceso.

IV. CONSIDERACIONES CONCLUSIVAS

La apertura a la dimensión europea del ordenamiento jurídico italiano ha representado (y representa) un campo de investigación y análisis que todavía conserva un interés y un dinamismo extremos. El propio proceso de integración entre las jurisdicciones proporciona material adicional al debate jurídico que, en nuestra humilde opinión, no puede agotarse en una mera definición del grado de importancia en los papeles, sino más bien tratar de determinar cuál es el camino más fructífero en el control de las leyes y la protección de los derechos reconocidos. No cabe duda de que, en este sentido, la vía de la doble prejudicialidad es todavía en gran medida explotable desde el punto de vista interpretativo, pero que deja abiertas

---

49 Para una reconstrucción de este tema, véase Giubboni, S. (2021). L'accesso alle prestazioni di sicurezza sociale dei cittadini di Paesi terzi nel "dialogo" tra le Corti. En Olivelli F. (ed.), *1970-2020. Come cambia il diritto del lavoro. Atti del Convegno di Macerata di Omaggio alla Prof.ssa Giuliana Ciocca*, Napoli, Editoriale Scientifica.

algunas cuestiones importantes, especialmente en lo que se refiere a la prospectiva futura del marco de cooperación entre los tribunales europeos y nacionales.

Como hemos intentado argumentar, el papel del juez (común y de última instancia) no es secundario en esta búsqueda de un modelo más operativo y dialogante. En nuestra opinión, quizás el Tribunal Constitucional ha asumido un papel decisivo en el debate general porque ha sido capaz, a su manera, de enriquecer el diálogo con argumentos no necesariamente conflictivos, sino más bien orientados a la revitalización de instrumentos que nunca se dieron por descontados. Esto es lo que se deduce de la aplicación actual de un modelo más general de reenvío ya definido como 269 atemperado[50] en el que evidentemente radica la tarea de remodelar las líneas históricas de la relación generada por la aplicación de la doctrina *Granital*.

Se trata, sin embargo, de una relación no exenta de posibles complicaciones futuras. El crecimiento fructífero del diálogo tendrá que basarse en la conciencia del nivel y de las esferas de actuación, así como de los diferentes horizontes de discusión: nos parece que el modelo antes mencionado y derivado de la Sentencia núm. 20/2019 confiere al Tribunal Constitucional un papel ciertamente y de nuevo central dentro de la relación, pero en el sentido de una participación más nítida en lo que respecta a la determinación de los perfiles operativos y sustantivos de los derechos fundamentales contenidos en la CDFUE, sin por ello menoscabar nunca el sistema y los pilares en los que se basa el funcionamiento del sistema en el Derecho de la UE[51]. Ello debe buscarse también en el sentido de ese paso de la obli-

---

[50] Amalfitano, Ch. (2020). Il rapporto tra rinvio pregiudiziale alla Corte di giustizia e rimessione alla Consulta e tra disapplicazione e rimessione alla luce della giurisprudenza "comunitaria" e costituzionale. *Rivista AIC*, 1.

[51] Como sostiene Repetto, G. *Sentenza 269 e doppia pregiudizialità*, ob. cit.

gación a la posibilidad de que el juez común plantee la cuestión de constitucionalidad y la consiguiente atenuación de una rígida centralización de la *Consulta* que difícilmente hubiera podido mantenerse. Por otra parte, es precisamente en manos del juez común donde recae el peso de decidir qué recursos son los más adecuados y eficaces de activar y a quién le toca a menudo la delicada tarea de aplicar las normas legales y europeas.

Por su parte, el Tribunal Constitucional italiano parece ser consciente, sin embargo, de que forma parte de un sistema complejo y debe responder a los diferentes ordenamientos jurídicos implicados, al tiempo que reafirma su papel de garante del sistema constitucional en su conjunto[52]. Este papel debe desempeñarse no en la búsqueda del contraste, sino en la vía de la integración -más evidente que nunca- de diferentes sistemas de legalidad, donde no encuentra espacio una centralización que ponga en peligro el equilibrio del sistema europeo de garantías jurisdiccionales, sino que debe garantizar la importancia y relevancia de la contribución de los tribunales nacionales a un sistema pluralista de protección de los derechos fundamentales.

BIBLIOGRAFIA

Amalfitano, C. (2019). Il dialogo tra giudice comune, Corte di giustizia e Corte costituzionale dopo l'obiter dictum della sentenza n. 269/2017. *Osservatorio sulle fonti*, 2.

- (2020). Il rapporto tra rinvio pregiudiziale alla Corte di giustizia e rimessione alla Consulta e tra disapplicazione e rimessione alla luce della giurisprudenza "comunitaria" e costituzionale. *Rivista AIC*, 1.

Anzon Demmig, A. (2019). Applicazioni virtuose della nuova "dottrina" sulla "doppia pregiudizialità" in tema di diritti fondamentali (in margine alle decisioni nn. 112 e 117/2019). *Osservatorio costituzionale*, 6.

52 Cozzi, A. (2022). *The Italian Constitutional Court, the plurality of legal orders and supranational fundamental rights: A discussion in terms of interlegality*, European Law Open, 3.

Baraggia, A. (2015). La tutela dei diritti in Europa nel dialogo tra Corti: "epifanie" di una Unione dai tratti ancora indefiniti. *Rivista AIC*, 2.

Barbera, A. (2017). La Carta dei diritti: per un dialogo fra la Corte italiana e la Corte di giustizia. *Rivista AIC*, 4, 2017.

Bronzini, G. (2018). La Carta dei diritti nella crisi del processo di integrazione: la discutibile svolta della giurisprudenza costituzionale. *WP C.S.D.L.E. "Massimo D'Antona"*, 373.

Caggiano, G. (2013). La dottrina italiana nella fase costituente dell'ordinamento giuridico comunitario, Studi sull'integrazione europea. Studi sull'integrazione europea, 3.

Cannizzaro, E. (2020). *La sovranità oltre lo Stato*. Bologna, Il Mulino.

Carlassare, L. (2013). L'art. 11 nella visione dei Costituenti. *Costituzionalismo.it*, 1.

Cartabia, M. (2017). *Convergenze e divergenze nell'interpretazione delle clausole finali della Carta dei diritti fondamentali dell'Unione europea, Rivista AIC*, 3.

- (1995). *Principi inviolabili e integrazione europea*, Milán, Giappichelli.

Cassese, S. (2014). Fine della solitudine delle corti costituzionali, ovvero il dilemma del porcospino. *Ars interpretandi*, 20, 1.

Catalano, S. (2022). Quando la forma prevale sulla sostanza. Note critiche alla sentenza n. 67 del 2022 della Corte costituzionale. *Osservatorio costituzionale*, 4.

Conti, R. (2019). Giudice comune e diritti protetti dalla Carta UE: questo matrimonio s'ha da fare o no? *Giustizia insieme*, 4 de marzo.

Cortese, B. (2014). À la recherche d'un parcours d'autoconstitution de l'ordre juridique interindividuel européen: essai d'une lecture pluraliste 50 ans après Van Gend en Loos et Costa v. ENEL. Cortese, B. (ed.), *Studi in onore di Laura Picchio Forlati*. Turín, Giappichelli, 301-39.

Cozzi, A. (2022). *The Italian Constitutional Court, the plurality of legal orders and supranational fundamental rights: A discussion in terms of interlegality*, European Law Open, 3.

Dani, M. (2019). Giurisdizione e ruolo delle corti costituzionali nel processo di integrazione europea: un'introduzione. *Diritto Pubblico Comparato ed Europeo*, 3.

Daniele, L. (2022). Si può "migliorare" CILFIT? Sulla sentenza Consorzio Italian Management. *Eurojus*, 2.

Dickmann, R. (2013). Corte costituzionale e controlimiti al diritto internazionale. Ancora sulle relazioni tra ordinamento costituzionale e CEDU. *Federalismi.it*, 3.

Faraguna, P. (2015). *Ai confini della Costituzione. Principi supremi e identità costituzionale.* Milán, Giappichelli.

Ferraro, F. (2021). Corte di giustizia e obbligo di rinvio pregiudiziale del giudice di ultima istanza: nihil sub sole novum. *Giustiziainsieme.it*, 23 de octubre.

Gallo, D. (2019). Efficacia diretta del diritto UE, procedimento pregiudiziale e Corte costituzionale: una lettura congiunta delle sentenze n. 269/2017 e 115/2018. *Rivista AIC*, 1.

Gambino, S. (2020). I diritti fondamentali fra 'Carta dei diritti UE' e 'costituzionalismo multilivello'. *La cittadinanza europea*, 1, 47.

Giubboni, S. (2021). L'accesso alle prestazioni di sicurezza sociale dei cittadini di Paesi terzi nel "dialogo" tra le Corti. En Olivelli F. (ed.), *1970-2020. Come cambia il diritto del lavoro. Atti del Convegno di Macerata di Omaggio alla Prof.ssa Giuliana Ciocca*, Napoli, Editoriale Scientifica.

Guarnier, T. (2021). Corte costituzionale, Corti sovranazionali, giudici comuni e legislatore. Lo scenario a seguito della sentenza n. 84 del 2021 della Corte costituzionale. *Nomos*, 2.

Kolb, R. (2014). The relationship between the international and the municipal legal order: reflections on the decision no 238/2014 of the Italian Constitutional Court. *Questions of international law*, 1, 2.

Lazzerini, N. y Giubboni, S. (2021). L'assistenza sociale degli stranieri e gli straniero dubbi della Cassazione. *Questione Giustizia*, 6 de mayo.

López Castillo, A. (2018). La confluencia entre tribunales constitucionales, TEDH y TJUE. *AFDUAM*, 22.

Lugato, M. (2009). Struttura e contenuto della Convenzione europea dei diritti dell'uomo al vaglio della Corte costituzionale. En AA.VV. (a cura di), *Liber Fausto Pocar*, Vol. 1, Milán, Giuffrè.

Lupo, N. (2022). *Clausole "europee" implicite ed esplicite nella Costituzione italiana, Federalismi.it*, 4.

Martinico, G. (2019). Constitutions, Openness and Comparative Law. *Estudios de Deusto*, 67, 1.

- (2022). La doppia pregiudizialità nel diritto comparato, *Diritto pubblico*, 3.

Martinico, G. Pierdominici, L. (2021). Rivedere CILFIT? Riflessioni giuscomparatistiche sulle conclusioni dell'avvocato generale Bobek nella causa Consorzio Italian management. *Giustizia insieme*, 17 de junio.

Mastroianni, R. (2020). Sui rapporti tra Carte e Corti: nuovi sviluppi nella ricerca di un sistema rapido ed efficace di tutela dei diritti fondamentali, *European Papers*, 5.

Morano-Foadi S. y Andreadakis, S. (2020). *Protection of Fundamental Rights in Europe: The Challenge of Integration*, Springer.

Nascimbene, B. (2021). La mancata ratifica del Protocollo n. 16. Rinvio consultivo e rinvio pregiudiziale a confronto. *Giustizia insieme.*

Nascimbene, B. y Anrò, I. (2022). Primato del diritto dell'Unione europea e disapplicazione. Un confronto fra Corte costituzionale, Corte di Cassazione e Corte di giustizia in materia di sicurezza sociale. *Giustizia insieme*, 31 marzo.

Ninatti, S. y Pollicino, O. (2020). Identità costituzionale e (speciale) responsabilità delle Corti. *Quaderni costituzionali*, 1.

Onida, V. (2008). Nuove prospettive per la giurisprudenza costituzionale in tema di applicazione del diritto comunitario. En AA.VV. (a cura di). *Diritto comunitario e diritto interno: atti del seminario svoltosi in Roma, Palazzo della Consulta, 20 aprile 2007*, Milán, Giuffrè,

Padula, C. (2020). Uno sviluppo nella saga della "doppia pregiudiziale"? Requisiti di residenza prolungata, edilizia residenziale pubblica e possibilità di disapplicazione della legge, *Le Regioni*, 3.

Pernice, I. (2002). *Multilevel constitutionalism in the European Union, European Law Review*. 1-6.

Polimeni, S. (2018). *Controlimiti e identità costituzionale nazionale. Contributo per una ricostruzione del «dialogo» tra le Corti*, Nápoles, Editoriale scientifica.

Pollicino, O. y Repetto, G. (2019). *Not to be Pushed Aside: the Italian Constitutional Court and the European Court of Justice. erfBlog*. Disponible en: https://verfassungsblog.de/not-to-be-pushed-aside-the-italian-constitutional-court-and-the-european-court-of-justice

Puglia, V. M. (2020). Finalità e oggetto del rinvio pregiudiziale. En F. Ferraro y C. Iannone (eds.), *Il rinvio pregiudiziale*, Turín, Giappichelli.

Randazzo, A. (2019). *La tutela dei diritti fondamentali tra CEDU e Costituzione*. Milán, Giuffré.Repetto, G. (2022a). *Esercizi di pluralismo costituzionale. Le trasformazioni della tutela dei diritti fondamentali in Europa tra ambito di applicazione della Carta e "doppia pregiudizialità*, Diritto pubblico, 3.

- (2022b). Sentenza 269 e doppia pregiudizialità nell'evoluzione della giurisprudenza della Corte costituzionale, *Eurojus*, 2.

Rossi, L. S. (2022). *Un dialogo da giudice a giudice". Rinvio pregiudiziale e ruolo dei giudici nazionali nella recente giurisprudenza della Corte di giustizia. Quaderni AISDUE*, 4.

Ruggeri, A. (2017). Svolta della Consulta sulle questioni di diritto eurounitario assiologicamente pregnanti, attratte nell'orbita del sindacato accentrato di costituzionalità, pur se riguardanti norme dell'Unione self-executing (a margine di Corte cost. n. 269 del 2017). *Rivista di Diritti Comparati*, 3.

(2022). *Comparazione giuridica, dialogo tra le Corti e identità "intercostituzionale". La rivista "Gruppo di Pisa"*, 2.

Saiz Arnaiz, A. (1999). *La apertura constitucional al derecho internacional y europeo de los derechos humanos. El artículo 10.2 de la Constitución Española.* CEPC, Madrid.

Sarmiento Ramírez-Escudero, D. (2021). The Consob Way - Or how the Constitutional Court Taught Europe (once again) a Masterclass in Constitutional Dispute Settlement. *EU Law Live*, Weekend Edition No. 54.

Sboro, B. (2021). Il lieto epilogo del dialogo tra Corti sul diritto al silenzio: note minime a margine della sentenza n. 84 del 2021. *Diritti Comparati*, 5 de julio.

Sciarra, S. (2023). *Ricorso" alla e "discorso" sulla CEDU: un "valore" per i sistemi democratici.* Seminario giudiziario «La protezione della democrazia ad opera dei giudici attraverso la tutela dei diritti umani», Estrasburgo, 27 de enero de 2023, disponible en: https://www.cortecostituzionale.it/documenti/interventi_relazioni/1052_P/sciarra_strasburgo_italiano_20230224212655.pdf

Speziale, V. (2021). La sentenza della Corte costituzionale n. 254 del 2020 sui licenziamenti collettivi: una forma di «leale e costruttiva collaborazione» con la Corte di giustizia europea?, *Lavoro Diritti Europa*, 1.

Tancredi, A. (2021). *I pareri resi dalla Corte europea dei diritti dell'uomo ai sensi del Protocollo n. 16 nella recente giurisprudenza costituzionale.* En A. Annoni, S. Forlati y P. Franzina (eds.), *Il diritto internazionale come sistema di valori. Scritti in onore di Francesco Salerno*, Nápoles, Jovene.

Tega, D. (2018). *La sentenza n. 269 del 2017 e il concorso di rimedi giurisdizionali costituzionali ed europei. Forum dei Quaderni Costituzionali*, 28 enero.

Torrice, A. (2021). Siglata la pace tra Corte di giustizia e Corte costituzionale sul difficile terreno della sicurezza sociale. *Giustizia insieme*, 9 de noviembre.

Capítulo Noveno
Recapitulación sumaria

TOMÁS BASTARRECHE BENGOA
Coordinador

El lector ha podido emprender la obra con un Capítulo Primero que comienza desde el principio. Entiéndase el principio como el punto de arranque del control judicial, un primer solapamiento, un primer instituto en el juego del *checks and balances* entre los poderes del Estado; uno, por cierto, el de los Estados Unidos de América, así mismo, recién creado. Dos pronunciamientos, *Marbury v. Madison* y *Marbury v. Stuart*, y una primera disonancia en una partitura que se va a escribir desde entonces en el *Common Law* americano, pero que después va a pasar a la Europa de entreguerras, y se va consolidar después de la II GM especialmente en Alemania e Italia, paradójicamente, por motivos opuestos. Si en un primer momento la jurisdicción constitucional kelseniana de la República de Weimar es un freno al uso alternativo del derecho y las libertades interpretativas de los jueces, la que se consolida en el constitucionalismo europeo y perdura hasta hoy es la reacción a un legislador desbocado y la consolidación de un marco de derechos fundamentales y de control de los poderes del Estado a través de una verdadera justicia constitucional. La UE y el TJUE son herederos, depositarios y casi el corolario del desarrollo de esta perspectiva *iusfundamental*. Actualmente, el control de constitucionalidad (federativo) en el confluyente espacio europeo de integración tiene dos dimensiones fundamentales. El tipo de control de las normas de rango legal en ese espacio europeo, así como el uso de los parámetros de constitucionalidad y ius europeidad en el desempeño de la función jurisdiccional de los TCs nacionales.

Y la mejor prueba de estas afirmaciones la encontramos en el **Capítulo Segundo** de esta obra. En el se analiza "El Estado de Derecho como parámetro de comunitareidad: la eficacia del valor y los principios que lo concretan". La Comisión Europea, a la que siguieron las demás autoridades europeas, reaccionó frente a las nuevas amenazas de autoritarismo surgidas en algunos EM (Hungría y Polonia) de un modo no tradicional, eligiendo de entre todos los valores enunciados en el artículo 2 TUE, el del Estado de Derecho. Este valor, no concretado previamente, se ha ido construyendo como parámetro de control mediante dos vías. Una primera, a través de un instrumento de *softlaw* como es el "Nuevo Marco de la UE para reforzar el Estado de Derecho". Pero mucho más importante, ha sido la segunda vía, con la aprobación del Reglamento sobre un régimen general de condicionalidad para la protección del presupuesto de la Unión. A ello debe unirse el respaldo del TJUE en sus sentencias de 16 de febrero de 2022 avalando el Reglamento. Eso significa que los principios enunciados en el artículo 2 a) del Reglamento y que concretan el valor del Estado de Derecho podrá articularse por el TJUE no sólo como parámetro de control para decidir acerca de la conformidad de los actos y de las normas de los EM con el propio DUE sino que también pueden servir como fundamento para que los jueces nacionales eleven la cuestión prejudicial en caso de que sean vulnerados en sus propios países. No obstante, ¿este reconocimiento se limita a los supuestos de aplicabilidad del Reglamento en el que se regulan estos principios? Quedan algunas dudas por resolver.

En el **Capítulo Tercero**, abordando el control que se produce en el recurso por incumplimiento del artículo 258 TFUE se constata una situación similar, que ha sido resuelta, sin embargo, eliminando algunas dudas, aunque quizá despertando otras, en la Sentencia de 28 de junio 2022, Comisión/Reino de España, en la que se concluye que el legislador español ha vulnerado el DUE al regular el régimen de responsabilidad patrimonial del Estado legislador frente al incumplimiento del

DUE. El recurso por incumplimiento es un control que sobre las autoridades de los EM con características muy peculiares y que termina de perfeccionar la articulación entre ordenamientos. Para ello, el uso de los parámetros de control, desde la configuración del valor del Estado de derecho, la Carta de DF, los principios básicos de la Unión, la primacía, la efectividad y la equivalencia se tornan elementos decisivos. En esta ocasión, el TJUE ha interpretado que en una materia tan sensible como es la propia responsabilidad del Estado legislador por incumplimiento del DUE, España ha vulnerado el principio de efectividad. Más ha tomado un camino interpretativo muy importante en cuanto al principio de equivalencia. En aquellas materias en las que exista una regulación acabada por parte del DUE, el principio de equivalencia deja de aplicarse. Llevado al caso concreto que se analiza, el resultado es que los EM deben regular la responsabilidad del Estado legislador por incumplimiento del DUE en consonancia con los requisitos establecidos en la propia jurisprudencia del TJUE (*Brasserie du pêcheur* y *Factortame* de 5 de marzo de 1996), y no tienen obligación de asimilar este régimen a las condiciones más favorables, si es que existen, del régimen de responsabilidad por incumplimiento del derecho nacional. El TJUE separa de manera clara el DUE dotándole de autonomía y marco propio, y consecuentemente, haciendo lo mismo con el derecho de los EM. Quizá se pueda deducir de esta decisión que el Tribunal se reafirma en la línea de que la Carta se aplica en el marco del artículo 51.1, y no más allá.

El **Capítulo Cuarto**, centrado en el control de la aplicación judicial del DUE por parte del TC, comienza recordando una idea a la que ya hemos hecho referencia: hace tiempo que la ley ha sido destronada, siendo la apuesta por el TC -y en concreto en la CE- la improvisación de una tradición constitucional y democrática rigurosamente inédita. Ello, no obstante, no ha modificado el papel singularísimo de la ley en el ordenamiento español, en el sistema de fuentes y en su relación con la CE. ¿Y el derecho de la UE? Y es que el trasunto de todo está ahí, en los parámetros de control y la aplicación de los principios estructurales de la relación entre ordenamientos. De modo que se produce desde la UE un complejo normativo con un efecto equivalente a "un auténtico poder soberano", a la par, que se mantiene un núcleo constitucional resistente a la integración conformado por las materias no susceptibles de ser cedidas. A partir de este posicionamiento, al que no le ha sido fácil llegar al TC, queda por dilucidar el control de la relación de la ley nacional con el DUE. Como también se señaló en el Capítulo 2, se profundiza en la jurisprudencia del TC de la que se deduce que el derecho a la tutela judicial efectiva (art. 24 CE) se ve conculcado si se ignora por parte de la jurisdicción ordinaria la posición ya establecida en el sistema de fuentes del DUE. No obstante, se debe constatar que el TC mantiene su conexión con el DUE a través del artículo 10.2 CE. Ello no quiere decir que el TC no se haya arrogado un papel fundamental en el control de la aplicación del DUE y, en definitiva, del sistema de fuentes. Tanto de la jurisprudencia del TC (STC 37/2019) como de la posterior emanada del TJUE (C- se desprende una interpretación estricta de la doctrina del acto claro (doctrina CILFIT) de modo que el DUE pueda desplazar al derecho nacional sin el planteamiento de la cuestión prejudicial por parte de los tribunales ordinarios. Actuación en todo caso controlable por el TC. De las sutilezas de esta afirmación se preocupa la última parte del Capítulo.

Centrados en la fuente del derecho tuétano de la UE, el **Capítulo Quinto** se ajusta al estudio de la aplicabilidad de los Tratados Internacionales (y su control/solapamientos), tomando como referencia la importante STC 140/2018. Los Tratados Internacionales gozan de alcance y contenido diverso. Por ello, no puede pensarse que el control de convencionalidad pueda extenderse a cualquier tratado sin más consideración, pues ello, vulneraría el principio de seguridad jurídica y conllevaría discordancias interpretativas entre los tribunales notables. De nuevo ha de recordarse la posición especialísima del DUE y el planteamiento de la STC 37/2019. Parecería desde luego que el control de convencionalidad en España se ha quedado algo huérfano desde las posiciones mantenidas por la Ley 25/2014, de 27 de noviembre de Tratados y otros acuerdos internacionales y la STC 140/2018. No obstante, distinta posición ocupa DUE fundamentalmente a través de las posibilidades que abre la cuestión prejudicial para enjuiciar la validez de las disposiciones internas o para canalizar su interpretación a la luz de aquel. A la posición de los Tratados en el ordenamiento español vía artículos 93 a 96 CE, hay que añadir la articulación del artículo 10.2 CE -del que como se ha dicho no se despega el TC ni a la hora de interpretar el DUE-. Considerando esta vía, y deteniéndonos en una cuestión tan esencial como la justicia universal, debe argumentarse que, especialmente en casos de crímenes internacionales, debe aplicarse con cautela y que su inclusión en el ámbito del artículo 10.2 CE es excesiva. El Estado por tanto debe regular si pretende su aplicación. Se debe recordar que la regulación actual no impide de forma absoluta el acceso a la jurisdicción, sino que altera la vía de acceso (querella y no denuncia para las víctimas), ni impide una denuncia ante la fiscalía a partir de la cual esta decidirá si procede el incoar el inicio de un procedimiento, como se recuerda en el FJ 8 de la STC 140/2018.

Analizado el papel de los Tratados Internacionales en el sistema de fuentes, el **Capítulo Sexto**, el más extenso de la obra, se centra en el particular caso del Protocolo XVI al CEDH. Se trata en este caso de analizar el control ejercido en su virtud por el TEDH (supranacional) – y ya fuera del ámbito de la UE, de la que nos hemos ido despegando en obra muy poco a poco-. Las opiniones consultivas (OC) elaboradas por el TEDH se han comportado como un cuerpo extraño en un sistema de protección cuyo principal atractivo ha residido siempre en lo que supone de garantía subjetiva de derechos. Han creado desde luego solapamientos e interferencias considerables.

Señalando también la STC 148/2018, se sostiene que resulta altamente improcedente la comparación del sistema jurídico convencional y constitucional con el ordenamiento jurídico autónomo que resulta de la integración de algunos Estados en la Unión Europea. Conviene pues recordar que se trata de un control en el que el TEDH no tiene competencia ni para realizar un análisis de los hechos, ni para apreciar la corrección de los puntos de vista de las partes en el proceso que tengan que ver con la interpretación del derecho interno a la luz del Convenio, ni tampoco sobre cuál debería ser el resultado final del procedimiento. Su rol se limita a dar una opinión en relación con las preguntas que le han sido planteadas. Más de las seis OC hasta ahora planteadas se extraen importantes consecuencias, de modo que todas ellas puedan caracterizarse por un título. De este modo nos encontramos con los siguientes titulares substantivos sobre la actuación TEDH, pero también de los Tribunales nacionales, pues el dialogo es siempre de dos, y los resultados de la OC dependen, en buena medida, de cómo se planteen por ellos las cuestiones jurídicas: OC1: La Constitución nacional como madre gestante: el Convenio como madre legal por subrogación. OC2: El espurio uso de la demanda de opinión consultiva. Cuando el Defensor de la Constitución busca a alguno que lo defienda. OC3: Cuando una Constitución es contraria al Convenio no hay opinión que valga, ni siquiera la del TEDH. OC4: La opinión consultiva como medio para decidir cuestiones de legalidad ordinaria. OC5: La justicia constitucional o el convidado de piedra. De cuando la justicia convencional desplaza a la constitucional y provoca la *summa divisio* entre derechos humanos y fundamentales. OC6: El TEDH como tribunal de cuarta instancia. Cuando la respuesta orientadora y consultiva del TEDH deviene protección concreta y actual del derecho. La demanda de opinión consultiva como cuestión prejudicial en toda regla. Después del examen exhaustivo de toda la jurisprudencia nacida de este Protocolo, la conclusión es clara. De todos los casos resueltos queda la sensación de que ninguno de ellos era necesario. No debe usarse este Protocolo para adelantar un recurso de amparo ante el TC nacional.

Desde el ámbito geográfico mayor analizado en la presente obra, se desciende en el **Capítulo Séptimo**, al análisis de las discrepancias y coincidencias entre el Consejo de Garantías Estatutarias de Cataluña y el TC a propósito del control de las disposiciones legales autonómicas. Es decir, al ámbito de control más interno y local de la obra. Sin ánimo de exhaustividad, pero sin con profundidad (y abundancia), se analizan los casos más relevantes que han propiciado un pronunciamiento del Consejo de Garantías Estatutarias y del Tribunal Constitucional sobre la constitucionalidad de disposiciones legales catalanas, durante el período 2009 (año de creación de esta institución) hasta diciembre de 2022. Desde la STC 31/2010 sobre el Estatut de Catalunya, hasta la STC 37/2022 y el Dictamen 7/2020 sobre la ley de medidas urgentes en materia de contención de rentas en los contratos de alquiler de vivienda. De su lectura se desprende que es posible determinar la existencia de algún tipo de diálogo entre ambas instituciones, ya sea discrepando en las conclusiones o coincidiendo y reforzando ese control de constitucionalidad. El análisis se estructura en tres ámbitos: las referencias expresas de los dictámenes del Consejo en las decisiones del Tribunal Constitucional; los supuestos de argumentación coincidente y los discrepantes. Se observa que una cuestión que puede parecer menor, pero no han sido pocos los esfuerzos del Consejo de Garantías para asumir una doctrina previa establecida por el TC. El Tribunal Constitucional también ha respaldado en ocasiones las conclusiones del Consejo de Garantías, especialmente en casos relacionados con el independentismo catalán. No obstante, el Consejo ha discrepado en cuestiones clave como en la reforma del Reglamento del Parlamento. En todo, con las interferencias que suponga, se debe sostenerse que el Consejo de Garantías desempeña un papel crucial en la interpretación constitucional antes de que se aprueben las leyes, permitiendo un diálogo entre el Parlamento y este órgano consultivo. Y esta cuestión, además, determina que no existe el monopolio del Tribunal Constitucional en el rechazo de las leyes. No obstante, el Consejo actúa siempre, como es lógico, en una fase previa al TC.

Por último, y saliendo del entorno nacional, en el **Capítulo Octavo**, se examinan las interferencias y solapamientos que se producen en el ordenamiento italiano a través de su relación con el derecho internacional, y muy especialmente, como no, con el DUE. Al contrario que en España, debe considerarse que la Constitución italiana en su artículo 11 habla explícitamente de "limitaciones de soberanía necesarias" para el mantenimiento de la paz y la justicia. No por ello el camino recorrido en la relación entre ordenamientos ha sido menos abrupto que en España. Sin embargo, si históricamente la relación del juez italiano con el DUE podría definirse como conflictiva, no puede obviarse que desde *Simmental* hasta *Granital* los pasos han sido muchos, para acabar en una mejor cooperación entre tribunales. El punto de novedad de este dialogo entre tribunales en el que se encuentra Italia puede situarse en la Sentencia 269/2017 de la *Corte Costituzionale*, la cual ha tenido una influencia decisiva en la jurisprudencia posterior de la Corte que también es objeto de análisis. La Corte se adentrado en lo que se ha denominado "doble prejudicialidad" -es decir, controversias que pueden dar lugar a cuestiones de ilegitimidad constitucional y, simultáneamente, a cuestiones de compatibilidad con el Derecho de la UE-. A ello no se ha opuesto el TJUE siempre que los jueces nacionales puedan seguir planteando la cuestión prejudicial ante el tribunal europeo. De hecho, la propia Corte ha acudido ante el TJUE en una nueva cuestión prejudicial acerca de la relevante cuestión de los derechos sociales de los extranjeros residentes en Italia (Sentencia 54/2022). En ella, la Corte precisó que la intervención aclaratoria solicitada al Tribunal de Justicia funciona como un elemento más de la garantía de una interpretación uniforme de los derechos y obligaciones derivados del Derecho de la UE, reconociendo una conexión inseparable entre los principios y derechos constitucionales evocados por el su propio Tribunal de Casación y los derechos reconocidos por la Carta. Según el camino emprendido por la Corte, su función ya no es la de contraste entre ordenamientos, sino la de integración entre ambos. Una postura, nos atrevemos a señalar en esta nota y ajena al autor del Capítulo, no de todo coincidente con la postura del TC español.